U0861599

高中英语

读后续写思维型教学实践研究

主　编：辛　键　袁丹纯

副主编：莫炎芬

编　者（排名不分先后）：

张湾湾　吴　翔　谢杰文

谯　丽　陈丽芳　袁汉邦

张静静　彭　英　龙艳琴

柯静怡　吴嘉丽　李奕群

钟　婧　王永幸　谭　茜

蒋紫颖　何映桦

广东高等教育出版社

Guangdong Higher Education Press

·广州·

图书在版编目（CIP）数据

高中英语读后续写思维型教学实践研究/辛键，袁丹纯主编．—广州：广东高等教育出版社，2024.5

ISBN 978－7－5361－7580－8

Ⅰ．①高…　Ⅱ．①辛…　②袁…　Ⅲ．①英语课－教学研究－高中
Ⅳ．①G633.412

中国国家版本馆 CIP 数据核字（2023）第 014533 号

GAOZHONG YINGYU DU HOU XUXIE SIWEIXING JIAOXUE SHIJIAN YANJIU

出版发行	广东高等教育出版社 地址：广州市天河区林和西横路 邮编：510500　营销电话：（020）87551597　87551163 http://www.gdgjs.com.cn
印　　刷	佛山市浩文彩色印刷有限公司
开　　本	787 毫米×1 092 毫米　1/16
印　　张	15.25
字　　数	360 千
版　　次	2024 年 5 月第 1 版
印　　次	2024 年 5 月第 1 次印刷
定　　价	45.00 元

前　　言

《普通高等学校招生全国统一考试英语科考试说明（高考综合改革试验省份试用）》（第一版）正式提出读后续写作为高中英语写作新题型，随后，读后续写于2016年10月在浙江省英语高考卷中首次亮相，现已逐步推广至全国各省市高考中。作为“学伴用随”原则的典型应用，读后续写是阅读与写作的有效连接，是读写结合的新方式、新途径，实现了语言模仿和内容创造的有机结合，是培养学生思维品质的有效教学抓手。作为高考新题型，读后续写势必给高中英语教师带来不小的挑战，例如：如何分阶段、分层次地实施读后续写教学，实现“教考分离，理念共享”？如何在读后续写教学中同步推进语言与思维的发展？对于这些教学实践难题，广东省中山市高中英语骨干教师团队开展了五个课题研究，经过几年孜孜不倦的探索与实践，终于诞生了这本书。

本书基于2023年度教育部人文社会科学研究项目“英语数字化合作续写模式的促学机制与效应研究”（批准号：23YJA740047）、中国英语阅读教育研究院专项课题“思维品质视域下大湾区高中英语读后续写教学行动研究”（项目编号：CERA2021Z09）、国家新闻出版署出版融合发展（外研社）重点实验室专项课题“思维品质视域下高中英语读后续写教学行动研究”（项目编号：NKF2022BF19）、广东省“教育科研能力提升工程”立项课题“思维品质视域下高中英语读后续写教学行动研究”（项目编号：2022YQJK550）和广东省专项课题“续论视域下指向文化意识的高中英语课程资源开发与应用”（编号：GDJY－2022－A－yyb80）的阶段性研究成果。在“续论”创始人广东外语外贸大学王初明教授、“读思言”创始人福建师范大学黄远振教授及《疯狂英语》执行主编陈志强老师的悉心指导下，编者从文献综述、读后续写思维型教学范式与策略、课堂实践与研究、教学设计和非叙事体读后续写思维型学案开发五大视角诠释读后续写思维型教学的必要性和可行性。书中的观点和课例均选自团队教师在全国读后续写研讨会上的学术发言、已发表的优秀论文、部级优课和省市级优质课例等。

本书的编写体现了以下四大创新点：

思维引领教学。本书以培养学生思维品质为宗旨，提炼并构建读后续写思维型课堂教学范式与策略，优选典型教学案例，详细阐释“促思”的教学流程。

选材贴合实际。本书中所选教学素材贴合一线教师需求，从高考真题、新人教版、新外研社版、新北师大版以及文学读物中精选典型素材，方便一线教师即学即用、活学活用。

理论指导实践。第四章读后续写思维型教学设计分为教、学、评一体化下的教学设计以及聚焦思维发展的微技能教学设计。生动的教学案例助推教师教学得法，学生习得有效。

研究领跑全国。本书开展了读后续写的前沿探索，创新地提出了基于主题语境下非叙事体的学案设计，即开发基于人与自我、人与社会及人与自然的论说文语料，以解决读后续写语料单一化和碎片化的问题。这对于当下读后续写的研究具有实践创新意义。

本研究承蒙莫炎芬、张湾湾、吴翔、谢杰文、谯丽、陈丽芳、张静静、袁汉邦、彭英、柯静怡、吴嘉丽、李奕群、龙艳琴、钟婧、王永幸、谭茜、何映桦和蒋紫颖的鼎力相助，还得到了莫晓斯、黎子菡、张燕、彭明芳、俞伟玲、李玲、王慧琴、吴娟娟、刘艳香、王宏瑜和谢秀娟等的大力支持。对于他们的付出和贡献，在此表示衷心的感谢。

主编
于广东中山
2023 年 6 月

目录

第一章　读后续写文献综述

《国家中长期教育改革和发展规划纲要（2010—2020年）》在“考试招生制度改革”部分指出“着重考查综合素质和能力”。为加强国家教育考试机构、国家题库和外语能力测评体系建设，2015年起增加使用全国统一命题试卷的省份。改革强调，设计命题内容，增强基础性、综合性，着重考查学生独立思考和运用所学知识分析问题、解决问题的能力。2015年8月，教育部考试中心发布的《普通高等学校招生全国统一考试英语科考试说明（高考综合改革试验省份试用）（第一版）》中，提出了写作新题型——读后续写。

读后续写是一种将阅读与写作相结合的考查形式，通常是提供一篇350词以内的材料，要求考生依据该材料内容和所给段落开头语进行续写，将其发展成一篇与给定材料有所衔接，情节架构自然，而且结构完整的短文。[①]读后续写是对高考评价体系“一核四层四翼”的深化应用。其中题目所体现的四翼，体现了基础性、综合性、应用性、创新性的融合，为“立德树人、服务选才、引导教学”的“一核”服务，[②] 读后续写可以实现教考分离，重在促学。[③]

目前，读后续写在各省高考中的运用呈现逐渐扩大的趋势：2016年至2022年，浙江作为高考综合改革试验省份，实行一年两考，有11次考查

---

① 教育部考试中心．2015年普通高等学校招生全国统一考试大纲的说明（文科）［M］．北京：高等教育出版社，2015.

② 陈康，吴泓霖，李新煜，等．基于高考评价体系的英语科考试内容改革实施路径［J］．中国考试，2019（12）：33－37.

③ 王初明．教考分离，重在促学［J］．外语教学与研究，2022，54（3）：425－432，480.

"读后续写"；2020年，山东、海南高考英语增加此题型；2021年第三批新高考改革省份使用全国新高考卷，广东、福建、重庆、江苏、河北、湖南、湖北、辽宁也加入到使用读后续写新题型的阵容中。未来，读后续写的考查将继续在各省市铺开，2024年第四批新高考省份黑龙江、甘肃、吉林、安徽、江西、贵州、广西等7省份，2025年第五批新高考省份山西、河南、陕西、内蒙古、四川、云南、宁夏、青海等8省份将使用全国新高考卷。

读后续写题型体现了英语学科核心素养的要求，超越了综合语言运用能力的局限，基于人与自我、人与社会、人与自然三大主题语境，将语言、文化和思维有机地融合起来。教育部制定的《普通高中英语课程标准（2017年版2020年修订)》（简称《高中英语课标（2020年修订)》）中在基本理念部分明确指出："教师应设计具有综合性、关联性和实践性特点的英语学习活动，使学生通过学习理解、应用实践、迁移创新等一系列融语言、文化、思维为一体的活动，获取、阐释和评判语篇意义，表达个人观点、意图和情感态度，分析中外文化异同，发展多元思维和批判性思维，提高英语学习能力和运用能力。"① 读后续写恰是一个融语言、文化、思维三位一体的学习方式，有助于促进以上所提到的思维、综合语言运用能力的发展，完美呼应了《高中英语课标（2020年修订)》的基本理念。

第一节　二语习得视角下的读后续写

一、读后续写的起源与发展

读后续写通常是指将一篇外语读物的结尾抹去，要求学生在理解前文的基础上续写结尾，补全内容。② Pickering 和 Garrod 所提出的互动协同模式（interactive alignment model）是读后续写的理论基础。Pickering 和 Garrod 认为，对话是人类运用语言最自然最本质的形式。对话作为一种互动活动，是

① 教育部．普通高中英语课程标准（2017年版2020年修订）［M］．北京：人民教育出版社，2020：3.

② 王初明．读后续写：提高外语学习效率的一种有效方法［J］．外语界，2012（5）：2-7.

人类社会交往中所必需的，需要互相合作，合作则需要彼此之间相互协同，因此，对话互动中有一个重要机理是协同。[①] Atkinson 等人指出协同不仅发生在个体与个体之间，也发生在个体与物质环境和社会之间，它是二语习得中的关键所在。[②] 这种协同既发生在语言层面（语音、词汇、句法等），也体现在情境模式（人物、时间、地点、因果、交流意图）层面。[③] Bock 指出语言层面协同的发生机理是结构启动，即人们在产出中倾向于重复自己或他人使用或接触过的语言结构。[④] Pickering 和 Ferreira 认为结构启动是一种内隐学习（implicit learning），具有促进语言发展的功能。[⑤] 情境模式指为理解文本所构建的表征，含人物、时间、地点、因果、交流意图等 5 个核心维度。[⑥] Long 通过研究发现二语学习者与高于自己外语水平的人互动，尤其是与本族语说话者互动，外语水平提高快，因而提出了互动假设。[⑦]

在互动协同模式的基础上，王初明提出了外语学习的有效路径：互动→理解→协同→产出→习得。他认为有效的语言习得植根于互动，经历理解、协同、产出等环节，得益于产出与理解紧密结合所产生的协同效应。[⑧] 随后，王敏等通过一项实证研究表明“读后续写任务中存在协同效应，被试在完成读英续英任务时，高频使用原文里出现过的语言结构”且“语误显著少于读汉续英”。[⑨] 由此可见，读后续写题型很好地体现了“学相伴，用相随”［简

---

① PICKERING M J, GARROD S. Toward a Mechanistic Psychology of Dialogue [J]. Behavioral and Brain Sciences, 2004, 27 (2): 169 - 225.

② ATKINSON D, CHURCHILL E, NISHINO T, et al. Alignment and Interaction in a Sociocognitive Approach to Second Language Acquisition [J]. The Modern Language Journal, 2007, 91 (2): 169 - 188.

③ 王敏，王初明. 读后续写的协同效应［J］. 现代外语，2014，37（4）：501 - 512，584.

④ BOCK J K. Syntactic Persistence in Language Production [J]. Cognitive Psychology, 1986, 18 (3): 355 - 387.

⑤ PICKERING M J, FERREIRA V S. Structural Priming: A Critical Review [J]. Psychological Bulletin, 2008, 134 (3): 427 - 459.

⑥ ZWAAN R A, RADVANSKY G A. Situation Models in Language Comprehension and Memory [J]. Psychological Bulletin, 1998, 123 (2): 162 - 185.

⑦ LONG M H. Linguistic and Conversational Adjustments to Non-Native Speakers [J]. Studies in Second Language Acquisition, 1983, 5 (2): 177 - 193.

⑧ 王初明. 互动协同与外语教学［J］. 外语教学与研究，2010，42（4）：297 - 299.

⑨ 王敏，王初明. 读后续写的协同效应［J］. 现代外语，2014，37（4）：501 - 512，584.

称“学伴用随”[①] 效应（英译为 learn together，use together，LTUT）]，有很好的促学效果。随后，王初明提出了“续”论，指出“语言是通过‘续’学会的”，语言学习的高效率是通过“续”达到的。[②] 通过进一步研究，王初明指出“‘续’是语言接口的天然粘合剂”，“可消除二语学习过程中的语言接口，将内外接口自然缝合”。[③]

近些年，关于读后续写的研究越来越多，研究方向主要集中在以下几个方面。首先，一部分学者通过实证研究着重探讨了读后续写的促学效果。研究发现，读后续写不仅对二语写作有明显的促学效果，同时对英语二语词汇和句法的学习也有促学效果。还有一部分学者从语言测试的视角对读后续写进行了研究。如王初明等通过运用 Rasch 模型和 SPSS 统计方法对读后续写题型的效度和信度进行检验发现，该题型能有效测量学生的阅读理解和写作能力。[④] 此外，读后续写还有利于促进学生思维品质能力的培养。王初明从理论层面阐述了读后续写对思维品质的促学效果。还有部分学者结合课堂教学实践，着重研究了如何在读后续写教学实践中提升学生的思维品质。

二、读后续写促学效果

（一）理论研究

在读后续写这一题型进入高考之前，王初明就对读后续写进行了相关研究，以协同和互动理论为基础论述了读后续写对外语学习的促学功效。王初明认为，“续”有一个突出促学的功能：它绑定人际互动中的两个关键变量——语言理解与语言产出，是关联两者的中介。由于“续”具有对接、拓展的功能和极好的可操作性，王初明指出，“续论”强调高效的语言学习利用了对话过程中存在的不完整语段。学习者一边理解这样的语段，一边对其进行创造性的补全和拓展，据此体验语言使用，扩张语言表征，提高语言运

① 王初明. 从“以写促学”到“以续促学”［J］. 外语教学与研究，2017，49（4）：547－556.

② 王初明. 以“续”促学［J］. 现代外语，2016，39（6）：784－793，873.

③ 王初明. “续”是语言接口的天然粘合剂［J］. 现代外语，2023，46（2）：237－244.

④ 王初明，亓鲁霞. 读后续写题型研究［J］. 外语教学与研究，2013，45（5）：707－718，800.

用能力。[①] 语言学习只要含“续”，不仅带来理解和产出的交互，而且还有以下促学效果：①表达思想的内生动力。当受到上文启发时，学习者参与交流的意愿被唤醒，使其有话可说且想说，更积极地运用语言。②伴随语境。前文提供了“续”的语境，起到了支架作用，支持语言的学习和应用。这不仅有助于促进语言理解，还限制了“续”内容的扩展和发展，同时促使语言形式与适当语境有机结合，增加了语言学习成功的可能性。③缓解语言产出压力。读后续写可以帮助减轻语言表达压力，通过“续”，形成拉平效应，鼓励学习者沿用前文出现的语言结构来续写，可以提高交际效率并减少错误发生的可能性。④抑制母语干扰。通过“续”，与前文正确的语言用法相配合，自然地抑制母语的干扰，使语言表达更地道。⑤提供连贯衔接的模板。顺着语篇进行“续写”，学习者可以很自然地延续前文的内容和结构，不仅锻炼语言能力，而且增强语篇连贯表达能力。⑥提升注意。通过“续”，突显出对比效应，使学习者更容易注意到自己语言水平与前文的差距，并在“续写”中逐渐弥合这一差距。⑦在语篇使用中完善语言。语言的运用发生于语篇之中，学习者需要在理解阅读材料的基础上创造性地构思续写内容，为语篇补全、拓展和创造丰富的语境信息，而不是孤立地从语篇中提取单词或句子。[②] 若要完成好续写任务，必须充分理解阅读材料的内容，同时接着续写，记忆新鲜，模仿容易，协同效应佳。

（二）实证研究

读后续写实证研究主要集中在其对二语学习的促学作用以及对学习者思维层面的影响。

读后续写不仅对英语二语写作有促学效果，而且在词汇和句法的学习层面上的促学效果同样显著。在二语写作方面，姜琳等通过对比实验进行实证研究，表明读后续写明显优于过去“命题写作”对测试者的写作语言提升的积极影响。[③] 黄贻宁通过调查问卷和个案访谈，表明教师主导下的读后续写能带动高效语言输出，使得读写紧密联系，从而提升学生读写能力。[④] 张琳

---

① 王初明．以“续”促学［J］．现代外语，2016，39（6）：784－793，873.

② 王初明．读后续写：提高外语学习效率的一种有效方法［J］．外语界，2012（5）：2－7.

③ 姜琳，陈锦．读后续写对英语写作语言准确性、复杂性和流利性发展的影响［J］．现代外语，2015，38（3）：366－375，438.

④ 黄贻宁．读后续写：大学英语写作教学创新实践［J］．教育评论，2015（6）：127－129.

等基于英语写作教学实践考察了读后续写对英语专业学生写作焦虑和写作能力的影响，发现读后续写对学习者内化语言知识、发挥想象力创作写作内容有积极的促进作用。① 彭红英针对读后续写和话题写作两种题型进行对比研究，发现读后续写在写作连贯方面的促学效果。② 自2016年浙江新高考英语作文实行读后续写后，学者们进行了大量关于读后续写写作的实证研究，提高了读后续写的促学信度和效度。袁丹纯提出一些读后续写应注意的问题，如续写素材的合理选择，教学目标从低阶思维到高阶思维的循序渐进，以及注重续写中不同层次的互动，包括学生与文本的互动、师生互动、生生互动，发挥学生的主体性。③ 另外，在词汇和句法方面，姜琳、涂孟玮通过实验研究发现读后续写在学习单词、提高学习效率方面有优势。④ 辛声通过对比研究，发现强化的读后续写练习可显著增强学生的协同效应，促进与学习者二语发展阶段相匹配的语法结构学习。⑤ 缪海燕通过个案质性研究验证了“续”对英语过去时-ed的促学效应。⑥ 王启、王初明论述了读后续写对英语关系从句学习的有效性和可行性。⑦

通过对汉语二语学习的实证研究，学者发现读后续写有利于汉语学习者量词、空间结构和动结式的习得，存在词汇协同现象。洪炜、石薇探究了读后续写任务对汉语二语量词学习的显著促学效果，且发现促学效果能保持。⑧ 曾莉云等通过对比研究发现读后续写组的目标结构正确率显著高于阅读理解

① 张琳，秦婷. 读后续写对英语专业学生写作焦虑和写作能力的影响研究［J］. 外语教学，2020，41（6）：72－76.

② 彭红英. 英语学习者写作连贯性的实证研究［J］. 解放军外国语学院学报，2017，40（4）：87－92.

③ 袁丹纯. 基于学习活动观的高中英语以读促写教学研究［J］. 英语教师，2022，22（4）：50－52，61.

④ 姜琳，涂孟玮. 读后续写对二语词汇学习的作用研究［J］. 现代外语（双月刊），2016，39（6）：819－829，874.

⑤ 辛声. 读后续写任务条件对二语语法结构习得的影响［J］. 现代外语（双月刊），2017，40（4）：507－517，584.

⑥ 缪海燕. “续”中促学变量对英语过去时-ed习得的影响［J］. 外语与外语教学，2019（3）：27－37，144.

⑦ 王启，王初明. 以续促学英语关系从句［J］. 外语教学理论与实践，2019（3）：1－5，18.

⑧ 洪玮，石薇. 读后续写任务在汉语二语量词学习中的效应［J］. 现代外语，2016，39（6）：806－818，873－874.

组，验证了读后续写对汉语二语学习者空间结构习得的促学功效。[①] 刘丽等研究发现阅读材料中高频出现的动结式结构能有效促进学习者在续写中正确使用动结式结构。[②] 张戈等依据互动理论对法语二语学习者进行实证研究，发现读后续写存在词汇协同现象，师生互动比同伴互动和自主学习更有利于读后续写生词的协同。[③]

此外，还有不少学者通过实证研究来论证读后续写对学习者思维层面的影响。黎娅玲运用批判性思维倾向量表问卷来测量学生的批判性思维倾向，实证研究表明读后续写能够促进英语二语学习者的批判性思维倾向发展。[④] 张晓鹏通过 12 周的写作跟踪研究发现读后续写有利于学生发挥想象力和创造力，更地道表达英语，减轻写作压力，增强写作成就感。[⑤] 该研究结果与张琳和秦婷[⑥]的读后续写研究一致。姜琳等通过采用有声思维、回溯性访谈等方法，发现英语二语学习者对英文续写产生的母语思维最少；读后续写能够提供丰富的外语语境，为语言学习提供了支架，有助于降低学习者对母语思维的依赖。[⑦]

（三）应用研究

为有效促进学生思维品质发展，学者们通过不同的视角对读后续写教学进行了应用研究，旨在探索指向学生思维品质发展的读后续写教学模式。如边丽美和陈柏华开发的“整体把握→思维训练→风格模仿→协同评估”教学模式，围绕“文体互动”教学策略，提高故事性题材续写教学的有效性；同时训练学生在“协同观”视角下的读后续写思维模式，提高学生的语言运用

① 曾莉云，毛志成，姜琳．读后续写对汉语二语学习者空间短语结构习得的影响研究［J］．中国应用语言学（英文），2017，40（3）：298－315，350.

② 刘丽，王初明．“续论”与对外汉语动结式的学习［J］．广东外语外贸大学学报，2018，29（3）：21－28.

③ 张戈，刘梦，申华明．课堂互动对法语二语读后续写词汇协同的影响研究［J］．解放军外国语学院学报，2022，45（2）：79－86.

④ 黎娅玲．读后续写对英语专业学生批判性思维能力培养有效性研究［D］．长沙：湖南大学，2015.

⑤ 张晓鹏．读后续写对二语写作过程影响的多维分析［J］．外语界，2016（6）：86－94.

⑥ 张琳，秦婷．读后续写对英语专业学生写作焦虑和写作能力的影响研究［J］．外语教学，2020，41（6）：72－76.

⑦ 姜琳，陈燕，詹剑灵．读后续写中的母语思维研究［J］．外语与外语教学，2019（3）：8－16，143.

能力。[①] 袁汉邦论述了读后续写教学中利用“理顺故事脉络”“赏析文本语言”“续写故事结尾”三个环节，可以逐步培养学生的逻辑性思维、批判性思维和创新性思维。[②]

三、读后续写促学因素

相关研究发现读后续写促学因素受到多方面的影响，主要包括：阅读材料的趣味性、学习者的英语水平、互动方式、语境再现线索导向等。

读后续写是语言输入与输出的有机结合，使静态语言知识适配到动态内容。[③] 读后续写能立马显现协同效应，这正是外语教学所追求的学习效应。而这种效应与诸多因素有关，阅读材料的趣味性无疑是其中一个重要因素。王初明进一步提出设计读后续写任务的要求：①阅读材料要有趣，内容能延伸；②阅读材料的语言需要控制难度，易于模仿；③阅读材料不宜太短；④指令要体现促学的基本要求；⑤强调语言协同；⑥续写方法可以灵活变通；⑦批改和评分要以促学为导向。[④] 另外，孙钦美和王钰通过实证研究发现读后续写任务在冠词学习中的促学效果与学习者的英语水平有关。读后续写能够有效促进高水平及低水平英语学习者的冠词学习，但对中等水平学习者的冠词学习未产生显著影响。[⑤] 王启等通过对比前文语境再现的实证研究，发现有前文语境的线索导向续写指导可增强学生读后续写的协同效应，从而弥补读后续写的促学短板。[⑥] 近年来，还有部分研究聚焦语篇分析、题材分析以及错误分析理论，来论述影响读后续写的促学影响。

目前对读后续写促学效果的理论研究和实证研究相对成熟，但是对影响读后续写促学效果的因素依然存有争议，需要进一步系统化研究。

---

① 边丽美，陈柏华. 高中英语读后续写“文体互动”教学策略例析［J］. 基础外语教育，2017，19（6）：51－59，110－111.

② 袁汉邦. 指向思维品质提升的高中英语读后续写教学实践［J］. 中小学教学研究，2019（10）：69－75.

③ 王初明. 外语学习的一个根本性问题：静态语言知识如何适配到动态内容？［J］. 现代外语，2020，43（5）：593－600.

④ 王初明. 读后续写：提高外语学习效率的一种有效方法［J］. 外语界，2012（5）：2－7.

⑤ 孙钦美，王钰. 读后续写在英语冠词学习中的效应及影响因素研究［J］. 外语电化教学，2018（2）：18－24.

⑥ 王启，钟丽珍，王伟权，等. 语境再现线索导向对二语读后续写协同效应的影响［J］. 中国外语，2022，19（4）：62－69.

第二节　语言测试视角下的读后续写

读后续写作为高考中的新题型，是一种把语言理解与语言产出相结合的综合题型，有很好的测评促学功能。

通过对读后续写这一题型的效度和信度进行初步检验后，王初明等验证了读后续写能有效测量和考查学生的阅读与写作水平，还能够对外语教学和学习中的理解和产出有正向的反拨作用，将内容的创作与语言的模仿有机结合起来，可提高外语教学和学习的效率。[①] 王初明研究发现读后续写有很好的测评促学功能，指出读后续写题用于外语水平考试有以下优点：①考题构念清晰；②命题可操作性强；③前读材料可选范围广；④题型效度佳；⑤反拨效应好；⑥有利于切实贯彻教育部颁发的《高中英语课标（2020 年修订)》精神。[②] 此外，从教学角度看，读后续写还有一个最大优势——“易于实现教考分离”。为了更全面验证高考英语读后续写题的效度，蔡宏文从写作样本的文本指标角度考察了读后续写题型所激发的语言样本是否实现了命题者的意图。研究结果表明，续写任务能够促使考生产出更丰富的内容，使用更多低频单词和更复杂词语，符合命题机构和倡导者的预期。[③] 黄丽燕等研究了写作停顿视角下的读后续写测试认知效度，通过分析读后续写测试过程中考生写作停顿特征及内省报告，厘清了读后续写测试的认知加工过程，并通过与理论预期对比，证实了读后续写测试具有较高的认知效度，能有效考查学习者的认知思维能力。[④] 张洁等研究了体裁对读后续写中协同效应和写作质量的影响。研究发现记叙文、说明文和议论文续写均能激发学习者与原文的互动协同并反映学习者的写作能力。由此表明，原文体裁的变化并未改变读后续写任务的目标构念，为将测试任务拓展至记叙文以外的体裁

---

① 王初明，亓鲁霞．读后续写题型研究［J］．外语教学与研究，2013，45（5）：707－718，800.

② 王初明．教考分离，重在促学［J］．外语教学与研究，2022，54（3）：425－432，480.

③ 蔡宏文．以写作样本的文本指标评价读后续写题［J］．现代外语（双月刊），2023，46（2）：245－258.

④ 黄丽燕，程一丹，曾娟．写作停顿视角下的读后续写测试认知效度研究［J］．现代外语（双月刊），2023，46（2）：270－283.

提供了实证依据，有助于进一步推广读后续写在大规模考试中的应用。① 颜慕涵从语言测试的角度，对高中英语读后续写试题思辨能力测评的构念效度进行了验证。研究表明，高中英语读后续写试题思辨能力测评达成了预期的构念效度。② 张朦从定量研究的角度探讨了读后续写的评分量表编制，分析了读后续写评分量表在写作测试中如何反映学习者不同语言水平、写作能力的分布与发展。通过研究发现：①续写量表可从多角度分析学习者写作能力，对学习者成绩提升有一定帮助；②写作量表的描述语有助于学习者了解自身写作能力的上升轨迹，描述语的等级差异可反映学习者不同写作能力的发展维度与发展起点；③相比传统的以语法为主的评测标准，续写量表的开发体现了国内对英语教学与语言能力的递进式发展。③

第三节　思维品质视角下的读后续写

夏谷鸣指出，读后续写作为英语高考新题型，是英语学科核心素养的一种评价途径。“该题型通过读写结合，检测学生的英语书面语言理解与表达能力，而这些能力的背后就是学科核心素养。”④ 读后续写的考查重点是对信息的理解，对语言知识的运用，对逻辑关系的获取和梳理，对创造性思维的发挥和体现，这恰好与英语学科核心素养相呼应。读后续写恰是一个融语言、文化、思维三位一体的学习方式，有助于促进思维、综合语言运用能力的发展，完美呼应了《高中英语课标（2020 年修订）》的基本理念。刘庆思和陈康认为读后续写是一种将阅读与写作紧密结合的考查形式，有利于培养学生创造性思维能力。⑤

---

① 张洁，王敏，陈康．体裁对读后续写中协同效应和写作质量的影响［J］．现代外语（双月刊），2023，46（2）：259－269.

② 颜慕涵．高中英语读后续写试题思辨能力测评的构念效度验证［D］．福州：福建师范大学，2021.

③ 张朦．“读后续写”评分量表构建与应用：以《中国英语能力等级量表》为基础［J］．文山学院学报，2019，32（5）：102－106.

④ 夏谷鸣．读后续写：英语学科核心素养的一种评价途径［J］．中小学外语教学（中学篇），2018，41（1）：1－6.

⑤ 刘庆思，陈康．关于一年两考高考英语试卷中读后续写设计的研究［J］．中小学外语教学，2016，39（1）：1－5.

此外，许多学者结合教学实践，研究了如何通过读后续写课堂教学发展学生的思维能力。有部分文献着重研究了在读后续写教学实践中提升学生思维品质的方式。如宋颖超指出在读后续写教学实践中，可以通过“构建思维地图，培养思维的逻辑性”；“引发互动思考，提升思维的批判性”；“设置多重任务，开发思维的创新性”等策略来提升学生的思维品质。”① 袁丹纯结合一节读后续写课例，通过聚焦情节、语言和主题，搭建相关脚手架，探索出既能促进逻辑思维，培养批判性思维，又能发展创新思维的读后续写教学范式来帮助发展学生的思维品质。② 吴雪峰进行了教学评一体化的读后续写 PET 教学设计与实践研究，“提出以抓住叙事类文本的情节（Plot）、情感（Emotion）、主题（Theme）三要素开展教学评一体化的实践路径，即依托学习理解，梳理概括 PET 主线；分析内化，应用实践 PET 评析；批判反思，迁移创新 PET 产出”③。另外，有部分学者结合一节具体的读后续写课例，阐述了如何进行指向思维品质提升的读后续写教学设计。如袁汉邦在其教学案例中，通过实施“理顺故事脉络”“赏析文本语言”“续写故事结尾”三个教学环节来培养学生的思维品质。④ 李恺以一节“读后续写”课为例，进行了指向思维品质提升的“读后续写”教学设计研究，分析了读后续写教学中提升学生思维品质的有效策略，“主要包括：读前讨论问题，明确写作任务；写前探究文本，培养逻辑性思维；写中拓展情节，提高创新性思维；写后同伴互评，提升批判性思维”⑤。此外，田露⑥、邱梦佳⑦分别在其硕士学位论文中探讨了如何通过行动研究在读后续写中提升学生英语思维品质。还有部分学者着重探讨了基于“读思言”模式的读后续写教学。康美华以一篇

---

① 宋颖超. 读后续写教学中培养学生思维品质的策略［J］. 中小学外语教学，2017，40（12）：22－26.

② 袁丹纯. 基于思维品质培养的高中英语读后续写教学研究［J］. 基础外语教育，2022，24（1）：52－61，110.

③ 吴雪峰. 教学评一体化的读后续写 PET 教学设计与实践［J］. 福建教育学院学报，2021，22（11）：59－61.

④ 袁汉邦. 指向思维品质提升的高中英语读后续写教学实践［J］. 中小学教学研究，2019（10）：69－75.

⑤ 李恺. 指向思维品质提升的“读后续写”教学设计［J］. 教育视界，2021（3）：36－39.

⑥ 田露. 运用读后续写培养高中生思辨倾向的行动研究：以彭州某高中为例［D］. 成都：四川师范大学，2021.

⑦ 邱梦佳. 高中英语读后续写教学中思维品质培养的行动研究［D］. 黄石：湖北师范大学，2022.

英语美文作为读后续写教学实践载体，探讨如何开展基于“读思言”模式的读后续写教学活动，提升学生的综合语言运用能力和创造性思维能力。① 顾琴等还利用思维导图对高中英语读写教学进行了相关研究。② 李菁提出了在读后续写中，可以通过网络学习空间的“336 – ICE”模式来培养高中生的思维品质。“336 – ICE 互动循环评价模式通过课前、课中、课后学生八个环节的自主及合作学习活动设计，引导学生通过逐层互动评价体系来实现对自我学习目标和学习策略的循环调控。……该模式有效利用信息技术来突破和创新高中英语读后续写的教学，从而在本质上改变学生读后续写的学习方式，培养学生的思维品质。”③

---

① 康美华. 基于“读思言”模式的读后续写探究［J］. 福建基础教育研究，2020（8）：76 – 79.

② 顾琴. 合理利用思维导图，提升写作教学效益：一节读后续写教学设计与思考［J］. 教育视界，2021（21）：55 – 58.

③ 李菁. 网络学习空间的“336 – ICE”模式在培养高中生思维品质中的应用：以英语读后续写为例［J］. 福建教育学院学报，2022，23（2）：69 – 72.

第二章　高中英语读后续写思维型教学的范式与策略

2020 年，《高中英语课标（2020 年修订）》明确将思维品质列为英语学科核心素养之一。《高中英语课标（2020 年修订）》指出，思维品质是“思维在逻辑性、批判性、创新性等方面所表现的能力和水平”①。具体来说，它指的是学生通过英语课程的学习，“能辨析语言和文化中的具体现象，梳理、概括信息，建构新概念，分析、推断信息的逻辑关系，正确评判各种思想观点，创造性地表达自己的观点，具备多元思维的意识和创新思维的能力”②。这凸显了思维品质培养在英语学科教学中的重要地位。

读后续写将输入与输出、阅读和写作、模仿和创造紧密捆绑起来，不仅高效促进了语言学习，同时也培养了多维思维能力。在续写过程中，学生需要在准确理解阅读文本基础上，模仿前文的语言风格和特征并创造性地续写故事，实现语言模仿和内容创造的有机结合，推动思维由逻辑性向创造性的发展。

读后续写思维型教学是指通过读后续写的有效教学来促进学生的逻辑性、批判性和创造性思维。首先，教师设置任务要求学生搜索文章关键信息、理顺故事发展脉络、分析情节和人物之间的关系、归纳文章大意，培养学生的逻辑性思维能力。其次，教师引导学生赏析文本的语言特征、判断人

① 教育部．普通高中英语课程标准（2017 年版 2020 年修订）［M］．北京：人民教育出版社，2020：5.

② 教育部．普通高中英语课程标准（2017 年版 2020 年修订）［M］．北京：人民教育出版社，2020：6.

物的态度与性格、推断文章的主题意义和作者的写作意图，训练学生理性的批判性思维。最后，基于对文本的准确解读，学生对故事的结尾展开合理又大胆的想象；以续写任务驱动学生回扣故事的情节和语言，在新的续写语境中巩固和拓展新学的语言知识，在此过程中发展了学生的逻辑力与创造力。

接下来，本章将重点探讨如何在一线教学课堂中构建读后续写思维型教学的范式与策略。

第一节　高中英语读后续写思维型教学范式[①]

《高中英语课标（2020 年修订）》强调了思维品质在英语教学中的地位。发展学生思维能力是当前外语教学改革的重点。[②] 思维品质体现了英语学科核心素养的心智特征。[③] 其中，逻辑性思维技能包括分析综合、分类比较、归纳演绎、抽象概括；批判性思维技能包括判断推理、质疑解疑、求同辨异、评价预测；创造性思维技能包括纵横思维、联想想象、隐喻通感、模仿创生。[④] 这三级思维能力逐步递增提升、逐步发展。

读后续写作为考查思维能力的题型，是外语教学中培养学生思维品质的有效途径。这道题型的具体做法是学生阅读一段结尾被抹掉的叙事性故事，基于故事的情节发展、人物性格、语言特征、作者写作意图和主题内涵进行创造性模仿，续写出情理之中、意料之外的结尾。在读后续写中，学生通过感知、获取文本关键信息，解构材料的语篇框架，培养逻辑性思维；内化、拓展文本内涵，构建新知并付诸实践，发展批判性思维；发挥想象，迁移、输出新知，重构语篇，迸发创新性思维。对此，学者和一线教师做了读后续写促思的教学尝试。蒋建华提出基于主题基调、情节内容以及主题词三个方

① 本节摘自袁丹纯．基于思维品质培养的高中英语读后续写教学研究［J］．基础外语教育，2022，24（1）：52－61，110.

② 葛炳芳，洪莉．指向思维品质提升的英语阅读教学研究［J］．课程·教材·教法，2018，38（11）：110－115.

③ 教育部．普通高中英语课程标准（2017 年年版 2020 年修订）［M］．北京：人民教育出版社，2020：5.

④ 黄远振，兰春寿，黄睿．为思而教：英语教育价值取向及实施策略［J］．课程·教材·教法，2014，34（4）：63－69.

面开展读后续写的写前准备，活跃思维，激活发散性思维，点燃想象力。[①] 刘燕铭、刘科和曾佳佳通过分析角色、以情节和情感为续写的抓手，即运用"CDE 三要素"策略，开展文本解读和情节构思，在追问中帮助学生构建信息，梳理细节，挖掘情节发展的内在联系，拓展学生思维的深度和广度，实现思维从低阶向高阶转化。[②] 袁汉邦从理顺情节、赏析语言到续写结尾三个维度出发，探讨在读后续写教学中如何实现学生多元思维品质的培养。[③] 凌勇通过读后续写的话题引领、主旨探究、语言探究以及续写过程四个方面发展学生的发散性思维、系统性思维、批判性思维和创造性思维。[④]

王芳提出在读写结合教学中，阅读为写作搭建了情节内容、语言和主题思想三个维度的支架。[⑤] 基于此，本节将结合读后续写的教学现状分析，从情节、语言和主题三个维度探索其教学范式，提高续作的语言质量，发展学生逻辑性、批判性以及创新性思维。

一、高中读后续写教学现状分析

通过对高中读后续写教学现状的观察与分析，笔者发现学生续作中存在着"情节不连贯、语言不统一和主题不聚焦"的问题，同时这也反映了当前写作教学"思辨缺席"的情况。

（一）情节不连贯

读后续写要求学生根据故事前文的情节有逻辑、有条理、连贯地续写结尾，因而续作应遵循情节的一般发展顺序"故事背景—发展—高潮—缓和—结局"。而有些学生在续写时违背了这个逻辑顺序，直接略过"缓和"到达"结局"，使得过渡不自然，结局突兀；而有些同学在"缓和"环节使用大量的对话，拖慢了故事的有效进展。另外，字数的限制影响了结局的充分阐

① 蒋建华. 阅读教学中开展读后续写活动的策略与思考［J］. 中小学外语教学（中学篇），2013，36（10）：29－33.

② 刘燕铭，刘科，曾佳佳. 思维品质视角下的英语读后续写教学课例研究［J］. 基础外语教育，2019，21（3）：55－62，109.

③ 袁汉邦. 指向思维品质提升的高中英语读后续写教学实践［J］. 中小学教学研究，2019（10）：69－75.

④ 凌勇. 读后续写的教学策略［J］. 中小学外语教学（中学篇），2016（5）：31－35.

⑤ 王芳. 中学英语写作教学研究热点与教学建议：基于对两份基础教育（外语）类核心期刊的分析［J］. 中小学外语教学（中学篇），2019，42（10）：17－22.

述。因此，写作教学需引导学生分析情节的内在逻辑关系，准确把握文脉的合理发展，进而培养学生的逻辑性思维。

（二）语言不统一

读后续写要求学生辨析作者的写作特征，并在续写中模仿运用作者的语言风格。续写时应避免出现语言风格不和谐、人物特征不统一的情况。比如在前文故事中，Tom 是个未受过教育的底层劳动人民，但学生未抓住他的文化背景，续写时将 Tom 塑造成一个出口成章、妙语连珠的知识分子。这显然不符合他原先设定的性格特征，使续写缺乏语言的统一性。教学中教师应带领学生辨析语言修辞手法，总结写作特征，挖掘人物性格特点和作者的写作意图，预测下文的内容和语言，助推学生形成批判性思维。

（三）主题不聚焦

读后续写的结局应符合“情理之中，意料之外”的原则。学生续写时应基于主题思想，发挥合理的想象力，在行文时紧扣主题，结尾处升华主题。有学生为追求标新立异的结局，续作时天马行空，恣意发挥，脱离了故事的主题，从而导致作品质量的下降。例如前文描写一位贫穷的妈妈一天巧遇外星人，外星人误以为她是它要找的 Chon，同时它正打算送 Chon 一份神秘礼物，故事在此戛然而止，要求学生续写接下来的故事。续写时有学生忽略了与主题相关的几个关键问题——为何外星人要给 Chon 送礼物？为何外星人认为她是 Chon？她和 Chon 有什么关系？——导致续写时未能关联前后意义，脱离了主题，创作出“妈妈欺骗外星人，收了神秘大礼，成为大富翁”的结局。读后续写教学需引导学生透过语言挖掘主题，鼓励学生紧扣故事的主旨内涵，发挥想象力，创作出合乎情理又意料之外的结局，发展学生的创新性思维。

综上所述，读后续写教学的主要难点是如何搭建情节、语言和主题的支架，培养学生的思辨能力。此外，全国Ⅰ卷读后续写的评分标准重点考核以下三个方面：①情节。内容的完整性以及与原文情景的融洽度。②语言：词汇与语法结构的多样性、恰当性。③语篇结构。结构清晰，前后衔接，意义连贯（主题统一）。由此可证，读后续写教学的重点与难点聚焦在情节、语言以及主题上。

二、培养思维品质的读后续写教学实践

为打破当前写作课堂“思辨缺席”的藩篱，以下将基于笔者在2020年珠海市高中英语教学观摩与研讨活动中开展的一节小说《麦琪的礼物》读后续写教学设计，搭建情节、语言与主题的脚手架，加强读写的互动与协同，提高学习效果与思维能力，构建高中英语读后续写思维型教学。

（一）文本解读

教师对文本解读的程度决定了教学的深度。本文从情节、语言和主题三个方面进行文本解读。

第一，情节解读。本节课节选了《麦琪的礼物》前半部分，选段没有给出题目。故事讲述的是一贫如洗的Della准备送丈夫Jim一份圣诞礼物。在一番激烈的心理挣扎后，最终决定把她视为珍宝的长发剪掉换取送给Jim的圣诞礼物。当她万分焦虑等待Jim回家时，正好听到他开门的声音，故事到此结束。全文约600个单词。

第二，语言解读。语篇类型是小说，采用第三人称叙述视角；运用大量的动作描写、心理描写的语言来推动故事的发展；采用简短对话形式讲述故事；平均句长约11个单词。

第三，主题解读。本故事的主题语境是关于人与社会，从前文内容可以推断出作者通过描写身处社会底层的Della对丈夫无私的付出，歌颂真爱的主题。

（二）学情分析

学生是高一理科班学生，英语水平居珠海市中等水平，英语兴趣浓厚，思维活跃。课前问卷调查显示：在本节课前学生没有接触过读后续写题型；学生课前没有阅读过《麦琪的礼物》这篇小说，表明续写任务的真实性；学生较少接触英文文学作品，缺乏人物性格分析方法。

（三）教学目标

基于黄远振等提出的逻辑性、批判性和创造性的思维结构模型①，本节

---

① 黄远振，兰春寿，黄睿. 为思而教：英语教育价值取向及实施策略［J］. 课程·教材·教法，2014，34（4）：63－69.

课的教学目标设置如下。

学生在学习完本节课后，能够明确以下几点：

在问题链和“故事山”思维工具的帮助下，梳理文本关键信息，捋顺情节发展的明暗线，归纳 Della 行为和心理的线索，形成结构化知识，做好情节续写的认知准备，促进逻辑性思维。

搜索定位 Della 的行为和心理描写，推测文本深层内涵，判断 Della 的情感态度，揣摩其性格特征，预测 Jim 接下来的行为和心理描写，培养批判性思维。

通过两组对比——“Della 的贫穷与想为 Jim 购买礼物的迫切心理”和“Della 对头发的珍爱与为 Jim 购买礼物的坚定心理”，推测出冲突背后的原因，挖掘小说中“为真爱无私付出”的主题。以小组合作的方式，发挥大胆合理的想象力，创造故事的结尾，发展创新性思维。

教学重点是如何搭建写前的情节、语言和主题的支架，难点是如何引导学生创作出一个合理又有创意的结局。

（四）教学实践

搭建支架是写作教学的一个关键环节。在读后续写教学中，教师在学生思维的断层处巧设脚手架，拉一拉，推一推，催化学生思维品质的发展。王芳提出阅读为写作做了情节、语言和主题的认知支架，探索读后续写的教学路径——“框架搭建，促进逻辑性思维—语言品味，培养批判性思维—主题续写，发展创新性思维”，旨在打造高中英语读后续写课堂。①

1. 框架搭建，促进逻辑性思维

逻辑性思维技能包括分析综合、分类比较、归纳演绎、抽象概括。② 本环节聚焦解构文本，辨别文本关键信息，通过思维工具搭建情节框架，分析内在逻辑关系，将文脉结构外显化，从而促进学生的逻辑思维水平。

（1）检索关键信息，构建框架。

前置性阅读任务（见表 2 – 1）鼓励学生自主学习，搜索小说文体、人称视角、时态和情节四要素等关键信息，解构文本的表层意义。

① 王芳. 中学英语写作教学研究热点与教学建议：基于对两份基础教育（外语）类核心期刊的分析 [J]. 中小学外语教学（中学篇），2019，42（10）：17 – 22.

② 黄远振，兰春寿，黄睿. 为思而教：英语教育价值取向及实施策略 [J]. 课程 · 教材 · 教法，2014，34（4）：63 – 69.

表 2-1 前置性阅读任务

Genre		
Person		
Tense		
Plot	Time	
	Place	
	Main Characters	
	Three Parts	Part 1: Para - Para
		Part 2: Para - Para
		Part 3: Para - Para

【设计意图】 这一活动帮助学生将小说的关键要素结构化。学生自主探究故事的时间、地点和人物三大因素，并通过分段把握语篇的宏观结构，为课堂赢来更多深层解读的宝贵时间，有效撬动课堂的升级转型。

（2）巧用思维工具，梳理文脉。

问题链和"故事山"是阅读教学中的思维工具。本节课融合这两种思维工具，分析故事的明暗线索，探究故事文脉走向，为续写搭设情节支架。

多维度、多层次、富有思维含量的问题链启发学生更全面、更深刻、更灵活地思考。① 本环节聚焦明暗线，通过一系列层层递进、环环相扣的问题链引导学生分析语篇结构，厘清节选文段和整个故事情节的逻辑关系；并基于对女主角 Della 行为和心理的分析，预测接下来的情节走向，形成故事框架的整体性。以下是教师设计的问题链：

①What roles do the three parts play respectively in the whole story?

②What did Della do in the 1st, 2nd, 3rd part?

③How did Della feel in the 1st, 2nd, 3rd part?

④What may happen next?

在师生问答互动过程中，教师一边呈现"故事山"，一边将 Della 的行为和心理与"故事山"上的节点一一匹配。依托"故事山"情节发展（见图 2-1），使学生对接下来的缓和与结局进行宏观的推测。

① 曹锋. 例谈初中英语听说教学中高阶思维能力的培养 [J]. 中小学英语教学与研究，2019（10）：47-50，69.

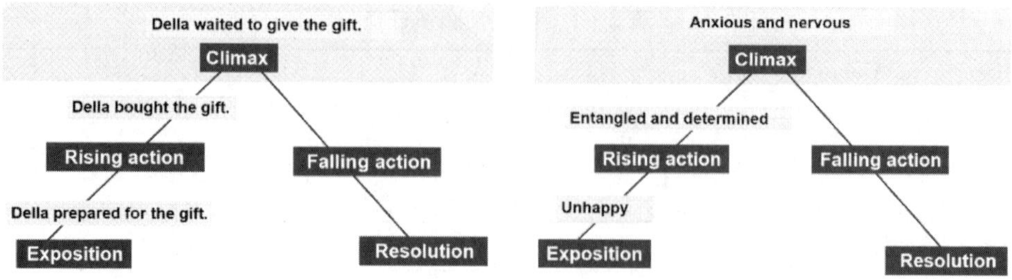

Della 行为线索（明线）　　　　Della 心理线索（暗线）

图 2－1　“故事山”情节发展

【设计意图】问题链聚焦故事的情节，由总到分，由易到难，从已知到未知，构建信息，并厘清事物发展的内在联系，从而激活思维的强度，拓展思维的广度和深度。[①] 问题链层层递进，既点燃学生思考的热情，也提升了学生理解文本框架所需的逻辑思维能力。

图表是外显化的思维工具，它可以帮助学生厘清思路，建立框架思维，将思维可视化。[②] 本节课使用“故事山”，探究文本的明暗线索，有助学生形象地观察情节发展的过程，形成直观生动的情景模型。

2．语言品味，培养批判性思维

批判性思维技能包括判断推理、质疑解疑、求同辨异、评价预测。[③] 本环节关注构建文本的深层内涵，检索语言表达，判断语言特征，推断 Della 的人物性格以及预测 Jim 回家后具体的行动和心理。

王初明认为外语教学中，内容要创新，语言要模仿。因而，读后续写“续”的不仅是情节的连贯性，还有语言风格的一致性。教师应鼓励学生在续写中有意识地学习模仿使用语言形式。[④] 葛炳芳和洪莉认为带领学生揣摩语言的修辞用意，评价文本内涵传达的情感态度，是训练学生批判思维行之

① 刘燕铭，刘科，曾佳佳．思维品质视角下的英语读后续写教学课例研究［J］．基础外语教育，2019，21（3）：55－62.

② 胥阳．例析概念图、思维导图和思维地图的区别及在高中英语教学中的使用策略［J］．中小学英语教学与研究，2018（4）：16－21，55.

③ 黄远振，兰春寿，黄睿．为思而教：英语教育价值取向及实施策略［J］．课程·教材·教法，2014，34（4）：63－69.

④ 王初明．内容要创造　语言要模仿：有效外语教学和学习的基本思路［J］．外语界，2014（2）：42－48.

有效的方法。[①] 下面是教师在本节课中所提出的一系列问题，以引导学生提取语言信息，整合语言特征，理解文本人物性格，预测相应情节发展。

首先，教师提出两个问题："How are Della's actions described in the passage?" "How are Della's feelings described in the passage?" 学生大声朗读相应的语言表达，并一一分析总结出文本的写作特点：①运用了形象、精确的动词描写人物的行动；②采用身体部位描写、环境描写、独白和对话方式表达人物的心理变化，推动故事情节的发展；③前文平均句长约 11 个单词（见表 2－2）。其中，教师鼓励学生重点品读描写 Della 的语言。如在 "Three times Della counted it." 这句话中，作者特意将 three times 提前到句首，强调她反复数了三次身上仅有的几块硬币，用 Della 之贫穷衬托她想给 Jim 买礼物的迫切心情。而另外一句 "There was clearly nothing to do but sit down and cry." 中的 "nothing to do but" 更是把 Della 因贫穷想不到办法给 Jim 买礼物的那种绝望心情凸显得淋漓尽致。品味语言，就是品味文本蕴含的情感态度，透过语言的一角推测出隐藏的深层内涵。

表 2－2 写作特点总结

Type	Language	Writing technique
Actions	counted three times; nothing to do but sit down and cry; finished her crying and dried her face; she danced out the door and down the street	specific verbs
Feelings	Her eyes were shining, but her face had lost its color within twenty seconds.	body language
	A gray cat walking along a gray fence in a gray backyard.	environment
	She whispered: " Please God, make him think I am still pretty. "	monologues
	"Twenty dollars," .... "Give it to me quick," said Della.	dialogues
Sentence length	11 words	

① 葛炳芳，洪莉. 指向思维品质提升的英语阅读教学研究［J］. 课程·教材·教法，2018，38（11）：110－115.

接下来，教师再抛出两个问题："What would Jim be like according to the story you have read?""If you were Jim, how would you react and feel when you came back home?"学生分组讨论，列举证据，表达观点并纷纷提出大胆合理的预测。"Jim 一定很穷。""Jim 回家很准时，应该很顾家。""Della 那么爱 Jim，Jim 应该有很多优秀的品质，譬如爱家庭、爱老婆。""如果我是 Jim，看到老婆为了给我买礼物而剪去她心爱的头发，我一定会很感动，抱着她，并亲吻她的头发。"（行为描写）"如果我是 Jim，我会在她耳边轻声说：'宝贝，你是我的天使，谢谢你！'"（语言描写）学生从 Della 的行动和语言描写等已知信息推测她的情感态度，从文本外走进文本，转换角度，站在男主角 Jim 的视角发表个人观点，预测接下来的故事发展。

通过师生的问答互动，立足语言形式与意义，凸显写作特征，有利于学生形成结构化认识，从而更有意识地模仿和运用，为续写蓄力。同时，通过探究语言形式，学生思考文本深层含义，评价女主角 Della 的性格特点，预测男主角 Jim 看到礼物后的行为和心理反应，助推判断推理和评价预测等批判性思维的形成。

3. 主题续写，发展创新性思维

创新性思维技能包括纵横思维、联想想象、隐喻通感、模仿创生。① 读后续写让学生对不完整的阅读材料产生好奇心和兴趣，激发他们的内生表达动力，鼓励他们在新的语境下迁移运用所学的语言知识，个性化地创造内容，这个过程贯穿了创新性思维的培养。② 在本部分教学中，师生分析冲突，推断冲突背后的原因，论证故事的主题意义；再运用正向和逆向思维破解"礼物"这一关键线索，督促学生大胆创想结尾，在重构语篇中升华凝练主题。

主题是故事的统帅，在谋篇布局上起着提纲挈领的作用，引领着故事结尾的走向；主题是故事的灵魂，是全篇内容的聚焦点和故事价值的体现。因而，故事续写的关键点在于要找到它的主题。学生围绕以下两个冲突——"Della 的贫穷与 Della 想给 Jim 买礼物的迫切心情"及"Della 头发的美丽与 Della 卖头发的决心"，在教师一步步的引导下，追根溯源，经过充分讨论，推断出故事的主旨是"讴歌主人翁对爱情的无私奉献"（见图 2－2）。

---

① 黄远振，兰春寿，黄睿．为思而教：英语教育价值取向及实施策略［J］．课程·教材·教法，2014，34（4）：63－69．

② 袁汉邦．指向思维品质提升的高中英语读后续写教学实践［J］．中小学教学研究，2019（10）：69－75．

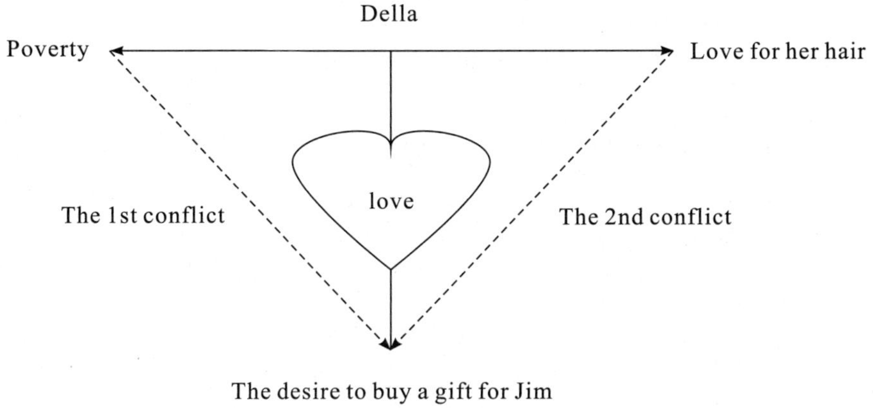

图 2-2　冲突与主题

另外，文本主题的关键线索是“礼物”。前文描述了一贫如洗的 Della 卖掉自己珍爱的头发换取手表带，送给丈夫。那么，在接下来的故事里，Jim 会送她礼物吗？师生基于“真爱”的主题方向，大胆发挥想象力，从正向和逆向思维来预测“礼物”。第一，正向思维。教师提出问题“What gift would Jim give to Della? And why?”学生两两成组，发散思维，尽情想象。学生提出：“文中提到家中最宝贵的两样东西是 Della 的头发和 Jim 的手表，这是一个重要的线索。由此可推测，Jim 会送给 Della 与头发相关的贵重礼物，例如漂亮、昂贵的发夹或头花等。”“Jim 白天坐车，偶然发现 Della 剪掉了一头秀发，因而买了假发给她做圣诞礼物。”第二，逆向思维。教师提出：“If Jim didn't bring a gift back home，what would then happen?”这个问题出乎学生的意料，更激发他们讨论的激情和创造力。学生提出：“Jim 今天收到了一封来自远方亲戚的信，告知他家族秘密，即祖传的手表实质价值连城。最后 Jim 将珍藏的手表和手表带一同送给 Della。”“Jim 为了 Della 过上更好的日子，努力工作拼搏，那天得到老板升职加薪的通知。这个消息是送给这个贫困潦倒的家庭最好的圣诞礼物，也是 Jim 对 Della 爱的体现。”

在学生讨论后，两人为一组，根据表 2-3 完成续写的大纲，随后完成 100 词以上的续写初稿。其中，教师鼓励学生写出合乎逻辑、体现创造性的结尾，并且打开写作思路，写长、写多，释放学习潜力，克服惰性和畏难情绪，体验语言运用的成就感。[①]

---

① 王初明. 外语写长法［J］. 中国外语，2005，2（1）：45-49.

表 2－3 续写大纲

Group：______ Name：______	
Theme	
Jim's behavior	
Jim's feelings	
Jim's gift	
The ending	
Your group's version （more than 100 words）	

随后学生在六人一组的小组内分享评价各自的初稿。分享环节，由组长监督，记录员记下每组的汇报情况。其余学生根据评价表打分（见表 2－4），同时讲出每份作品中自己欣赏的部分和待改进的部分。

表 2－4 续写评价表

Name：______ Class：______ Peer-evaluation score：______			
Project：Continuous Writing			
Items	Requirements	Full Scores	Scores
Plot	Cohesion（衔接）and transition（过渡）to link up the context	8	
Language	Vivid expressions of actions and feelings；some expressions learned from the text	8	
Theme	A clear-cut and positive theme from the beginning to the end	7	
Something I admire			
Room for Improvement			

【设计意图】 教师在读后续写课堂上采用了小组式讨论、写作和评价的方式，将更多话语权交还给学生，使学生进行同伴互动，激发表达欲望，迸发出思考热情。[①] 合作式讨论鼓励学生发散思维，在讨论中碰撞思维的火花，活化思维；合作式写作给学生提供机会，共同斟酌，去粗取精，降低写作焦虑，促进多边互动的认知情感发展；小组互评，培养学生敢思敢言的批判精神，为课后改写提供了修改的方向。

另外，本环节采用正向和逆向思维，拓宽学生续写的想象力；撰写续作初稿时鼓励学生写长、写多，这一指令有助于学生在反复回读、斟酌中巩固知识，在充分创作中升华主题，有效激活创新性思维。

从学生反馈来看，本节课教学目标达成率较高。虽然授课学生水平中等，且是第一次接触读后续写题型，但大部分学生掌握通过问题链和“故事山”思维工具检索故事的关键信息以及厘清情节中的明暗线方法，能搜索语言描写，分析总结语言特征，基于冲突分析，推测出小说“真爱”的主题，同时合理发挥想象力，小组合作写出续作大纲和初稿，最后进行生生互评，实现指向教学目标的教、学、评一体化。本节课课堂气氛愉悦、热烈，学生各抒己见，情智相融，促进思维能力的长足发展。

三、读后续写教学应该注意的几个问题

（一）素材选择

在平时教学中，教师可根据学生的语言水平、兴趣爱好以及学习读后续写的阶段选取难度适当、趣味性强、情节跌宕起伏、篇幅超过 350 词的文学作品或其简写版，比如《书虫》《典范英语》系列的故事。地道优美的语言输入是学生续写最好的学习模板，是促学的源头。在平时读写教学中，鼓励写长、写多，充分释放学生的创造力。例如本节课的《麦琪的礼物》选段，笔者选取了 600 词左右的阅读文本，并要求学生写出 100 词以上的初稿。

（二）目标设定

教师需根据学生的实际情况设定阶段性的教学目标，灵活调整读与写的

---

① 葛炳芳，洪莉．指向思维品质提升的英语阅读教学研究［J］．课程·教材·教法，2018，38（11）：110－115.

课堂时间比例以及低阶思维和高阶思维活动在课堂时间的比例。对于刚刚接触读后续写的一般水平学习者，教学目标应重在文本解读以及模仿学习上，立足培养学生框架意识等逻辑思维能力。而对于较高水平的学习者，可在此基础上鼓励他们大胆发挥想象力，进行独立的创意写作，开发他们的高阶思维能力。

另外，教师制定评价表应以教学目标为准则，做到目标可观察、可操作和可测量。比如本节课的教学目标是围绕搭设情节、主题和语言支架进行读后续写思维型教学，因而制定写作评价表亦应紧扣这三方面考察学习效果，实现以目标为导向的教学评价。

（三）互动教学

续写中存在多种互动形式，教师应关注不同层次的互动。①学生与文本的互动：教师可以采用问题链，层层递进，深化学生对文本的理解，催化学生内化和重组知识，构建对文本的新知。②生生之间的互动：在合作式讨论和合作式续写中，发挥学生的主体性，在协商中发散思维，优化结构，提炼措辞，提升续写质量；在小组互评中，转变视角，以评促写，提升批判性思维能力。

结语

培根说过："阅读使人充实，讨论使人机智，写作使人精确。"读后续写教学融合了阅读、讨论和读写三种活动。阅读前文时，解读情节、语言和主题，激活多元思维，为写作蓄势；小组讨论时，在互动交流中拓宽思维的广度和深度；续写时，为保持情节的融洽性、语言的连贯性和主题的统一性，学生需审视细节，斟酌语言，创造内容，模仿语言，培养了学生思维能力。

本节课的教学流程层次鲜明（见图 2－3），思维型活动渗透了各个环节。本节课以情节、语言和主题为抓手，搭建认知支架，加强读写协同，构建了"搭建框架、品味语言、续写主题"的英语读后续写思维型教学。首先，依托问题链和"故事山"思维工具，学生建立故事情节的框架意识，锻炼逻辑性思维；其次，总结写作策略，分析人物语言特征，探究 Della 的性格特征，预测 Jim 的行为和心理表现，催化批判性思维；最后，学生在故事冲突中推断主题，从正向和逆向思维拓宽想象力，小组合作创造出"情理之内，意料之外"的故事结局，迸发创新性思维。教学活动螺旋式上升，从低阶思维向高阶思维发展，有效打造高中英语读后续写的思维型课堂。

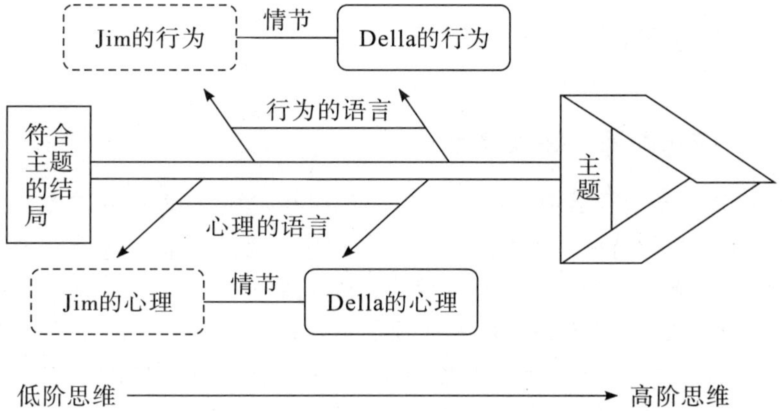

图 2-3 《麦琪的礼物》读后续写教学范式

第二节　高中英语读后续写思维型教学策略[①]

读后续写聚焦读写协同，要求学习者准确识别文本的关键信息，分析人物性格特征及语篇内在逻辑关系，探究主题内涵和赏析语言特征，续写时与前文的内容、主题与语言看齐、拉平，模仿语言，创造内容，续写出情理之中意料之外的结局。[②] 然而在一线教学中，学生在续写中出现了续写内容与前文不连贯、续写主题与前文不一致、续写语言与前文不协同的情况。[③] 如何通过实操性强的教学策略熨平读写能力之间的不对称性呢？本节将从内容（what）、主题（why）和语言（how）三个维度探讨读后续写提质增效的促思教学策略。

---

① 本节部分选自袁丹纯在广东外语外贸大学外国语言学及应用语言学研究中心主办的“2022 高中英语读后续写教学实践交流会”上的发言报告。

② 袁丹纯．基于思维品质培养的高中英语读后续写教学研究［J］．基础外语教育，2022，24（1）：52-61，110.

③ 孙旭．提升协同效应的读后续写教学探究［J］．中小学外语教学（中学篇），2021，44（10）：6-10.

一、内容协同

（一）依托语篇，串联情节

《高中英语课标（2020 年修订）》提倡学生接触不同的语篇类型，并学习语篇结构、文体特征和表达方式；根据表达与交流的需要选择恰当的语篇类型，设计合理的语篇结构，规划语篇的组成部分，从而保持语篇结构的完整性。① 在读后续写教学中，教师带领学生挖掘语篇模式，厘清已知语篇结构，并补全其余的语篇部分，在此过程中促进学生形成整体的框架意识和严谨的逻辑思维。鉴于目前读后续写题型以叙事体为主，下面以叙事体为主，说明文和议论文为辅，旨在探索依托不同语篇类型实现内容协同的教学策略。

1. 记叙文的内容协同

拉波夫叙事分析理论将一个完整的叙事结构划分成为六大要素（见图 2 -4），即以“点题”和“指向”开始，以“进展”为主体，用“评议”烘托气氛，以“结局”结束情节，最后用“回应”将读者拉回现实。“点题”是用简单一句话交代清楚故事的关键要素，引发读者阅读兴趣；“指向”是故事的时间、地点、人物及背景，是对情节发展的铺垫；“进展”是一篇小说的主体部分，即故事的发展，先发生了什么，接着发生了什么，随后又发生了什么，同时，这部分也是动作、身体、语言、环境的交织描写；“评议”是从叙事中了解作者的写作意图和态度；“回应”是连接故事和现实的纽带。下面以短篇小说《警察与赞美诗》为例展开阐述。

故事的梗概是流浪汉 Soapy 在冬天来临之前，企图通过吃霸王餐、破坏商店玻璃、骚扰妇女、在公众场所大声喧哗等犯罪活动被关进监狱，来获得躲避寒冬的机会。故事以他第五次失败尝试结束，接下来是两段续写。第一段段首句是“Then he saw a man in the shop buying a newspaper, whose umbrella stood beside the door.”第二段段首句是“At last Soapy came to an old, old church where sweet music held him and reminded him of his past clean soul when a sudden eager for a change took hold of him.”学生通过拉波夫叙事分析理论填写表 2 -5 的表格，厘清关键内容，理顺故事发展的脉络，在合理范围内发挥最大想象力，开展续作。

① 教育部. 普通高中英语课程标准（2017 年版 2020 年修订）[M]. 北京：人民教育出版社，2020：26 -27.

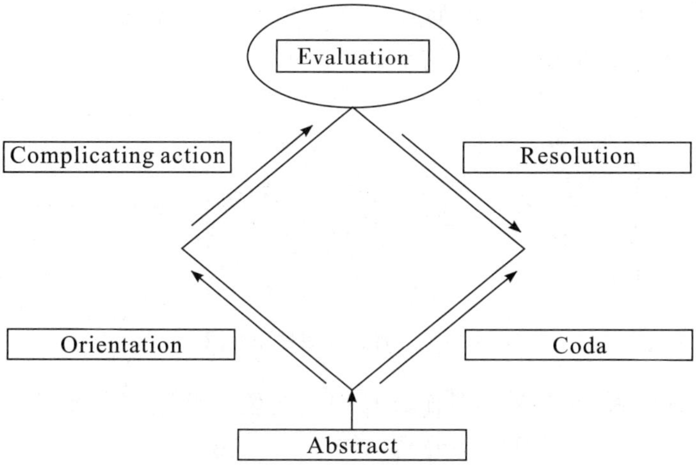

图 2-4 拉波夫叙事理论

表 2-5 《警察与赞美诗》叙事分析

叙事要素	内容
点题（概括故事大意）	Soapy planned to go to prison before winter came.
指向（故事的背景）	Soapy lived in the park and winter was about to come.
进展（故事的发展）	Soapy made 5 attempts to be arrested by cops but all failed. 根据两段的段首句，续写的第一段应该是讲述*Soapy took the umbrella of the man on purpose to be arrested but failed again.*
结尾	根据第二段的段首句，Soapy 突然萌生了一个想要改变自己的想法，此处是主人公的内心出现了转折，是故事的高潮部分。故事接下来的发展应与以下几点有关。 1. *Soapy did something for a change.* 2. *Cops did sth. in response.* 3. *The ending should echo with the theme.*
回应（点明主旨）	（下一节讨论）

2. 说明文或议论文的内容协同

目前，读后续写较少使用议论文和说明文作为素材。王初明提出可依托议论文和说明文进行对比续写，培养学生的批判性思维。① 对比续写的具体操作方式是：采用语篇完整的议论文或说明文，学生从文章中挑选可作对比

① 王初明. 教考分离，重在促学［J］. 外语教学与研究，2022，54（3）：425-432，480.

的若干要点，写一段概述总结的过渡段，并对这几个要点进行续写，最后提出自己观点并总结整篇文章（见图2－5）。①

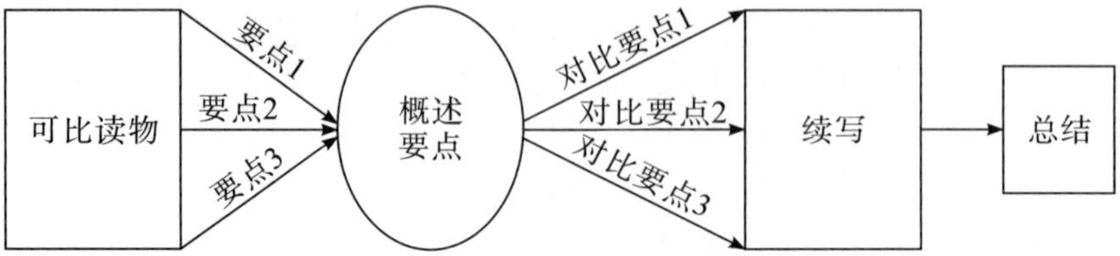

图2－5　对比续写的流程图

王初明提出需重点考察对比续写中过渡段的首尾句以及最后一段的总结，因为它们体现了语篇独特的结构特征。② 辨识说明文、议论文的语篇结构，是开展对比续写任务的重要文本解读环节。以下以人教版《英语　必修第三册》Unit 3 Diverse Cultures　Welcome to Chinatown！为例阐述。该文的体裁是说明文，文章选取中国城颇具文化特色的内容，如起源、居民构成、语言、历史、建筑、商品和饮食风味，展现了它作为中国文化中心的魅力。对比续写任务中，学生需根据中国城的三个要点，按照“概述要点—续写—总结”的流程来介绍自己的家乡。在教学过程中，学生首先绘制出体现中国城语篇结构的思维导图（见图2－6），同时关注要点所对标的语言（见表2－6）；随后，学生选取中国城其中三个要点，模仿相应的语言（例如描写“起源”时，可以用到短语“settle in”，句型“Historically…”和“What started as… for… turned into…”等），灵活且恰当地描述、介绍自己的家乡，使续作的内容与前文一一对应，连贯完整，实现意义驱动下的语言使用，达到了静态语言与动态语境之间的适配。

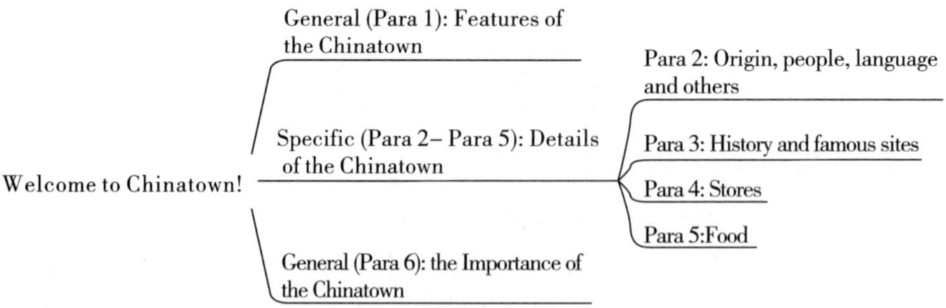

图2－6　Welcome to Chinatown！内容要点的思维导图

①②　王初明. 如何提高读后续写中的互动强度［J］. 外语界，2018（5）：40－45.

表 2-6 **Welcome to Chinatown! 内容要点的语言（节选）**

Para 2	Origin	名词： immigrant / a residential area/ a center for Chinese culture 动词短语： settle in	副词修饰句子： eg. Historically, … 主语从句： eg. What started… as… for… turned into…
	People	名词短语： the majority of residents/ ethnic Chinese	定语从句： eg. … the majority are ethnic Chinese, many of whom…
	Language	动词短语： speak… fluently	
Para 3	History	动词短语： destroy/rebuild/have a long and famous history 形容词： legendary 副词： traditionally	被动语态 & 非谓语： eg. Most of Chinatown was destroyed…, but sb. rebuilt it, taking care to include… 副词 & 定语从句： eg. Traditionally, visitors enter … through…, which was built…

（二）巧用工具，厘清文脉

教师可以通过设计思维工具来帮助学生形成条理化、系统化的认知，解构文本，明晰脉络，提供符合逻辑的续写思路。绘制思维工具可以有效地激发学生的大脑潜能，训练其逻辑思维能力。① 可视化工具有头脑风暴法、词汇云、内容分解图、鱼骨图和故事山等。它们可以分别使用在读后续写教学的不同环节，服务于不同的教学目标。以下以《麦琪的礼物》读后续写教学为例阐述。

1. 头脑风暴法（见图 2-7）

一方面，头脑风暴法可用在《麦琪的礼物》的热身环节，教师提问 "What is the best gift you have ever received? And why?"，激活学生对故事主

① 宋颖超. 读后续写教学中培养学生思维品质的策略［J］. 中小学外语教学，2017，40（12）：22-26.

题的背景认识，打开主题语境的大门。另一方面，头脑风暴法也可用在续写前。教师提出问题“What gift would Jim give to Della?”，发散学生思维，释放想象力，拓宽续写思路。

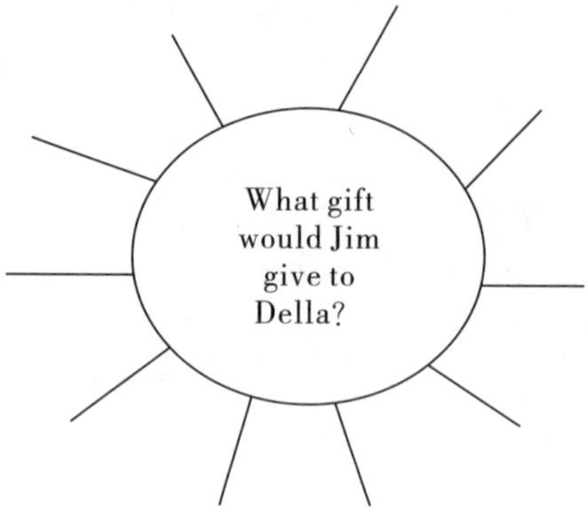

图 2-7　头脑风暴法

2. 词汇云（见图 2-8）

词汇云反映文本中的高频词汇。越高频的词汇，在词汇云中的字体越大；反之亦然。通常来说，高频词就是故事的关键词，折射了主题内涵。学生在阅读时有意识地关注这些高频词，并在续写中适时照应，能使续写段落在内容、逻辑和情节上更加融洽与聚焦。《麦琪的礼物》词汇云显示了高频词（hair、Della、Jim、cents、dollar、gift）和一些数字，表明这篇文章的主人公是 Della 和 Jim，且话题与“金钱与买礼物”有关。读前，学生根据词汇云，猜测本文的中心大意；读后，学生根据高频词排列它们在故事中出现的顺序，再复述前文大意，加深对前文的理解；续写时，学生需要照应这些高频词，设计以下情节，如 Jim 看到 Della 短发后的表现，Jim 为 Della 买了什么礼物；这些礼物和钱的关系是什么。

图 2-8　词汇云

3. 内容分解图（见图2－9）

内容分解图可以清晰地展示文章的写作特征与内容，直观简洁地呈现文本的关键要素，为续写搭建内容支架。通过内容分解图，学生可以理顺《麦琪的礼物》的文体为叙事体，人称为第三人称和时态为过去时的写作特征以及故事的时间、地点、人物和情节四要素，为续写蓄力。

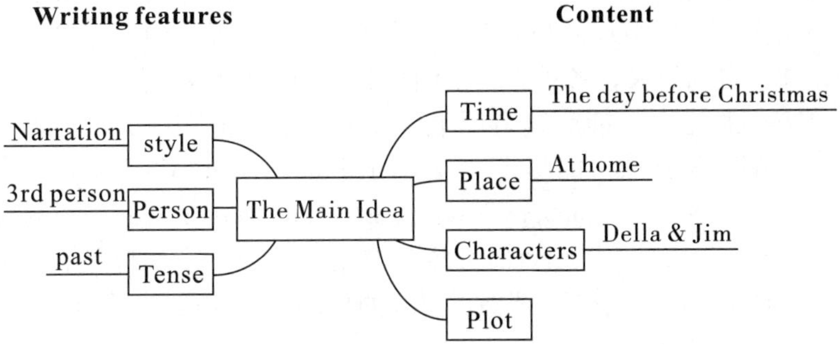

图2－9　内容分解图

4. 鱼骨图（见图2－10）

鱼骨图是用来解读故事明线与暗线的思维工具。明线和暗线对推动情节发展起到了穿针引线的作用，是厘清文脉和预测走向的重要抓手，因此解读明暗线，可为续写蓄能。鱼骨的上方是《麦琪的礼物》女主角 Della 的行为，为明线；下方是 Della 的情感，为暗线；鱼头是 Della 行为和情感的出发点——想给 Jim 买圣诞节的礼物，暗含文章的主题。

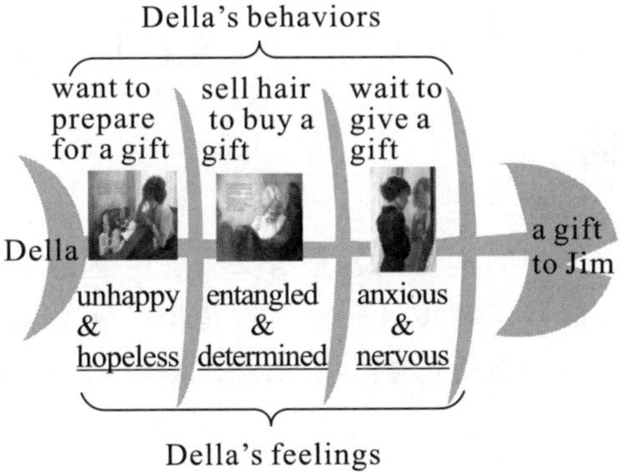

图2－10　鱼骨图

5. 故事山（见图2-11、图2-12）

与鱼骨图不同的是，故事山可以用于梳理冲突性较强的叙事体的明暗线。它由五部分组成：①开端（exposition）。故事开头设置地点和时间等背景信息。②发展（rising action）。情节发展至主要冲突的起始点。③高潮（climax）。事件的核心，人物冲突最强烈的临界点，情节的转折点。④尾声（falling action）。情节的发展一旦达到高潮或转折点，冲突的紧张程度开始消退或弱化，情节向结局或尾声发展。⑤结局（resolution）。情节的最后一个部分，冲突得以解决，各种因素之间形成新的平衡与稳定。①

在《麦琪的礼物》读后续写课上，在弗雷塔格金字塔的"开端""发展"和"高潮"标注故事的明线（"prepared for""bought""waited to give"，见图2-11）和暗线（"unhappy""entangled and determined""anxious and nervous"，见图2-12）。② 师生通过梳理双线，厘清文章的脉络，并对男主人公Jim回到家后的行为和心理做出合理的预测，形成情节发展的闭环。

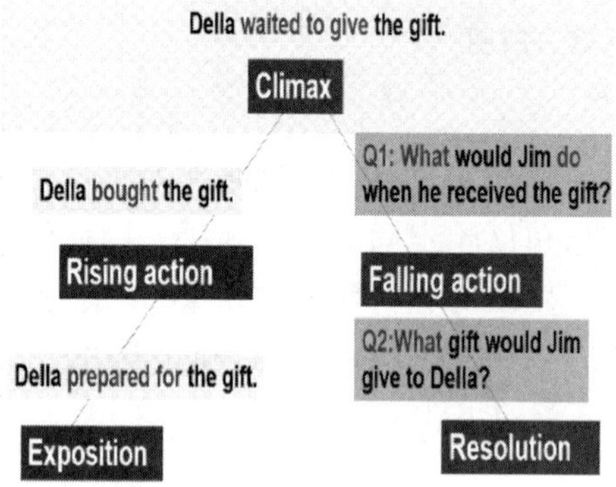

图2-11 《麦琪的礼物》明线

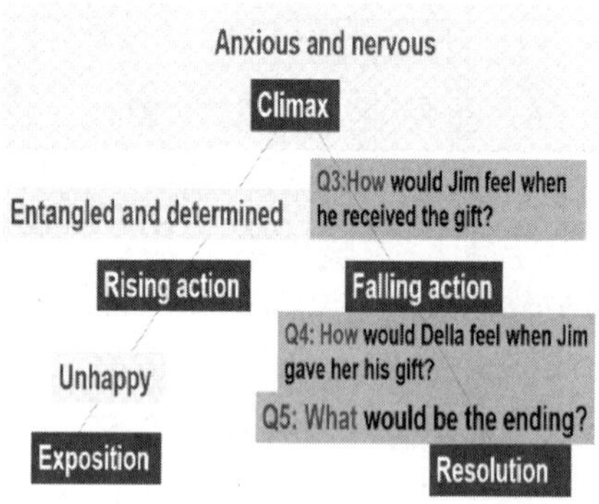

图2-12 《麦琪的礼物》暗线

二、主题协同

学生读后续写习作中的常见问题是有文采无主题意义。而《高中英语课标（2020年修订）》倡导主题意义探究，并指出"主题意义的探究应是学生学习语言最重要的内容，直接影响学生语篇理解的程度、思维发展的水平和

---

① 吴琪．"弗雷塔格金字塔"与情节观基本问题［J］．理论界，2008（11）：124-125.

② 袁丹纯．基于思维品质培养的高中英语读后续写教学研究［J］．基础外语教育，2022，24（1）：52-61，110.

语言学习的成效”[1]。因此，培养学生主题探究的能力应该是读后续写教学中关键的一步，也是保持续写主题协同，解决当前“有文采无主题意义”教学困境的重要环节。接下来，笔者将从语篇的标题、主题段落和伏笔等关键点的照应以及主位推进两个维度探讨如何实现读后续写的主题协同。

（一）照应关键点，探究主题

1．分析标题，预测主题

文章标题通常体现了写作对象、关键内容、作者感情和文章中心。因此，它可起到了解主题、预测文章结尾的作用。以 2021 年全国 Ⅰ 卷真题 A Mother's Day Surprise 为例，标题清晰告诉我们本文的主要角色是妈妈，讲述的是母亲节惊喜的故事。母亲节是对妈妈表达感激与爱意的节日，其中，“surprise” 透露出这是一份让妈妈惊喜的礼物。因此，可以推测本篇文章的主题是“表达对妈妈的爱和感激，体现和谐温馨的家庭关系”，暗示故事的结尾应与“家人之爱”有关，以此保持故事主题一致性。

2．解读主题段落，确定主题

主题段落是表达文章中心思想的段落，它能使读者在阅读时快速准确地把握文章的主题。主题段落往往是文章的第一段或最后一段。具体来说，剖析主题段落中蕴含感情色彩的形容词和动词有助于学生形成对文章主题以及作者态度的认识。

A Mother's Day Surprise 的主题段落是第一段。它写道：“The twins were filled with excitement as they thought of the surprise they were planning for Mother's Day. How pleased and proud Mother would be when they brought her breakfast in bed.” 其中，excitement 一词体现了双胞胎想到能够在母亲节给妈妈送礼物的兴奋心情，“How pleased and proud Mother would be when they brought her breakfast in bed.” 预设了故事的结尾——“刚睡醒的妈妈看到这份惊喜时是高兴和自豪的”。这一部分的描述渲染的是温馨的氛围，感情基调是欢快愉悦的，表达了双胞胎们很爱妈妈，以及这是一个有爱的家庭。此外，第一段中提到“They planned to make French toast and chicken porridge.” 说明了双胞胎准备的礼物是“送给妈妈的早餐”。根据对标题和主题段落的解读，我们可以判断出本篇文章大意应该是“双胞胎亲手做了烤面包和鸡肉粥，送到妈妈的床边，以此作为母亲节的惊喜，来表达他们对妈妈的爱”。

---

① 教育部．普通高中英语课程标准（2017 年版 2020 年修订）[M]．北京：人民教育出版社，2020：14.

3．挖掘伏笔，深化主题

伏笔是文学创作中描写叙述的一种手法，指作者对将要在作品中出现的人物或事件，预作提示或暗示，以求前后呼应。好的伏笔与照应能起到暗示、点题、沟通文章内部联系等作用，使文章通顺，合情合理，往往能让人产生心灵共鸣或意外的阅读惊喜。① 当学生在构建续写情节碰到困难时，可以借助故事中的伏笔来确定故事主题，并推进故事情节。那么，怎样找到文章的伏笔呢？通常伏笔是对故事发展起到暗示作用的内容。一方面，伏笔的出现通常伴随“特写”，即故事叙述时特意停留，减缓叙述节奏，对某一人物或者事物进行特定描写来引起读者的注意。“特写”蕴含着文章的主题内涵，暗示了续写需对此进行照应和交代。另一方面，伏笔常出现在故事的主要矛盾冲突处，比如人物内在的性格矛盾或者人物冲突等。解读伏笔中“特写”与隐含的冲突矛盾是挖掘文章主题、丰富续写内容的有效途径。②

以 2022 年广东省一模考试为例。文章的主旨是赞扬 Kiana 临危不乱、果敢坚忍的品质。但很多考生在续写时出现了偏题的问题，将主题写成“向搭救一家三口的陌生人表达赞扬和感激”。下文将从伏笔的“特写”及“冲突矛盾”两个方面阐述如何确定文章主旨，使续写对焦前文主题。

（1）细节特写，推测文章焦点。

这篇文章多处对 Kiana 的反应进行特写。第二段写到“Kiana 用妹妹的靴子往外舀水”；第三段提到“她迅速穿上救生衣，并将爸爸和妹妹即将漂走的救生衣抓了回来”；而搭救他们的“陌生人”在文中是以一个“figure”身份出现的，前文基本没有对他的介绍。相比之下，可以推测出本文的主人公应该是 Kiana 而不是“陌生人”。③

（2）列出冲突，寻找解决方法。

文章中塑造人物时出现了若干矛盾，师生要学会定位关键冲突。人物性格上，Kiana 的勇敢与妹妹的怯弱进行对比；故事情节上，本应该承担起救援重任的爸爸被描述成重病初愈、力不从心的角色，自救重任只能落在了女儿 Kiana 身上。④ 基于以上两个维度的分析，本文的主题应该聚集 Kiana 如何在危难之中自救的过程。

---

① 占记荣，王文召．找准伏笔　续写照应：例谈英语读后续写教学的新尝试［J］．教学月刊·中学版（教学参考），2018（9）：39－42．

②③④ 王宏瑜．例谈高三英语读后续写微技能之抓主旨［J］．广东教育（高中版），2022（12）：40－42．

（二）巧用主位结构，聚焦主题

主位推进是已有信息向新信息的流动，在语篇上起到承上启下的作用，实现句际的连贯性和衔接。划分、分析句际的主述位有助于分析语篇的主位结构框架，从而掌握它的主题大意、体裁特点以及作者意图。[①] 换句话说，主位结构可以帮助学生分析句子指向的焦点，即主题。通过分析读后续写中前文主位推进的类型，即句子排列的规律，可探究主题的倾向，窥探作者的意图，同时在续写时模仿前文的主位序列特征，实现上下文主题的连贯以及话题指向的一致性，从而发展学生缜密、深刻的逻辑性思维。

1．认识主述位与主题的关系

（1）确定主位，辨别新旧信息。

黄国文提出主位（theme）与述位（rheme）是功能语法学的两个重要概念。一个句子可以分为主位和述位。主位是叙述的出发点、对象或基础，传递着交际双方的已知信息；述位则是对主位的叙述、描写和说明，是叙述的核心内容，通常传达受话者未知信息。划分主位和述位是为了研究句子新旧信息的分布情况。[②]

那么如何分辨句子中的主位（T）和述位（R）呢？Halliday 细分了单项主位、复项主位以及句项主位。其中复项主位亦可进一步划分为语篇主位、人际主位和概念主位；句项主位是由整个小句（复合句中的主句或从句构成）充当主位。[③]

例 1：The taxi（T）raced away like the wind（R）.（单项主位）

例 2：And also at the moment，Arthur（T）suddenly realized that the young man might be the bank robber（R）.（复项主位）

例 3：As he was running，（T）Arthur heard the young man shouting behind，"Stop，stop!"（R）（句项主位）

例 2 中，and also 是语篇主位，表示与上文的联结；at the moment 是人际主位，表示说话人对时间的主观估计；Arthur 是概念主位，表示主题。确认主位是掌握主位推进的基础。

---

① 左琳．英语主位的标记性选择及功能分析［J］．山西农业大学学报（社会科学版），2010，9（2）：253－256.

② 黄国文．语篇分析概要［M］．长沙：湖南教育出版社，1988：73－74.

③ HALLIDAY M A K. An Introduction to Functional Grammar［M］. London：Edward Arnold，1994.

主位被分为无标记主位（unmarked theme）和有标记主位（marked theme）。当陈述句中的主语充当主位时，即主语与主位一致时，主位是无标记主位；当两者不一致时，主位是标记主位，一般作句子修饰成分。

例4：London Bridge（无标记主位）is falling down.

例5：Yesterday morning（标记主位），I had a walk in the nearest park.

英语主位的标记性选择基于作者的语用目的。合理选择主位标记性有以下三种语用功能：第一，加强语篇的衔接和连贯。第二，起到强调的修辞效果或凸显某种交际意图，如强调意义上的对比、说话人的某种主观倾向或修正所接受信息的错误等。第三，主位标记的特征彰显篇章的体裁结构框架，如百科全书条目和科普文章较直接、明了、简单，故使用无标记主位；侦探小说具有神秘色彩，故常使用时间、地点、方式等有标记主位。① 因此，识别和分析主位标记性对于文本解读及续写建构均有重要的价值。

（2）巧用主位，聚焦主题。

述位承载着新信息，起着传达新信息的作用。但是，从篇章组织结构的角度，主位更为重要，因它是语篇的出发点，引导已知信息向新信息过渡，促进前后叙述连贯，促进语篇的完整性。② 基于主位的语篇价值比述位高，语篇中句子的主位串联起来，并形成了语篇的主位序列。在这个序列中，前后的主位相互照应、相互推进，形成了连贯的语篇，这便是主位推进模式。③ 分析主位序列可以帮助学生辨识续写前文主题的聚焦性与倾向性，并在续写中遵循相关序列特征，有意识地推进主述位。换句话说，主位推进模式帮助学生学习前文语篇中的信息展开的方式，了解主题的倾向性，揭示句际的逻辑关系，让续写有可模仿的样板，也产生了续写的语篇思路，促进前后主题的连贯与协同。

朱永生提出三种常见的主位推进模式：④

①主位同一型（平行型）：主位（T1，T2，T3，T4）相同，述位（R）不同。

Atlanta（T1）was a Greek princess. She（T2）was very beautiful and could run faster than any man in Greece. But she（T3）was not allowed to run in

---

① 左琳. 英语主位的标记性选择及功能分析［J］. 山西农业大学学报（社会科学版），2010，9（2）：253－256.

② 程晓堂. 从主位结构看英语作文的衔接与连贯［J］. 山东师大外国语学院学报，2002（2）：94－98.

③ 胡壮麟. 语篇的衔接与连贯［M］. 上海：上海外语教育出版社，1994.

④ 朱永生. 主位推进模式与语篇分析［J］. 外语教学与研究，1995（3）：6－12，80.

the Olympic Games. She (T4) was so angry that she told her father she would not marry anyone who could not run faster than her.

②述位一致型（集中型）：主位（T）不同，述位（R1，R2）相同。

When people use words and expressions..., it is called a dialect (R1). American English has many dialects (R2), especially the... dialects.

③延续型（梯型）：前一句的述位或述位的一部分成为后一句的主位，如R1和T2指代重叠，依此类推。

We (T1) like Eric (R1) very much. He (T2) is hardworking and ready to help others (R2). His qualities (T3) are thought highly of by us.

2. 运用主述位与主题的关系

(1) 解读前文，预测主题。

主位推进模式在语篇中起着连句成篇、提纲挈领的功能，学生运用主位序列的能力决定了续作中语篇是否连贯、内容是否融洽、主题是否统一，因此主位推进模式是提升读后续写连贯性的重要抓手。下文以2021年全国卷"A Mother's Day Surprise"为例。文章共有三段，分别为故事的开始、发展与高潮（见表2-7）。

表2-7 《母亲节的惊喜》语篇分析

情节	主述位理论的语篇分析（T代表主位，R代表述位）	主位推进模式下语篇分析	主位推进下概述
开始（Para 1）	The twins (T1) // were filled with excitement as they thought of the surprise they were planning for Mother's Day (R1). How pleased and proud (T2) // Mother would be when they brought her breakfast in bed (R2). They (T3) // planned to make French toast and chicken porridge (R3). They (T4) // had watched their mother in the kitchen (R4). There (T5) //was nothing to it (R5). Jenna and Jeff (T6) // knew exactly what to do (R6).	平行型：T1—T3—T4—T6 信息的起点：the twins 延续型：R1—T2 集中型：R1—R2—R3—R4—R6 新信息：Make breakfast as a surprise for Mother's Day 指向主题：家人之爱	The twins (T) planned to make breakfast as a surprise for their mother on Mother's Day (R).

续上表

情节	主述位理论的语篇分析（T 代表主位，R 代表述位）	主位推进模式下语篇分析	主位推进下概述
发展（Para 2）	The big day（T1）// came at last（R1）. The alarm（T2）// rang at 6 a. m.（R2）The pair（T3）// went down the stairs quietly to the kitchen（R3）. They（T4）// decided to boil the porridge first（R4）. They（T5）// put some rice into a pot of water and left it to boil while they made the French toast（R5）. Jeff（T6）// broke two eggs into a plate and added in some milk（R6）. Jenna（T7）// found the bread and put two slices into the egg mixture（R7）. Next, Jeff（T8）// turned on the second stove burner to heat up the frying pan（R8）. Everything（T9）// was going smoothly until Jeff started frying the bread（R9）. The pan（T10）// was too hot and the bread turned black within seconds（R10）. Jenna（T11）// threw the burnt piece into the sink and put in the other slice of bread（R11）. This time, she（T12）// turned down the fire, so it cooked nicely（R12）.	平行型：T3—T4—T5—T6—T7—T8—T11—T12 信息的起点：the twins 集中型：R3—R4—R5—R6—R7—R8—R9—R10—R11—R12 新信息：cooking breakfast for their mom 指向主题：家人之爱	The twins（T）tried to cook breakfast for their mom when it was the big day（R）.

续上表

情节	主述位理论的语篇分析 （T 代表主位，R 代表述位）	主位推进模式下 语篇分析	主位推进下 概述
高潮（Para 3）	Then Jeff（T1）// noticed steam shooting out of the pot and the lid starting to shake（R1）. The next minute, the porridge（T2）// boiled over and put out the fire（R2）. Jenna（T3）// panicked（R3）. Thankfully（T4）//, Jeff stayed calm and turned off the gas quickly（R4）. But the stove（T5）// was a mess now（R5）. Jenna（T6）// told Jeff to clean it up so they could continue to cook the rest of the porridge（R6）. But Jeff's hand（T7）//touched the hot burner and he gave a cry of pain（R7）. Jenna（T8）// made him put his hand in cold water（R8）. Then she（T9）//caught the smell of burning（R9）. Oh dear! The piece of bread in the pan（T10）//had turned black as well（R10）.	平行型：T1—T3—T6—T7—T8—T9 信息的起点 1：the twins 平行型：T2—T5—T10 信息的起点 2：the breakfast 集中型：R1—R2—R3—R5—R7—R9—R10 延续性：R1—T2，R9—T10 新信息：Something went wrong when they were making breakfast. 指向主题：家人之爱	The twins（T）faced some trouble when making breakfast（R）.

第一段主位：the twins（无标记）—how pleased and proud（标记）—they（无标记）—they（无标记）—there（无标记）—Jenna and Jeff（无标记），主要采用无标记主位，简单明了、开门见山，读者易于抓住主题；基于主位推进模式，本段的主位多为平行型，信息的起点是“双胞胎”；而述位多为集中型，本段的新信息聚焦在“计划在母亲节为妈妈做惊喜早餐”。综合起来，本段的大意为“双胞胎计划在母亲节为妈妈做惊喜早餐”，指向了“家人之爱”的主题意义。

第二段主位：the big day（无标记）—the alarm（无标记）—the pair（无标记）—they（无标记）—they（无标记）—Jeff（无标记）—Jenna（无标记）—next，Jeff（标记）—everything（无标记）—the pan（无标记）—this time，she（标记）。其中，两个有标记主位体现了动作的次序，加强语篇的连贯性；基于主位推进模式，本段呈现平行型和集中型，已知信息和新信息聚焦在“双胞胎”和“做早餐的过程”。述位围绕着做早餐的具体步骤，如使用了 boil、put、make toast、break eggs、heat up 等词汇，这样的组织方式暗含了双胞胎为准备母亲节礼物的努力和用心，再次暗含了“家人之爱”的主题。

第三段主位：then Jeff（标记）—the next minute，the porridge（标记）—Jenna（无标记）—Thankfully（标记）—but the stove（标记）—Jenna（无标记）—But Jeff's hand（标记）—Jenna（无标记）—then she（标记）—The piece of bread in the pan（无标记）。本段较多使用有标记的主位，主要是增强语篇的逻辑关系。其中，表顺接关系的有“then、the next minute、then”，表转折关系的有“thankfully、but、but”。一段里面三处转折，制造了一个个紧急突发状况，增加了画面的生动性和语言的张力。基于主位推进模式，与第二段的结构相似，采用平行型和集中型。已知的信息落在“双胞胎”和“早餐”上。新信息是“做早餐时频发状况”，描述视角时而是 Jenna，时而是 Jeff，时而是粥，时而是面包，频繁转换视角；还用到了 notice、touch 和 smell 等不同感官动词，旨在制造紧张混乱又富有张力的画面感，表现了双胞胎准备早餐时频发状况仍坚持不懈，又一次聚焦了“家人之爱”的主题。

（2）模仿前文，明确方向。

基于主位推进模式的分析，可以看出这篇文章采用平行型和集中型的主位推进模式，使得已知信息向新信息顺畅过渡，且三个段落均指向主题“家人之爱”，这为接下来续写的结尾定好了方向。

这篇文章主位标记性的选择是随着故事的发展变化而变化。“开始”与“发展”使用较为单一的无标记主位，其中几个有标记主位主要是增强了句子的衔接，如“then、next time”；而“高潮”部分较多使用有标记主位，凸显了混乱的局面，烘托冲突出现的紧张气氛。续写主要围绕情节的“缓和”和“结局”部分，学生需注意：有标记主位加强语篇衔接、强调修辞效果或凸显某种交际意图等。因此，在续写的第一段，即“缓和”阶段，可以适当用“无标记主位”，使得主题聚焦，指向性强；而在续写的第二段，即“结尾”，可以适当增加“有标记主位”来凸显主题。同时，为了保持语篇衔接连贯方式的一致性，尽量采用平行型和集中型的主位推进模式。

接下来，师生基于主位理论解读两段续写的首句。续写的第一段是故事的“缓和”：As the twins looked around them in disappointment（T）//，their father appeared（R）. 这句话属于有标记主位，强调双胞胎从失败的尝试中，看到“爸爸（英雄人物）出现了”，暗示爸爸将会帮忙解决双胞胎的困难。此外，第二段的段首句是“The twins（T）carried the breakfast upstairs and woke their mother up（R）”，隐含了第一段续写的结尾应该是“The twins（T）succeeded in making breakfast with their father's help（R）”。基于此，学生可以预测第一段续写事件链的主述位序列：

①As the twins looked around them in disappointment（T）//，their father appeared（R）.

②Their father（T）// offered to help the twins cook the breakfast（R）.

③The twins（T）succeeded in making breakfast（R）.

④The twins（T）felt excited and happy and got ready to take the breakfast to their mother upstairs（R）.

第二段续写是故事“结局”，需要注意的是，结尾应该照应前文“家人之爱”这一主题；同时，根据段首句“The twins（T）carried the breakfast upstairs and woke their mother up（R）”，学生可预测第二段续写事件链的主述位序列：

⑤The twins（T）did sth. after waking up their mother（R）.

⑥Mother（T）responded to them in surprise and felt pleased and proud（R）.

⑦The twins（T）felt happy（R）.

⑧The family love（T）was felt（R）.

学生根据事件链进行拓展，写出“A Mother's Day Surprise”的续作。在续写时，学生应注意故事结尾与前文指向的主题呼应；第一段使用“无标记主位”，第二段适当增加“有标记主位”；两段叙述尽量采用平行型和集中型的主位推进模式，实现与前文信息组织方式一致，下面为学生的续作。

As the twins looked around them in disappointment，their father appeared. At the sight of this mess（标记），he immediately knew what was going on. He（无标记）offered to help them make a delicious breakfast for their mother and asked them to clean up the kitchen. The kids' faces（无标记）lit up and they followed their father's instructions. Before long，the kitchen（标记）was neat and tidy again. Later，the twins（标记）successfully boiled chicken porridge and made the French toast with their father's careful help. Jenna and Jeff（无标记）, excitedly, held the well-prepared breakfast together with a card, out of the kitchen, with their father following them.

The twins（无标记）carried the breakfast upstairs and woke their mother up. "Happy Mother's Day!"（标记）They（无标记）squealed with excitement. Their mother watched in amazement, unable to believe what she saw. Then she（标记）hugged Jenna and Jeff tightly, with tears streaming down her cheek. "Thank you, my dearest!"（标记）Mom（无标记）shouted with a satisfied smile after having a bite, "This is the best breakfast I have ever had!" Hearing this（标记）, Dad and two kids' eyes twinkled with a secret pleasure. What a Mother's Day surprise（标记）!

三、语言协同

语言协同指的是学生在新的续写语境中模仿前文语言的现象。为了保证续写质量，学生不断回读，与作者的语言进行协同，最后内化成为表达自己思想的语言。[①] 这里说的协同是指产出的语言与阅读的语言趋于一致，是输出语言向输入语言看齐。因此，读后续写要求学生模仿前文的语言特征，保持语言的连贯性。教师可以引导学生关注并模仿输入的语言特征，促进续写的语言协同。

辨识、理解文章的语言特征是语言协同教学的重要环节。孙旭提出可以基于语言表达、句长和句子类型进行读后续写的教学与评价，如引导学生阅读前文时关注语言特征，为续写蓄势，从而助推学生习得地道语言。[②]

下面以 2024 年广东省一模读后续写为例。故事描述了 Tom 和 Mary 在南极企鹅研究实验室时，供暖系统出现了故障，他们学习企鹅抱团取暖自救的故事，体现了人类向动物、向大自然学习的智慧。本文的主人公是两个小朋友，故文风轻快、语言简洁、对话较多，故事使用了定语从句（限制性、非限制性定语从句）、状语从句（when, until, since, as, so that）、宾语从句（how 从句，that 从句，what 从句）、非谓语作定语（the freezing conditions,

① 王初明. 读后续写何以有效促学［J］. 外语教学与研究，2015，47（5）：753－762，801.

② 孙旭. 提升协同效应的读后续写教学探究［J］. 中小学外语教学，2021，44（19）：6－10.

the increasing cold）和非谓语作状语（shaking her head，signaling a problem）。学生在阅读前文时辨析这些语言特征，有助于他们在续写时模仿这些用法，实现续写语言层面的连贯统一。

故事的前六段记叙了“Tom 和 Mary 遇到实验室供暖系统出现故障后，Tom 有了主意”。根据两段段首句，第一段续写应该是“Tom 和 Mary 加入企鹅，抱团取暖，渡过难关”；第二段续写是“父母发现 Tom 和 Mary 被企鹅包围着取暖；Tom 和 Mary 分享自救的过程”。基于以上分析，表 2－8 是学生续写时可参考、可模仿的前文词句。

表 2－8　2024 年广东省一模读后续写可照应的语言

第一段续写	词汇/短语	gently stroked penguins in his arms（from Para 1）; a penguin whisperer（from Para 3）; on the edge（from Para 6）; the large crowd of the penguins in the lab（from Para 6）; stay warm（from Para 7）
	句子	Penguins huddle together tightly so that the birds in the middle will be warm enough. They push their way towards the center, and then move back out to the edge, and struggle back again.（from Para 6）
第二段续写	词汇/短语	insights that could aid human survival（from Para 1）; adapt to extreme temperatures（from Para 1）

除此，学生还需分析主人公的性格特征以及话语特点。如故事中 Tom 和 Mary 还是孩子，多用简单句进行对话。因此，学生在续写时需关注并保持人物言语特征的一致性。

读后续写要求续写与前文的语言协同，保持风格一致。为实现这一目标，师生在解读前文时需关切以下三个方面：第一，文风、句型、措词和修辞等语言特征；第二，根据续写内容画出前文中可参考、可模仿的词句；第三，分析主人公的性格和言语特点，保持人物话语风格的一致性。

第三章　高中英语读后续写思维型课堂实践与研究

如何在一线课堂中落实高中英语读后续写思维型教学实践呢？本章将结合新人教版、外研社版以及高考真题的文本素材，探索读后续写深度教学研究与实践。其中，本章的前四节围绕《高中英语课标（2020 年修订）》提出的思维品质内涵、读思言理论、英语学习活动观以及协同理论探索培养学生多维思维品质的读后续写教学路径；第五节基于“语轮—语步分析法”实现读后续写情节发展的逻辑自洽，并为合理拓展细节描写提供了理论框架与实操步骤；第六节以“情节衔接”为评价焦点，在读后续写教学中贯穿“师生合作评价”，促进读后续写的情节协同效应。

第一节　指向思维品质提升的高中英语读后续写教学实践①

《高中英语课标（2020 年修订）》将思维品质列为英语学科四大核心素养之一，强调思维的逻辑性、批判性和创新性。在推进课程改革深化发展阶段，英语学科“核心素养”的提出要求高中阅读教学要将“思维”作为其重要目标，直面冲击长期在高中英语阅读教学中以省时高效、服务应试教育为目的却忽视学生思维培养的语法翻译法的主导地位。语言学习与思维培养

---

① 袁汉邦．指向思维品质提升的高中英语读后续写教学实践［J］．中小学教学研究，2019（10）：69－75．

相辅相成，[①] 因此，英语教育要强调为思而教，在教学过程中注重学生思维品质的提升。

读后续写是一种实现阅读和写作紧密结合的高中英语教学方式，具体做法是根据学生现有语言水平，挑选一篇内容有趣、难度适中且抹去结尾的故事，让学生在理解原文的基础上，充分发挥想象力，续写故事结尾。[②] 在续写过程中，学生需要创造性地模仿和运用阅读文本材料中出现的语言来续写故事内容，实现语言模仿和创造性使用的有机结合，推动思维由再造性思维向创造性思维的转变。[③]

一、教学设计思路

笔者选取一篇阅读材料，设计教学方案，经过反复修改和完善后投入教学。

（一）教学内容

本阅读材料为2006年外研社版《英语（新标准）第六册（顺序选修6）》Module 3　Interpersonal Relationships—Friendship 的阅读文章 Roy's Story。Roy's Story 是一篇以时间发展为线索、以第一人称为视角展开的记叙文。文章明、暗线交织。文本材料以时间发展为明线，将文章划分为五个阶段，讲述了主人公 Daniel 与 Roy 在各阶段发生的事件。文章暗线贯穿于整个故事中，即 Roy 的性格变化以及两主人公友谊的变化，推动着故事情节发展。

（二）学情分析

本课授课对象为高二年级学生。在课文教学前，教师讲授单元生词，扫清词义障碍，帮助学生理解课文内容。整体而言，故事类材料能够引起学生的阅读兴趣，激发学生观点表达的欲望。但学生从未进行过读后续写的训练，普遍认为阅读的重点应是词汇记忆和语言点学习，缺乏思维能力的训练，对文本信息的归纳能力和文本材料的整体把握能力较差。

---

① 程晓堂. 英语学习对发展学生思维能力的作用［J］. 课程·教材·教法，2015，35（6）：73－79，127.

② 王初明. 读后续写：提高外语学习效率的一种有效方法［J］. 外语界，2012（5）：2－7.

③ 王初明. 以“续”促学［J］. 现代外语，2016，39（6）：784－793，873.

（三）教学目标

鉴于学生的学习特点、语言水平、阅读能力和教学内容，本节课确定三个教学目标。具体而言，学生通过本节课的学习，能够：①运用思维导图理顺故事发展脉络；②模仿并创造性运用文本重点词汇和句型；③根据故事发展脉络和所给提示，完成故事结尾续写。

本节课的教学重点和难点如下：①通过文本阅读和信息寻读，分析主人公 Roy 在家庭突遭变故前后的性格变化以及两个主人公的情感变化；②通过文本重点词汇和句型的分析和运用，激发学生续写思路。

（四）教学思路

本教学设计基于文本材料阅读，注重训练学生的读、写等综合语言运用能力，围绕“思维品质提升”展开读后续写教学实践，具体设计模式如图 3－1 所示。

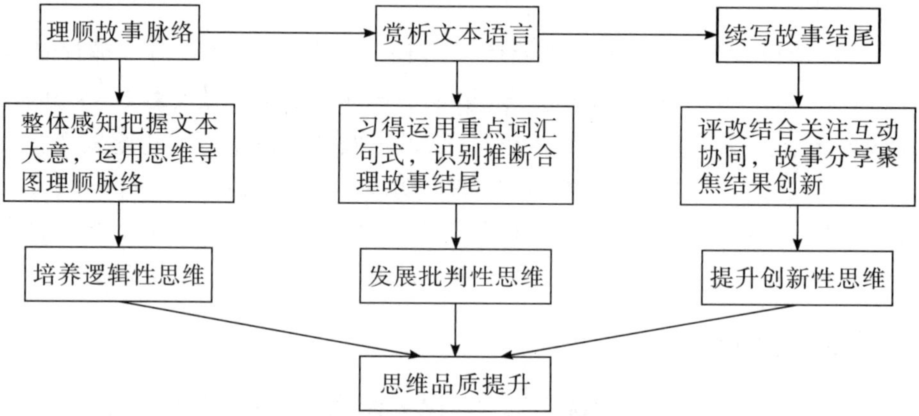

图 3－1　思维品质提升设计模式

二、教学过程

本教学设计主要分为三个步骤，共两个课时进行。具体步骤为理顺故事脉络、赏析文本语言和续写故事结尾。各步骤环环相扣，整个过程贯穿学生思维品质的培养。

（一）理顺故事脉络，培养逻辑性思维

1. 图片导入，激发学习兴趣

课堂伊始，笔者展示文中图片，通过设问“What are they doing?”引导学生回答：“A boy is stealing while his friend looks at him in great surprise.”从而激发学生阅读兴趣，进而引导学生展开设想：“What will happen between them?”，激发学生想象。

2. 文本阅读，厘清故事脉络

本环节笔者利用思维导图直观还原故事情节，帮助学生构建立体知识结构，理顺故事情节发展，从而帮助学生进行有根据、有逻辑的创造性猜测，完成故事续写。

笔者通过引导学生利用略读策略关注文中时间状语，将文本材料根据时间顺序分为五个阶段；通过让学生寻读概括各阶段段落大意，从而引导学生完成故事发展思维导图（见图3－2）。

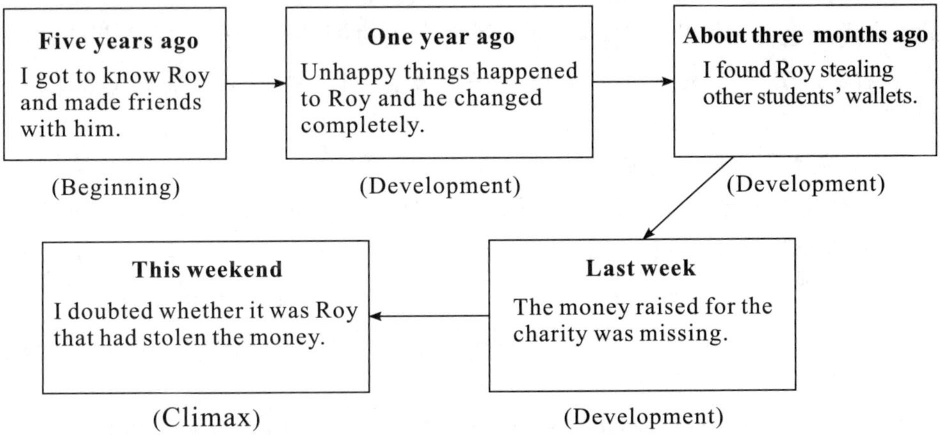

图3－2　故事发展思维导图一

3. 情感分析，明晰情节发展

主人公情感变化推动故事情节发展，帮助学生明晰故事发展原因。笔者通过以下设问帮助学生理解：①What was Roy like before and after his father died? ②What kind of relationship did Roy and Daniel have? 笔者引导学生完成思维导图，明晰文章暗线，弄清故事发展原因（见表3－1）。

表 3－1　故事发展思维

When	Roy's character	Our relationship
Before	Kind and popular; Clever and hard－working	Silent and moody; Lose all interest in his work and lose friends
After	Good friends; Trust each other	See from time to time; No longer close

在此环节，笔者引导学生根据时间状语将文本划分为五个阶段、概括每个阶段的主要情节、归纳分析主人公前后性格变化等教学活动，充分培养学生的逻辑性思维能力。

（二）赏析文本语言，发展批判性思维

读后续写任务通过引导学生反复回读阅读材料，品析文本重点语句，在续写时创造性地模仿和运用文本语言，从而保证所写内容和语言与原文“互动协同”。笔者为使续写文本与原文材料产生协同效应，在此环节设计相应教学活动，引导学生习得文本材料中的重点词汇和句型，辅助后续故事续写。

1. 文本重点词汇习得

理顺文本发展脉络后，笔者通过教学活动——Match the words with their English meanings correctly. 帮助学生回忆课本中重点词汇 burst out、regret、count、raise、considerate、be on good terms with，激活已有知识储备。

接着笔者设计教学活动——选词填空，帮助学生巩固所学词汇。具体教学设计如下：

Choose the words correctly and fill in the blanks with the correct forms.

（1）Last week the money (raised) for the charity was missing, and I doubted whether it was Roy who had stolen the money.

（2）I asked Roy about my doubt, he (burst out) crying and (regretted) what he had done.

（3）Since I (was on good terms with) Roy, I asked him to turn the money stolen from other students back by telling him that honesty (counts).

（4）Roy thought I was (considerate) because I told him the right way rather than just disclose（揭露）him.

学生平时较少接受思维训练活动，可能在后续故事续写阶段无法完成语

篇输出。因此笔者提供一种可能的故事结尾，并添加相应支撑信息，将其融入选词填空中，给学生提供故事续写借鉴范本。

2. 文本重点句型习得

紧接着，笔者挑选出阅读文本中的五个重点句型，引导学生分析其语法功能，得出以下句型：①现在分词的完成式作时间状语；②宾语从句；③表语从句；④现在分词作伴随状语；⑤one of the + 可数名词复数 + 定语从句。同时设计教学活动：运用所给句型进行句型仿写。具体教学设计如下：

Make up sentences by using learned sentence patterns.

（1）捡到为慈善机构筹集的钱后，Roy 把钱放在口袋，准备把钱交给老师。（Requirement：现在分词的完成式作时间状语）

Having picked up the money raised for the charity, Roy put the money in his jacket and prepared to give it back to the teacher.

（2）Roy 解释他一直在做兼职工作来支持家庭。（Requirement：宾语从句）

Roy explained that he had been doing several part-time jobs to support his family.

（3）听起来好像我们冤枉（wrong *v.*）了 Roy。（Requirement：表语从句）

It sounds as if we wronged Roy.

（4）Roy 紧张地走到老师面前，手上拿着钱。（Requirement：现在分词作伴随状语）

Roy walked to the teacher nervously, holding the money in his hand.

（5）Roy 依旧是班级中最受欢迎的学生之一。（Requirement：one of the + 可数名词复数 + 定语从句）

Roy is still one of the boys who are popular in the class.

在帮助学生内化吸收文本重点句型时，笔者融入另外两种可能的故事结尾，给学生提供续写思路。

文本语言赏析阶段，笔者在练习中融入三种可能的故事结尾及辅助性事实信息，一方面促进学生内化语言知识，辅助后续故事续写，帮助学生理解如何进行文本协同；另一方面开拓学生思维，指引续写方向。

笔者在引导学生创造性地模仿和运用文本语言时，所设计的教学活动给学生提供了三种故事续写的可能性。学生通过识别和分析每种故事续写的合理性，依据自己的价值倾向选择其中一种故事结尾或参考所提供的可能故事结尾另选思路进行续写，并为自己的思路找到证据支撑。在判断和选择故事合理结尾以及为其寻找依据的过程中，学生的批判性思维得到锻炼。

（三）续写故事结尾，提升创新性思维

学生理顺故事发展脉络，赏析文本语言后进入到故事续写阶段。

1．故事续写，语篇输出

笔者再次设问：What will happen between the author and Roy？引导学生根据故事发展情节演变，合理构思，完成故事续写。具体写作任务如下：

Requirement：Use at least three words and two sentence patterns above.

Words：burst out，regret，count，raise，considerate，be on good terms with

Sentence patterns：①现在分词的完成式作时间状语；②宾语从句；③表语从句；④现在分词作伴随状语；⑤one of the + 可数名词复数 + 定语从句。

2．结尾分享，聚焦协同和创新

续写完成后，笔者挑选一篇较为出色的文章进行展示，评析结尾的创新性以及与原文的互动协同。

He looked at me surprisingly. I asked him why he made the same mistake. But Roy looked at me angrily，saying that it wasn't him who stole the money **raised** for the charity. He explained that his mother and he had been living a hard life after his father's death，so he had no choice but to help his mother support the family. He had been doing several part-time jobs after school，so he earned the money.

He **regretted** what he had done three months ago. He said，"Having put the money back into the pocket，I realized that honesty **counts**." So from then on he made up his mind to be a man and decided to work after school to earn some money.

He **burst out** crying and I didn't know what to do. It looked as if I had wronged him. Since I **was on good terms with** him，I believed him this time，and told him that he was such a **considerate** boy to support the family that I was totally moved. Since then，we became closer than before，and I often went to his home to visit his mother.

该生习作中的粗体字部分和画线部分为原文重点语句的复现。通过整体分析该生习作，可以发现该生借鉴了语言赏析教学活动中提供的故事续写结局，在充分发挥自己创新思维能力的基础上巧妙运用了原文词汇和句型，与原文的协同度高，且故事结尾合理，与原文写作风格符合度高。

读后续写的"互动协同"原理要求学习者创造性地模仿和运用原文语句，续写故事结尾，创造新事物；同时学生对不完整的阅读材料产生好奇心和兴趣，激发他们大胆设想故事结尾，并通过写作的形式创造出故事结尾。这一环节教学活动的实施充分培养学生的创新性思维能力。

（四）教学反思

本阅读课教学活动的实施实现了阅读材料分析、语言知识落实和思维品质培养的有效结合，达成了本课设定的教学目标。具体而言，笔者有三点感悟。

1. 剖析文本内容，梳理续写方向

读后续写实现阅读和写作的有效结合，而阅读是写作的基础，学生对文本材料的理解程度直接影响到后续的写作环节。笔者引导学生利用略读、寻读、细读等阅读策略，培养其对文本信息的归类整理能力和分析能力，深度剖析文章，整体把握文章关键信息，为后续故事续写服务。借助思维导图理顺故事发展脉络和分析主人公情感变化，注重培养学生的逻辑性思维能力。

2. 赏析文本语言，提供续写材料

学生初次接触读后续写，在最后语篇导出环节会有难度。因此在语言赏析阶段，笔者巧妙设计选词填空和句型仿写两种教学活动，并融入多种可能的故事结尾及相应支撑信息。这种教学活动的实施，一方面为了落实语言知识学习，有助于学生在续写阶段能创造性地模仿和运用；另一方面启发学生思维，提供续写借鉴模板，指引续写方向，帮助学生更好地完成故事续写。学生选择合理故事结尾并提供相应支撑材料，批判性思维得到锻炼。

3. 分享续写结果，关注续写内容

语篇输出阶段重点关注故事结尾的创新性、合理性以及与原文本材料的协同。在此阶段，续写结果分享至关重要。选择较好的学生习作进行展示，首先评析故事结尾的合理性和创新性，然后引导学生关注习作中的复现词汇和句型，聚焦协同效应。

结语

学生思维品质的培养应成为高中英语阅读教学乃至英语教学的重要目标。[①] 在新高考背景下，读后续写能够在实现阅读和写作的有效结合的基础上培养学生的综合语言能力，是高中阶段培养学生思维品质的有效途径之

① 刘道义. 谈英语学科素养：思维品质［J］. 课程·教材·教法，2018，38（8）：80－85.

一。教师在阅读教学过程中要设计形式多样的思维活动，挖掘学生的分析和创新能力，从而开发学生的高阶思维和语言运用能力，在促进学生综合运用能力的发展的同时，提升学生思维品质。

第二节　读思言下的高中英语读后续写思维型课堂模式建构[①]

《高中英语课标（2020 年修订)》把思维品质列入英语学科核心素养，并将其界定为一个人的心智特征，反映其“思维在逻辑性、批判性、创造性等方面所表现的能力和水平”[②]。教育部的这一举措彰显了思维品质的重要性的同时，赋予了课堂教学培养学习者思维能力的重大使命。

读后续写作为新高考写作题型，“在引领教学中发挥重要作用”[③]。在高考中，读后续写题多以一篇未完待续的记叙文形式呈现。在续写过程中，学生需要创造性地模仿前文来续写结尾，实现语言模仿和创造性输出的有机结合，推动思维由再造性思维向创造性思维的转变。[④] 读后续写，具有真实的语境效果，思维教学更加自然，是外语教学中培养学生思维品质的有效途径。[⑤] 因此，思维品质的培养在读后续写教学中是必需的也是可以实现的。

然而，当下读后续写的教学“为考而教、以考代教、不考不教”的现象严重，一线教师大多急于求成，只顾讲解各类语言套句，鲜少深耕文本。[⑥] 重考轻教的现象使得教学效果大打折扣，制约了学生读写能力发展的同时，也不利于学生思维的提升。本文以培养学习者思维能力为出发点，将思维品

---

① 本节内容摘自陈丽芳．“读思言”下的高中英语读后续写思维型课堂模式建构：以 Unit 2　The Stone in the Road 为例［J］．英语教师，2022，22（22）：43－48.

② 教育部．普通高中英语课程标准（2017 年版 2020 年修订）［M］．北京：北京师范大学出版社，2020：5.

③ 王初明．教考分离，重在促学［J］．外语教学与研究，2022，54（3）：425－432，480.

④ 袁汉邦．指向思维品质提升的高中英语读后续写教学实践［J］．中小学教学研究．2019（10）：69－75.

⑤ 袁丹纯．基于思维品质培养的高中英语读后续写教学研究［J］．基础外语教育．2022，24（1）：52－61，110.

⑥ 黄远振，石戈．英语读后续写教学突破点研究［J］．中小学英语教学与研究，2021（9）：43－47.

质的培养融入到高中英语读后续写教学实践中，旨在形成一种“教考分离，理念共享”的读后续写思维型课堂教学模式，以在提升学生思维品质的同时改善重考轻教的现象。

一、读思言下的读后续写思维型课堂教学模式

（一）读思言与读后续写

英语读思言是一种读写教学的思维模式（见图 3-3），它有三个发展层级。狭义的三个层级是指教学过程的三个环节。[①] 读，即阅读，根据叙事性、持续性、常态化的教学原则，设计导读、默读与朗读的学习活动；思，采用认知冲突、问题诱思、原型启发的教学策略，组织思索、探究与交流的思维活动；言，包括说、写、评，指运用搭建支架、以读促说/写、模仿创生的教学方法，开展口头表达与书面表达的实践活动。

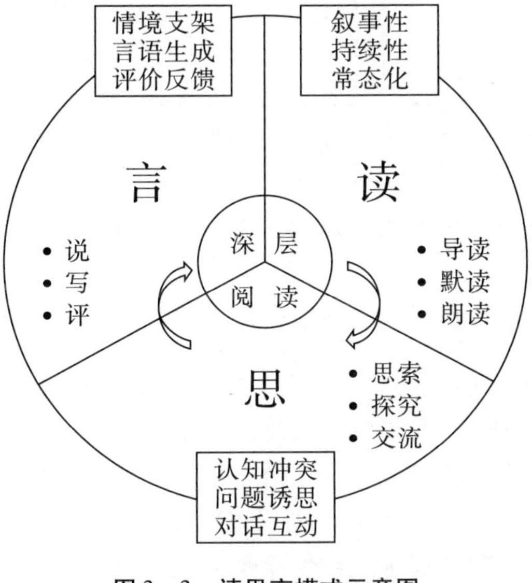

图 3-3　读思言模式示意图

① 黄睿，黄远振. 英语读思言概念内涵、模型构念及实践应用［J］. 中小学课堂教学研究，2023（7）：12-17.

其中，读是塔的底层，思为塔的中间层，言就是塔的顶层。言既是学习结果的证据，更是读思言的最高目标。读思言模型是思维的创造物，它覆盖读写经验，并接受教学经验的检验。① 黄远振教授团队还开发了读思言思维工具六件套——持续默读、批注阅读、词义概括、循证阅读、评价反馈、言语支架来帮助指导教学实践。可以说，读思言理论非常具体，指导性和操作性强，用它来指导读后续写教学是一个很好的选择。更何况，读后续写要求学生模仿原文的语言进行创造性写作，从学习到运用，从输入到输出，从“读”到“写”，“思”是桥梁，整个过程思维贯彻始终。这与黄远振教授的“读思言”理论不谋而合，也进一步说明了用“读思言”理论来指导读后续写教学的可行性。图 3 – 4 是读后续写与读思言的关系图。

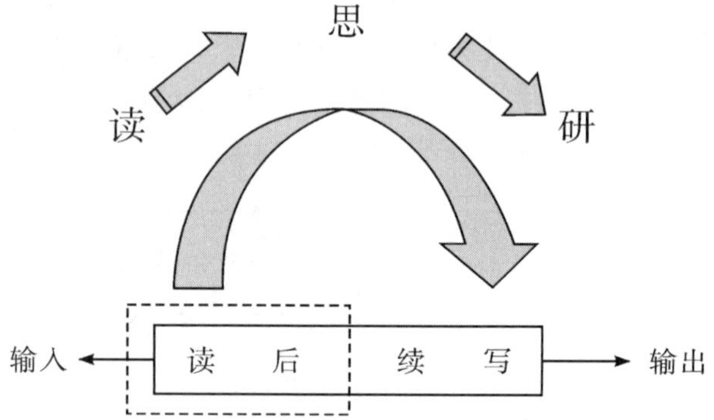

图 3 – 4　读思言与读后续写关系图

（二）读思言理论下的读后续写教学模式建构

黄远振等认为，英语学科的“思”是学习语言创新思维能力，即逻辑性思维、批判性思维和创造性思维的技能。其中，逻辑性思维是语言分析与理解所必需的思维活动，批判性思维在语言意义的评判中发挥重要作用，创造性思维是语言分析、理解和运用中创新思维的产品。② 从承接上来讲，逻辑思维是起点，逐步引申发展为批判性思维，最后到达创造性思维的终点。③

---

① 黄远振，黄睿. 英语深读教学读思言模型构念与实践研究［J］. 福建基础教育研究. 2019（4）：62 – 67.

② 黄远振，兰春寿，黄睿. 为思而教：英语教育价值取向及实施策略［J］. 课程 · 教材 · 教法，2014，34（4）：63 – 69.

③ 黄远振，兰春寿，黄睿. 为思而教：英语教育价值取向及实施策略［J］. 课程 · 教材 · 教法，2014，34（4）：63 – 69.

根据以上描述，基于读思言理论所建构的文学思维型课堂教学具体实施步骤如图 3－5 所示。

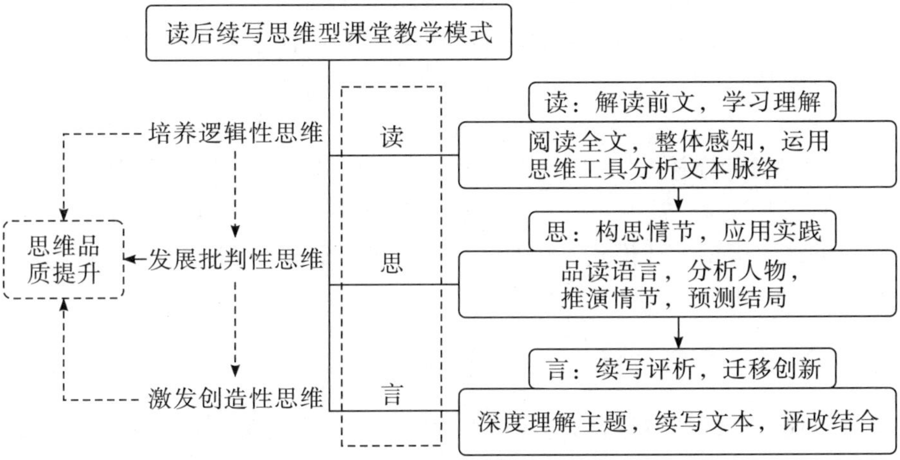

图 3－5　高中英语读后续写思维型课堂教学模式

（三）模式基本环节及操作方式

1. 读：解读前文，学习理解，培养逻辑性思维

在读的阶段，教师的主要任务是做好导读、引导默读、调动批读，帮助学生解读文本。首先是对原文本进行结构层面的解析，包括对文章体裁、故事背景、主要情节、人物方面做分析，旨在使学生把握文本脉络，培养学生的逻辑性思维。

2. 思：构思情节，应用实践，发展批判性思维

在思的阶段，教师可以采用词义概括、循证阅读等思维工具，带着学生提取句子要义、编织句群要义、构建整体要义。学生则基于语篇，深化探究文本内容，品读文本语言，推断人物性格，对作品主题思想和作者写作意图形成深入理解，培养批判性思维；然后以思维型问题对情节的后续发展进行揣摩预测，在分析综合、抽象概括、独立思考中建构基于前文的续写提纲，为写搭建支架，做好准备。

3. 言：续写评析，迁移创新，激发创造性思维

在言的阶段，教师应创设任务情境，搭建言语支架，设计“说主题、写结尾、评习作”的活动。在“说主题”的环节，教师可以引导学生进一步深挖文本主题，鼓励学生依托文本情景，联系生活实际，建立文本、情景和学生个人经验、想象及情感之间的内在联系，实现迁移；在“写结尾”的环

节，教师帮助搭建言语支架，学生则回顾语篇，在人物设定、写作意图和主题意义与前文保持一致的基础上，欣赏并模仿原文的语言和结构进行“情节之外，预料之中”的创写，以激发学生的创造性思维。在“评习作”环节，学生完成写的任务后，老师组织学生进行自评、小组互评等活动，以评促学，以评促教。

二、案例分析

接下来，运用上述模式进行寓言故事“The Stone in the Road”的读后续写教学实例分析。

（一）教学内容分析

本节课的授课内容选自2020年人教版《英语　必修　第三册》Unit 2 Morals and Virtues。本单元的主题是“道德与美德”。该单元共有七个版块，本节课是第五版块 Reading for Writing 中的阅读文本 The Stone in the Road。本文是一个寓言故事，其主题语境为人与社会。

1．就故事的主题和情节编排而言

本文主题明确，人物性格鲜明。叙事类文本的逻辑性是故事具有可读性和趣味性的重要因素。在读中，教师可引导学生通过阅读来获取故事情节，探究文章主题、人物品格和写作技法。在读后，学生可通过小组合作的形式从主题、人物品格、写作技法等角度对后文进行预测。在故事的最后小女孩是否会接受国王的金币？村民们知道这件事情后又会有什么反应呢？文本没有给出答案。这一“似尽未尽”的留白式结尾，给读者留下极大的想象空间，非常适合学生进行批判性思维的训练。在小组讨论中，学生的思维始终围绕主题展开，在思维的碰撞下实现批判性思维的提升。

2．就文本的结构和语言而言

本文语言虽简单却生动丰富。作者用恰到好处的动作描写、语言描写和心理描写，在推动情节发展的同时凸显各个角色的性格特征。作者采用对比的写作技法，先抑后扬推动情节发展。文章通过描写人物的动作、语言和心理，生动地刻画了人物形象，为学生分析人物性格提供了很好的切入点。

3．就故事的寓意而言

本寓言故事有明确的立德树人导向。教师可以在设计中围绕道德修养，进行中华优秀传统文化教育，从而提高学生个人道德修养，引导学生将社会主义核心价值观内化为精神追求、外化为自觉行为。作为典型的记叙文，文本内容生动有趣且语言简单易懂。故事讲述了一个国王为了试探民众面对问题的态度，将一块大石头放在路中间，并将金币藏在石头的下方，而后观察路过之人的反应。虽然很多人对石头带来的麻烦和导致的个人损失有诸多不满，但都对此石头置之不理。最后，一位善良诚实的小女孩搬走了石头，国王以石头下方的金币作为奖励赠予小女孩。学习这篇文章的意义在于学生在阅读浅显易懂、生动有趣的寓言故事时，能体会文章蕴含的深刻道理，进而认识自我，认知世界，树立正确的道德观念和社会责任感。

（二）学情分析

授课对象为中山某高一（4）班学生。该班学生平均年龄为 16 ~ 17 岁，性格活泼、外向。从语言能力上来讲，该班学生英语基础总体较为薄弱，能够粗略读懂课文，对文本的理解停留在表层，缺乏深入思考。因此，教师在活动设计上应注意梯度，做到由浅入深，层层深入。从思维品质上讲，该年龄段学生有一定的批判性思考能力，但由于阅历尚浅，对问题的看法相对简单，思维的深度和广度有待提升。此外，高一的学生大部分还是第一次接触寓言故事类阅读材料，对于寓言故事题材的文章特点比较陌生。

（三）教学目标

本单元的主题是“道德与美德”，需要实现的单元目标是“树立正确的道德观”。基于对教学内容和学情的分析，在读思言理论指导下，设计可操作、可达成的四个教学目标：

（1）分析故事情节，厘清故事的开始、发展、高潮和结局；

（2）品读文本语言，推断人物性格，深入理解寓言隐含的道理或教育意义；

（3）能够基于主题、情节、人物的分析，创写结尾；

（4）能够联系当下生活，在日常生活中践行社会主义核心价值观，树立正确的道德观，提升社会责任感。

（四）教学思路

本节课旨在以读促写，以写促思，通过深入解读文本，引导学生理解文本是如何通过动作、语言、心情、对比描写来刻画人物形象，以推动情节发展，揭示寓言主题，在理解文本主题的基础上，引导学生给故事创写一个结尾，具体设计如图 3 -6 所示。

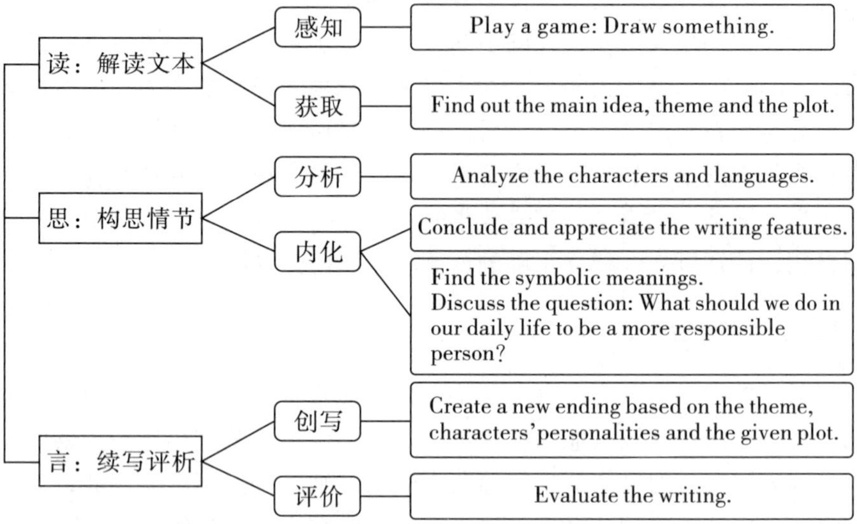

图 3-6　The Stone in the Road 教学流程图

（五）教学过程

1. 读：解读前文，学习理解，培养逻辑性思维

Activity 1　Have a guess：What fable is it？

上课伊始，笔者邀请四位学生在白板上用简笔画的形式画出其所知道的中国寓言故事，并让其他学生来猜。对于这一环节学生非常喜爱，图 3-7 是学生在课堂上的现场画作，四幅图分别是：《猴子捞月》《刻舟求剑》《井底之蛙》《东施效颦》。大部分学生能猜出中文，并在教师的指导下简单地用英语解释图片内容和故事含义。

图3－7　“你画我猜”学生现场作品

【设计意图】通过“你画我猜”的游戏，激活学生的已有知识，创设情境，活跃氛围，调动全班学生的学习热情。

Activity 2　Understand the features and definition of a fable.

经过热身活动，导入到本课的关键词“寓言”后，笔者通过问题链的形式让学生结合已有知识归纳寓言故事的特点。教师提问：Is a fable a story? Is a fable short or long? Can we learn something from a fable? 学生总结答案可以得出：A fable is a kind of short story which tells us moral lessons.

【设计意图】通过简单的问题链引导学生思考寓言的特点并学会用一句话概括寓言的含义，提高学生分析、概括等逻辑性思维。本环节是一个抢答环节，能持续激发学生的学习兴趣。

Activity 3　Understand the structure and plot.

学生快速阅读，获取故事的框架结构和主要内容，分析故事情节，获取段落大意，完成情节结构图（见图3－8）。

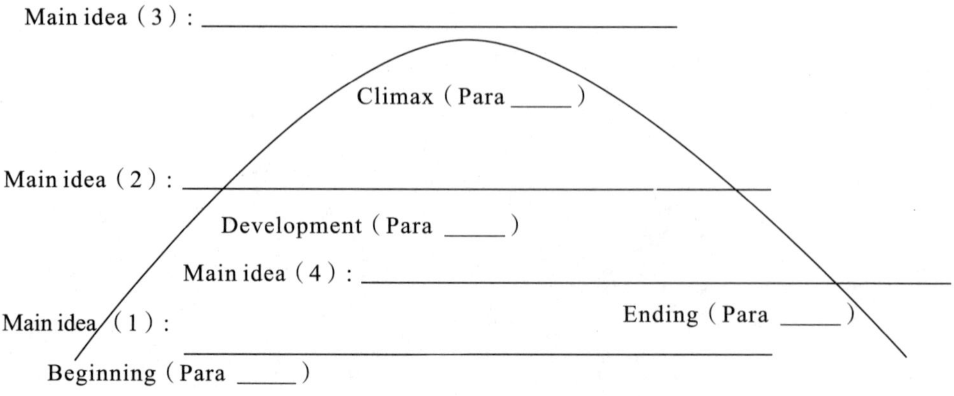

图 3-8　**The Stone in the Road 故事山**

【设计意图】通过故事山进行情节梳理，学生完成寓言故事的表层理解。同时，通过思维导图，将故事情节可视化，学生能对故事发展有一个清晰的把握，为分析结局（小女孩会不会接受金币？）做好准备。

2. 思：构思情节，应用实践，发展批判性思维

Activity 4　Understand the characters.

学生根据自己的理解，画出人物分析图。因分析图生动形象地展现人物的动作、语言和心理描写，学生从而对比推断出人物性格特点。图 3-9 是笔者提供的分析图样图。

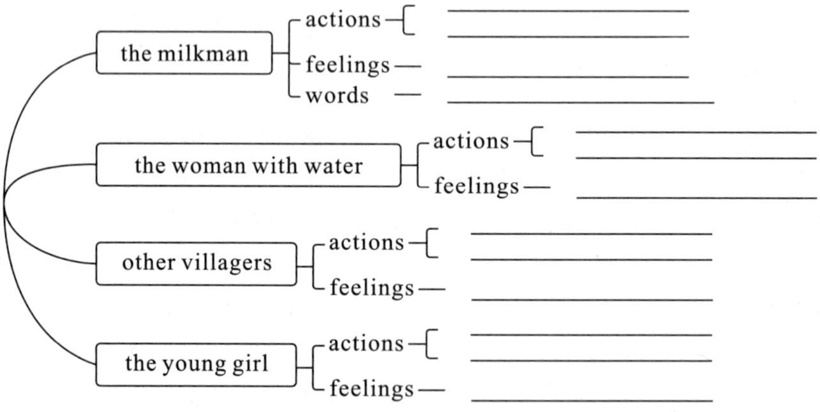

图 3-9　**The Stone in the Road 人物分析图**

【设计意图】让学生自己去揣摩人物语言、动作、心理，并画出自己的人物分析图，有助于学生深刻理解和感受人物性格是如何刻画的，并在后续的续写中学以致用。动作、心理、语言描写使人物形象更加生动、活灵活

现，要引导学生准确把握寓言故事的语言风格。学生在画人物分析图的过程中需要运用分析、推理和判断等中、高阶思维能力，可指导学生尝试使用读思言的两个思维工具：批注阅读和循证阅读。

Activity 5　Discuss：Should the girl accept the gold coins?

组织学生进行组内辩论：女孩该不该接受金币？有学生认为女孩是个善良的人，做好事不应该接受馈赠；有学生认为女孩做了好事，理所当然应获得奖励。此时，笔者肯定了学生的批判性思考，同时也给出了正确引导：不管女孩接不接受金币，她的做法都是值得大家学习的。

【设计意图】寓言故事的语篇功能是引导学生对文中展现的人性和道德进行感悟和理性思考，形成正确的价值判断。这个核心问题的提出有助于培养学生的批判性思维，在深度讨论中引导学生形成正确的道德观和价值观。

3. 言：续写评析，迁移创新，激发创造性思维

在言的阶段，教师应创设任务情境，搭建言语支架，设计“说主题、写结尾、评习作”的活动。

Activity 6　Find the symbolic meanings behind them.（见表 3－2）

表 3－2　“石头”等意象的象征含义

the stone in the road	? ⟷	the stone in our life
the stone		
the village		
the gold coins	Symbolize	
the girl		
the other villagers		

【设计意图】引导学生分析“石头、村庄、小女孩、金币”等背后的象征意义，将寓言故事背后的道理进一步深挖，使学生在阅读的深度和广度上得到拓展，发展学生的高阶思维。

Activity 7　Have a further thinking.

学生基于对整个故事的理解，讨论两个问题：

①What can you learn from the story?

②To be a more responsible person，what should we do in our daily life?

【设计意图】引导学生联系实际，从课堂走进生活。思考如何在日常生活中践行社会主义核心价值观，做一名有责任感的人，加强德育浸润，实现

“立德树人”的育人目标。

Activity 8 Write and evaluate.

①Continuation writing:

Use about 35 – 40 words to create your own ending.

After hearing what the king said, the girl ______________________________

____

____.

【设计意图】读后续写是思维无限延伸的一种活动。学生在续写中体验文本结构之美、语言之美、主题之美、情感之美，在有温度的真实体验中创作出自己的美文，激发创造性思维。

②Evaluation:

Please exchange your works in your group and assess your compositions according to the table below. （见表 3 – 3）

表 3 – 3 续写评价表

Evaluation Criteria		
Plot	Does your writing focus on the theme?	Yes/No
	Character's personalities	
Language	Do you have action descriptions?	
	Do you have conversation description?	
	Do you have feeling description?	

【设计意图】让学生根据评价表来写作，并依据评价表对彼此的作品做出多维度的评价，让学生在反思、评价中学习进步。

结语

本节以学生思维品质的提升为出发点、以核心素养的培养为落脚点，基于黄远振的读思言理论，建构了一种高效的、操作性强的高中英语读后续写思维型教学模式，并以 The Stone in the Road 为教学案例，详细地阐述了该模式的运用步骤。依据此教学模式，笔者设计了八个提升思维的、由浅入深的读、思、言教学活动，从“读”环节的“你画我猜、抢答、补全情节图”

到“思”环节的“画人物分析图、辩论赛”，再到“言”环节的“寻找石头的象征意义、创编故事结局、习作赏析评”，学生在层层深入的思维活动中不断观察和比较、分析和推断、归纳和建构、内化和迁移、批评和创新，从而有效地训练提升自身的逻辑性、批判性和创造性思维。但是，思维型课堂是一个观念层面的概念，是对课堂的理性认识，它并不固定于一种模式。在教学实践中，如何找到最适合自己和学生的教学模式，让读后续写课堂更加坚定地从“重考轻教”走向思维培养，值得我们更加深入地探索。

第三节　英语学习活动下的读后续写教学①

《高中英语课标（2020 年修订）》将语言能力、文化意识、思维品质和学习能力列为英语学科核心素养，并强调为保障学科核心素养在英语教学中的落实，提出英语学习活动观，明确活动是英语学习的基本形式，是学习者学习和尝试运用语言理解与表达意义、培养文化意识、发展多元思维、形成学习能力的主要途径。

英语学习活动观是指学生在主题意义的引领下，通过学习理解、应用实践、迁移创新等一系列体现综合性、关联性和实践性等特点的英语学习活动，基于已有知识，依托不同类型的语篇，在分析问题和解决问题的过程中，促进自身语言知识、语言技能发展、文化内涵理解、多元思维发展、价值取向判断和学习的策略。②

读后续写是教师根据学生现有语言水平，挑选一篇内容有趣、难度适中且抹去结尾的故事，让学生在理解原文的基础上，充分发挥想象力，续写故事结尾。读后续写不仅能够有效提高外语学习者的学习效率，更能提高学生的综合技能。③

英语学习活动观下的读后续写教学设计与实施分为三步：深入解读阅读

---

① 袁汉邦，毛如意．英语学习活动观下的读后续写教学［J］．教学月刊·中学版（教学参考），2019（7）：8－12.

② 教育部．普通高中英语课程标准（2017 年版 2020 年修订）［M］北京：人民教育出版社，2017.

③ 王初明．读后续写：提高外语学习效率的一种有效方法［J］．外语界，2012（5）：2－7.

文本、设计有层次性的教学目标以及实施有层次性的教学活动。① 三步骤间紧密结合、层层递进：阅读文本解读是基础，是设计教学目标、实施教学活动的前提；教学目标确立是关键，是设计和实施教学活动的依据；教学活动实施是核心，是对阅读文本的整合和延伸以及教学目标的落实。

英语学习活动观下的读后续写教学活动分为三个步骤，逐级递进：首先以基于语篇的学习理解类活动为基础，引导学生感知和注意文本主题及内涵文化，获取和梳理文本事实性信息，概括与整合文本整体框架；接着以深入语篇的应用实践类活动为支撑，引领学生描述和阐释事件缘由，分析和判断故事发展方向，内化和运用文本语言文化知识；最后以超越语篇的迁移创新类活动为关键，启发学生推理和论证可能的故事结尾，想象和创造后续故事情节，批判和评价所续故事的结尾。

下面，笔者以 2006 年外研社版《英语（新标准）第六册（顺序选修 6）》Module 3 Interpersonal Relational—Friendship 中的阅读文章 Roy's Story 为例展开阐释。

一、教学内容

教师全面、深入解读阅读语篇时，需回答由 what（主题和内容）、why（主题和作者）以及 how（文本和语言）引出的三个问题，并将其作为活动设计指导方针，深入理解和把握文本主题意义。笔者从五个角度、三个层面对阅读文本进行如下解读和思考：

【What】（主题和内容）本文是一篇记叙文，中心主题是友谊。文章按照时间发展顺序，主要讲述了主人公 Daniel 与 Roy 间的故事。Daniel 转入新学校结识 Roy 并成为好朋友，但 Roy 因父亲去世性格大变，并出现偷窃行为，于是 Daniel 怀疑 Roy 偷班级所筹善款。这一系列事件导致两者关系的变化。

【Why】（主题和作者）本文通过记叙主人公 Daniel 第一次发现好友 Roy 偷钱未制止到后期怀疑 Roy 偷班级所筹善款，发人深思：在友谊与正义面临两难时该如何抉择，该如何做出正确的价值判断。

【How】（文本和语言）该文是一篇以时间发展为线索、以第一人称为视角展开的记叙文，文章明、暗线交织，明线为主人公 Daniel 与 Roy 按照时间

① 张秋会，王蕾，蒋京丽．在初中英语阅读教学中落实英语学习活动观的实践［J］．中小学外语教学（中学篇），2019，42（1）：1－7.

发展顺序在各阶段发生的事件，暗线为 Roy 的性格变化以及两主人公友谊的变化。文章结构清晰，共八段，运用五个时间状语将文章划分为五个时间发展阶段，且文本语言难度较低，便于读者理顺故事发展脉络。从故事情节上看，阅读文本叙述到高潮阶段戛然而止，缺少故事结尾。

文章属于故事叙述类阅读材料，在时态运用上较为单一，主要运用一般过去时描述主人公间故事发展。从叙事方式来看，本文运用顺叙手法按照时间发展先后顺序进行叙述。此外，文中定语从句、名词性从句、虚拟语气等语用功能的使用以及配图的直观效果，都有助于凸显文本主题。

二、教学目标

基于文本解读和学情，笔者确定以下教学目标：

（1）通过阅读，学生能够获取文中各阶段故事情节，借助信息结构表理顺故事发展脉络；

（2）学生能够梳理概括主人公 Roy 在家庭突遭变故前后的性格变化以及两个主人公的情感变化，借助思维导图呈现变化情况；

（3）学生能够运用文本所学语言，描述 Daniel 询问 Roy 善款丢失的原因，并分析判断偷钱者是否为 Roy，列举可能情况；

（4）推理论证故事合理结尾，完成故事续写。

上述教学目标具有以下特点：一是以活动和行为方式呈现，既强调学习过程，又显示学习结果；二是前两个教学目标为学习理解类活动，第三个目标为应用实践类活动，第四个目标为迁移创新类活动。各目标层层递进，体现英语学习活动观实施过程。

三、教学活动的设计与实施

（一）学习理解类活动

学习理解类活动是基于语篇的学习活动，主要包括感知和注意、获取与梳理、概括和整合。

1．感知和注意

教师创设情境，设问：What would you do if you find your best friend doing something wrong? Correct his behavior? Or just pretend nothing happened? 教师通过设问引发学生思考：在友谊与正义面临两难时该如何抉择？从而激活学

生的背景知识，直观展示文本主题。

教师展示文本插图，设问：What are they doing in the picture？引导学生回答：A boy is going through the pockets of other people's coat while another boy looks at him in great surprise. 图片形象生动地展示了阅读文本的关键情节，激发学生阅读兴趣，引导学生想象故事情节，同时也聚焦主题，铺垫语言。接着教师展示文本标题——Roy's Story，引导学生根据标题关注文本题材，从而激活学生故事叙述类文章的相关背景知识。

2．获取、梳理和概括

教师呈现阅读文本并提出问题：How is the passage organized？It is organized by ______. 学生通过文本阅读，回答 how 的问题：It is organized by the following time order. 通过设问，教师引导学生关注文本记叙方式，注意文本中的时间状语——five years ago，one year ago，about three months ago，last week and this weekend，将阅读文本按时间状语分为五个发展阶段。

教师接着设问：What are the main ideas of each period？通过阅读，学生获取各阶段关键信息，运用信息结构表梳理、概括故事发展脉络（见图 3 – 2）。

教师引导学生关注故事情节发展脉络得出：第一阶段属于故事开端，第二、三阶段属于故事发展，第四、五阶段属于故事高潮，启发学生了解故事叙述在高潮阶段戛然而止，缺少故事结尾，为最后故事续写做铺垫。

这部分教学内容聚焦故事发展明线，旨在理顺故事发展脉络，整体把握文本大意。学生利用信息结构表梳理、概括故事发展脉络，有助于建构结构化知识，培养学习能力和逻辑性思维能力。

3．梳理、概括与整合

教师提出以下三个问题：①Why did Roy steal money from other students' pockets？②What was Roy like before and after his father died？③What kind of relationship did Roy and Daniel have？学生分析阅读文本，用思维导图梳理、概括和整合事件发生原因以及事件发生前后主人公性格及关系变化，形成结构化知识（见图 3 – 10）。

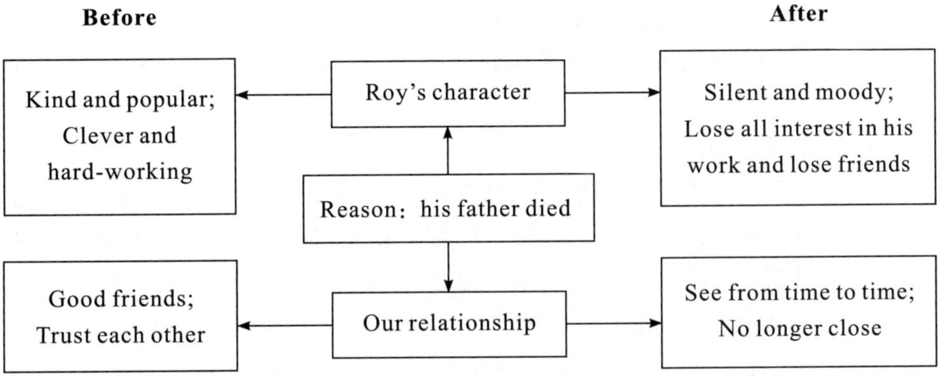

图 3 – 10

主人公情感变化推动故事情节发展，帮助学生明晰故事发展原因。学生利用思维导图梳理、概括和整合事实性信息，促进思维的多样发展以及学习能力的提高，并有利于学生课堂学习自主性和主体性的落实。

（二）应用实践类活动

应用实践类活动是深入语篇的学习活动，主要包括描述和阐释、分析和判断以及内化和运用。①

1. 描述、阐释和分析

教师提出两个问题：①Why did Daniel decide to ask Roy about the theft? ②What did he find? 教师给出表 3 – 4，引导学生填写。

表 3 – 4　问题探究

Questions	Answers
Why?	(Before) Roy went through other students' pockets. Small amounts of money started disappearing from students' lockers.
	(Now) The money (£ 500) raised for the charity was lost.
What?	It looked as if there was about £ 500 in Roy's pockets.

学生描述、阐释和分析 Daniel 询问 Roy 钱丢失事件，主要是基于 Roy 之前偷钱事件的猜测，推动故事进入高潮，并引出下一环节的教学活动。

① 教育部. 普通高中英语课程标准（2017 年版 2020 年修订）[M]. 北京：人民教育出版社，2020：63.

2．分析和判断

学生根据故事情节进行合理分析和判断，回答老师提出的问题：Was it Roy who stole the money？在分析和判断的过程中，学生的批判性思维得到锻炼。

3．内化和运用

学生回答上一环节问题后，在两条路径中选择一条以口头形式回答。如果选择为 Roy 偷了筹集的钱，则聚焦问题：Why did he do this？如果选择为 Roy 没有偷钱，则聚焦问题：Where was the money from？学生在回答过程中，内化和运用所学语言和相关信息进行口头输出，得出多种可能结果。教师列举以下三种可能：①Roy stole the money because his family was poor since his father died and he needed money to cover the daily expenses. ②Roy didn't steal the money, and he had been doing several part-time jobs to earn the money. ③Roy didn't steal the money. He picked up the money dropped by the teacher and prepared to give it back to the teacher. 学生基于自身价值观推测故事合理结尾，并以口头形式输出，提升了语言能力和文化意识。口头输出结果为读后续写提供借鉴。

（三）迁移创新类活动

迁移创新类活动是超越语篇的学习活动，主要包括推理与论证、批判和评价以及想象与创造。①

本环节设计读后续写活动，将推理与论证、想象与创造、批判与评价融入该活动中。

教师设计问题：According to your analysis and judgement, what will happen between Daniel and Roy? Please write a possible ending to this story, using at least 100 words and trying to use the words and sentence patterns from the text.

1．推理与论证

学生基于应用实践类活动得出可能的故事结尾，结合自己的价值判断，推断合理的故事结尾，通过论证为自己选择的故事结尾提供支撑证据。在判断和选择故事结尾并为其寻找依据的过程中，学生的批判性思维得到锻炼。

2．想象与创造

教师布置续写任务，引导学生结合推理和论证的结果，想象和创作后续

① 教育部. 普通高中英语课程标准（2017 年版 2020 年修订）[M]. 北京：人民教育出版社，2020：63.

故事结尾。学生对不完整的阅读材料产生好奇心和兴趣，激发他们大胆设想故事结尾，并通过写作的形式创作出故事结尾，充分培养学生的创新性思维。

3. 批判与评价

学生结束写作后，教师布置课后作业，给出续作参考标准（见表3-5），从写作风格一致性、语言准确性、习作与原文的协同性、故事结尾合理性四个方面，引导学生批判和评价自己所续结尾并进行修改。在此过程中学生的批判性思维得到了发展。

表3-5 修改意见

修改项目	修改意见
写作风格一致性	①是否延续原文写作风格，运用记叙文写作方式进行续写； ②是否运用第一人称视角进行续写。
语言准确性	①是否出现单词拼写错误； ②是否有词性混淆现象产生； ③是否正确运用句型； ④是否出现中式英语现象。
习作与原文的协同性	是否创造性模仿原文句型和词汇。
故事结尾合理性	①故事结尾是否合理，论据是否充足； ②是否对文本主题作出回应：在友谊与正义面临两难时，该如何抉择。

英语学习活动观下的读后续写教学需要围绕主题语境，深入解读阅读文本，确定教学目标，开展学习理解、应用实践以及迁移创新三个层次的课堂活动，逐步发展语言知识，增强文化意识，提升思维品质以及提高学习能力，最终实现在教学实践中落实英语学科核心素养。

第四节 基于协同效应的高考英语读后续写教学探究[①]

一、读后续写与协同效应

读后续写是近几年高考英语中出现的一种新题型。学习者需要阅读一篇被略去后半部分的英语读物，通过续写补全内容。这要求学习者在充分理解所给文本的基础上，创作续写内容。在续写过程中，学习者的续写应与原文的情境模式协同，从而确保续写内容和语言与原文保持连贯。它有效地将阅读和写作结合在一起，让学生在语言理解输入的基础上，通过续写，补全内容。王敏、王初明通过一项实证研究表明“读后续写任务中存在协同效应”[②]，协同效应主要涉及情境模式（人物、时间、地点、因果、交流意图）协同和语言层面（语音、词汇、句法）协同。读后续写有两个突出特点：①“在前文提供的语境相伴下模仿使用语言，能为所学所用的词语镀上语境标识，增强词语的记忆保持效果，提高后续提取使用的几率”。②“阅读理解与产出水平不对称，读的是别人写的，产出的是自己创造的，语言水平前高后低。”[③] 因此，读后续写将内容创造和语言模仿有机结合起来，使续写成为理解与产出的桥梁，由此引发交流互动，进而产生拉平效应，将别人使用的语言变为自己也会用的语言。[④]

二、基于协同效应的高考英语读后续写教学

读后续写时应注重语言理解与产出之间的协同效应，因此教师应当通过深入研读语篇，厘清所给文本的主题、情节、语言风格等，并在此基础上设

---

① 本节节选自张湾湾．基于协同效应的高考英语读后续写教学探究：以 2022 年全国新高考Ⅰ卷读后续写为例［N］．英语周报·高中教师版，2023－3－23（2，4）．

②④ 王敏，王初明．读后续写的协同效应［J］．现代外语，2014，37（4）：501－512，584．

③ 王初明．从“以写促学”到“以续促学”［J］．外语教学与研究（外国语文双月刊），2017，49（4）：547－556．

计一系列教学活动，从而为基于协同效应的读后续写做好铺垫。笔者将以2022年新高考全国I卷读后续写为例，阐述如何基于协同效应促进学生高考英语读后续写。

阅读下面材料，根据其内容和所给段落开头语续写两段，使之构成一篇完整的短文。

It was the day of the big cross-country run. Students from seven different primary schools in and around the small town were warming up and walking the route（路线）through thick evergreen forest.

I looked around and finally spotted David, who was standing by himself off to the side by a fence. He was small for ten years old. His usual big toothy smile was absent today. I walked over and asked him why he wasn't with the other children. He hesitated and then said he had decided not to run.

What was wrong? He had worked so hard for this event!

I quickly searched the crowd for the school's coach and asked him what had happened. "I was afraid that kids from other schools would laugh at him," he explained uncomfortably. "I gave him the choice to run or not, and let him decide."

I bit back my frustration（懊恼）. I knew the coach meant well—he thought he was doing the right thing. After making sure that David could run if he wanted, I turned to find him coming towards me, his small body rocking from side to side as he swung his feet forward.

David had a brain disease which prevented him from walking or running like other children, but at school his classmates thought of him as a regular kid. He always participated to the best of his ability in whatever they were doing. That was why none of the children thought it unusual that David had decided to join the cross-country team. It just took him longer—that's all. David had not missed a single practice, and although he always finished his run long after the other children, he did always finish. As a special education teacher at the school, I was familiar with the challenges David faced and was proud of his strong determination.

注意：

1. 续写词数应为150左右；

2. 请按如下格式在答题卡的相应位置作答。

We sat down next to each other, but David wouldn't look at me. ________________
____
____
I watched as David moved up to the starting line with the other runners. ________
____
____

（一）深入研读语篇，挖掘文本内涵

【What】2022 年新高考全国 I 卷读后续写的主题语境是：人与社会、人与自我。该文讲述了 David，一个十岁患脑部疾病的男孩加入了学校越野队并积极参加训练的故事。然而在越野赛那天，他却决定不参赛了，因为害怕会被其他学校的孩子嘲笑。“我”，学校的一位特殊教育老师，通过与他促膝交谈，鼓励他勇敢地面对挑战。在老师的帮助和鼓励下，最终 David 重拾比赛信念，通过自己的努力完成比赛，赢得了大家的尊重，同时也非常感恩老师对他的帮助。

【Why】个人成长道路上难免会遇到一些困难。与普通孩子相比，David，一个患有脑部疾病的孩子也许要面临更加艰巨的挑战。作为像 David 这样的孩子身边的家人、朋友、老师甚至是陌生人，我们要做的不是冷漠地嘲讽或是质疑孩子，而是应当像常人一样对待他们，并适时伸出援助之手，让其感受到世间的温暖。与此同时，David 自己也要学会勇于面对生活中的挫折和挑战，勇敢跨越，迎接蜕变和成长。

【How】作者以第一人称视角，讲述了其从教过程中，帮助学生 David 成长的故事。文章的明线是按照故事情节的发展讲述了 David 参赛过程中的表现：从报名参加比赛，积极参加训练，到赛前的犹豫不决，决定放弃比赛，再到通过老师的鼓励，返回赛场，完成比赛。暗线是他这一系列行为表现背后情感的变化：从开始的意志坚定，到赛前的自我怀疑、恐惧害怕，到重拾比赛信念，相信自我，完成自我成长蜕变的心路历程。

（二）基于协同效应，确定教学目标

通过以上对文本的研读分析，基于协同效应，笔者确定了本节课的教学目标。

学生学完本节课后，能够：

（1）通过默读，画出文本中的协同点；

（2）利用故事山模型，厘清故事发展脉络；

（3）结合给出的首句，预测故事发展走向；

（4）基于协同效应，完成读后续写；

（5）基于协同效应，进行生生互评，润色并修改个人习作。

三、基于协同效应，搭建续写支架

读后续写中续的完成需要在原文语境下，厘清上文出现的人物、情感、情节发展，并在理解上文语言特点的基础上完成续作。因此在读后续写课堂教学中，教师应当基于协同效应，设计与之相关的教学活动，让学生通过这些教学活动，一步步加深对上文的理解，这样才能在续写中，通过模仿和创新很好地和上文衔接。鉴于此，笔者结合协同效应，在读后续写教学活动中，重点从情节、情感和语言协同三个方面阐述如何指导学生去阅读、预测、写作并在完成习作后进行生生互评。（见表 3－6）

表 3－6　基于协同效应的教学活动

	活动链	活动内容	协同原则
基于协同效应的教学活动	Activity 1	Read the text carefully, underline the key information concerning characters, time, place, plot development and the descriptions about David while reading and finish the reading task.	情节协同 语言协同 情感协同
	Activity 2	Use the story mountain to figure out the plot development of the story.	情节协同
	Activity 3	Translate the given beginning of the two paragraphs and make a prediction. Then write the first and last sentences of each paragraph according to the prediction.	情节协同 语言协同
	Activity 4	Add more details to your continuation writing.	语言协同 感情协同
	Activity 5	Peer-assessment.	情节协同 语言协同 情感协同

（一）细读原文，找出协同点

协同体现在互动中，“无互动便无协同，互动强，协同强；互动弱，协同弱”①。因此，在续写前，学生与所给文本之间的互动至关重要。教师应当引导学生在和文本互动时，重点关注文本中涉及的情境模式（人物、时间、地点、因果、交流意图）和语言层面（语音、词汇、句法）的协同点。活动一的设计旨在让学生通过默读的方式边读边画出一些关键信息，如人物、时间、地点、推动情节发展的主要事件以及关于 David 的语言描述，并完成阅读任务（见表3－7、表3－8），以此来搭建与续写的情节、语言和情感协同的支架。为了帮助学生梳理主人公 David 情感态度的变化，在阅读过程中，画出与 David 相关的描写。

表3－7　阅读任务1

Genre	Narrative
Point of view	First person perspective, I
Tense	Past tense
Who	David, a ten-year-old primary student with brain disease; I, a special education teacher of the school; coach, other students
When	the day of the big cross-country run
Where	small town, the thick evergreen forest
What	On the day of the big cross-country run, David hesitated and said he had decided not to run.

① 王初明．互动协同与外语教学［J］．外语教学与研究，2010，42（4）：297－299.

表 3－8　阅读任务 2

Descriptions about David
David was standing by himself off to the side by a fence. He was small for ten years old. His usual big toothy smile was absent today. He hesitated and then said he had decided not to run. He had worked so hard for this event! I turned to find him coming towards me, his small body rocking from side to side as he swung his feet forward. David had a brain disease which prevented him from walking or running like other children. He always participated to the best of his ability in whatever they were doing. David had not missed a single practice, and although he always finished his run long after the other children, he did always finish.
Analysis of David's characters Question: What kind of person do you think David is?

细读文本会发现，关于 David 描写的笔墨占全文的比重比较多，通过分析这些句子可以了解到，David 是一个虽患有脑部疾病，但性格开朗、做事认真、意志坚定的 10 岁小男孩。虽然天生有缺陷，但他却不畏困难，勇于挑战自我。然而在比赛这一天，由于怕 David 被其他学校的学生嘲笑，所以教练把决定权交给了他自己。此时，David 内心犹豫了，胆怯了，害怕了，毕竟他才仅仅 10 岁，也会意识到自己与别人的不同，于是决定放弃比赛，由此文章到达高潮部分。通过上文对 David 的情感态度分析，可预测在接下来两段的续写当中，情感的走向应该是在此关键时刻，David 的老师，通过和他促膝谈心，给予他鼓励，帮助他找回那个百折不挠、具有拼搏精神的自己。此活动的设计旨在帮助学生在原文中找出情感协同点，为接下来的续写做好铺垫。

（二）研读段首句，借助故事山模型预测续写走向

通过续写第一段给出的句子“We sat down next to each other, but David wouldn't look at me.”可以预测出续写第一段的重点应该是“我”与 David 的促膝谈心。在这一段中，应当重点涉及以下两个方面：①“我”与 David 的谈心过程，肯定 David 之前的努力，鼓励他不要在乎别人的看法，勇敢做自己，完成比赛就是胜利。②在谈心过程中，David 的神态动作以及在“我”的鼓励下态度的转变——决定鼓起勇气，勇敢参赛。通过续写第二段给出的

句子“I watched as David moved up to the starting line with the other runners.”可以预测出续写第一段的重点应该是 David 比赛的过程和结果。在这一段中，应当重点涉及以下两个方面：①David 比赛过程中奋勇拼搏的样子——跌倒、落后、气喘吁吁等以及观众们，如同学、家长、陌生人对他给予的关注和鼓励。②比赛结束后，David 内心的快乐和对“我”的感激。在此基础上，可以引导学生利用故事山模型（见图 3－11）并借助表 3－9 来厘清故事的发展脉络，为随后的续写做好铺垫。

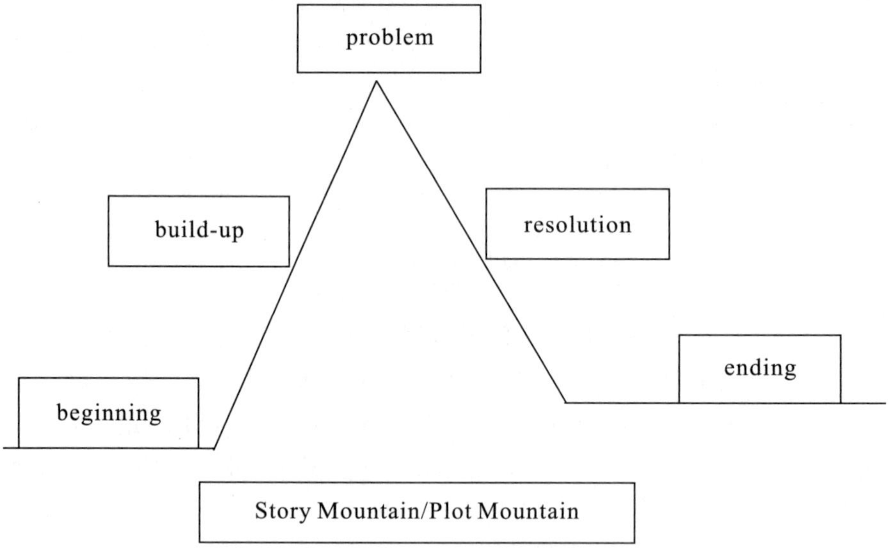

图 3－11　故事山模型

表 3－9　故事情节发展脉络

发展脉络	主要内容
故事的开端	在越野赛跑这天，来自小镇周边七所小学的学生们正在热身。
故事的发展	“我”看见 David 独自一人站在篱笆旁边，神情不太对。
出现的问题	David 决定放弃比赛。
问题的解决	“我”与 David 促膝谈心，通过“我”的鼓励 David 又决定参赛。
故事的结局	David 在“我”的鼓励下态度的转变：决定放弃顾虑，勇敢参赛。

（三）基于协同效应，进行生生互评

在“教、学、评一体化”教学理念的指导下，教师应“处理好教、学、评的关系，达到以评促教、以评促学的目的”①。因此，在学生基于协同效应完成读后续写后，笔者设计了一个诊断性评价表（见表3－10），让学生根据协同效应，通过生生互评的方式对同伴的习作进行评价反馈。

表3－10　同伴互评诊断性评价表

Name: ________ Class: ________ Peer-assessment score: ________		
Content	Score	Give a score
Agreement of characters	2	
Agreement of plot	6	
Agreement of languages	6	
Agreement of emotions	5	
Handwriting	3	
Include 150 words	3	
Beautiful words and expressions		
Advice to improve his/her writing		

该表的设计主要包括三个方面：评价内容、分数、同伴评分。此外，需要找出同伴习作中优美的表达，同时对习作中出现的问题给出修改建议。这样通过生生互评的方式，不仅可以进一步加深学生对于协同效应的理解，同时可以让学生结合具体的语篇，分析读后续写习作中，人物、情节、语言、情感方面是否与原文相互协同，从而培养学生读后续写时的协同意识。

结语

基于协同效应的高考英语读后续写教学，需要教师深入研读语篇，挖掘主题意义，找出文本中的协同要素，并在教学过程中通过为学生搭建支架，一步步引导学生在读后续写中，能够通过读的输入，厘清所给文本的人物、情节、语言及所表达的情感意义。在此基础上，基于协同效应进行续写，评判并进一步修改个人习作完成续写任务，最终形成一种拉平效应。

① 教育部．普通高中英语课程标准（2017年版2020年修订）［M］．北京：人民教育出版社，2020：77.

第五节　基于语轮语步理论深度拓展读后续写细节[①]

为了描述特定体裁的内部结构特征，Swales 于 1990 年提出“语轮—语步分析法”。语轮是由一组表现同一意旨取向的语言特征组成的且表达一定交际功能的语篇片段，是一个由一系列词汇、主题意义和修辞特征所标明的具有统一意义倾向的语篇片段。如果一个或一组句子传达同一个交际信息，那么它们就被确定为一个语轮。每个语轮具有自身的交际目的，同时有助于整个语篇实现整体的交际目的。值得注意的是，语轮是一个意义单位或功能单位，而非语法和语言形式单位。[②] 语步（step）是比语轮小一级的单位，是实现语轮的修辞策略，其功能在于实现语轮的交际目标。一个语轮可以有一个或多个语步来实现。

在读后续写的写作过程中，大部分学生能将自己的续写内容同所给的段首句衔接且巧妙过渡，在故事结尾处都有设计总结的话题来升华续写故事的主题。但仍有部分学生认为，写作中最困难的是不知如何构思续写细节，准确描述故事情节，从而出现细节单一、语言单调、语言质量低的问题。

下面我们还是以 2022 年新高考全国 I 卷的读后续写题为例，一起探讨如何利用语轮语步理论来深度拓展写作细节。

一、审题，推断语轮（move）结构

梳理前文大意。该文作者是一名特殊教育教师，在大型越野赛跑那天，发现患有大脑疾病的 David 独自站在一旁。作者问其原因，他说准备放弃比赛，从教练口中得知他是因为担心会被其他学校的孩子嘲笑所以弃赛。

根据两段开头来确定第一段的内容。通过第一段开头“我们坐在一起，但 David 没有看着我”可以看出他矛盾的心理；第二段开头“我看着 David

① 本节节选自李奕群. 基于语轮语步理论深度拓展读后续写细节：以 2022 年新高考全国 I 卷读后续写为例［J］. 广东教育（高中版），2017（9）：45 – 46.

② 杨瑞英. 体裁分析的应用：英语语言学学术文章结构分析［J］. 外语与外语教学，2006（10）：29 – 34.

和其他选手一起走到起跑线上”说明他最终选择了参加比赛。因此第一段里的续写中应该有以下两个要点：

（1）“我”对 David 的鼓励。

（2）David 最终决定参赛。

根据第二段的开头句和正向结尾来确定第二段的内容。David 最终站到了起跑线上，那后面会发生什么呢？我们要对此进行合理的预测。根据 David 的身体状况和续写曲折性原则，我们可以推测出比赛是异常艰辛的；根据读后续写正能量的原则，我们还可以推测出结果是积极正面的，即 David 最终完成了比赛。

第一段

Move 1：I encouraged David and it made sense.

Move 2：David decided to have a try.

第二段

Move 3：It was hard for David in the beginning but he insisted.

Move 4：Finally，David made it.

二、根据语轮的交际目的确定语步（step）

笔者采用 SADR（speech，action，description，reaction of others）的模式来进行具体的拓展。

Move 1：I encouraged David and it made sense.

Step 1（speech）：“On no account can we ignore the power of our hearts. If you desire to challenge yourself，there is nothing to do with others' thoughts.” “You have a full preparation before this event，which is the most important reason why you show up here.” Step 2（action）：I looked into the little boys's eyes，placing my hands on the boy's shoulders and said softly. Step 3（description）：David's face changed from tense to a smile. Step 4（reaction of others）：Hearing my words，he couldn't helping nodding his head.

Move 2：David decided to have a try.

Step 1 （speech）：“I will try.”

Step 2 （action）：He said firmly，without hesitation.

Step 3 （description）：The wind blew up his hair and I saw the determined expression in his eyes.

Step 4 （reaction of others）：Then I told the coach David's decision，he felt more than delighted.

Move 3：It was hard for David in the beginning but he insisted.

Step 1 （speech）：“I can do it!”

Step 2 （action）：He moved so slowly but he insist on running as if he had forgotten all his weaknesses.

Step 3 （description）：It seemed that the runway was extremely long for young children，not to mention a child with a disease. It didn't take long before he picked himself up again and continued his mission.

Step 4 （reaction of others）：Classmates all appeared on the racing track，cheering for him.

Move 4：Finally，David made it.

Step 1 （speech）：“I made it.”

Step 2 （action）：It was not until then that he laughed.

Step 3 （description）：To everyone's joy，he reached the final line and completed the mission.

Step 4 （reaction）：Classmates came up to congratulate him.

三、添加衔接语和结尾升华句，连句成段

根据语轮结构和拓展的具体的语步要点，添加恰当的衔接词语，完成一篇逻辑通顺、语言流畅、细节丰富、情节合理的文段。通过对文章内容的梳理，我们得出这篇文章主要是教育我们学会坚持，勇于尝试，建议添加的升华句为：All this shows that nothing can prevent us from reaching our aims. We will be successful as long as we insist on our dream.

参考范文如下：

Para 1

We sat down next to each other, but David wouldn't look at me. I looked into the little boy's eyes, placing my hands on his shoulders, and said softly. "On no account can we ignore the power of our hearts. If you desire to challenge yourself, there is nothing to do with others' thoughts." Hearing my words, he couldn't help nodding his head. "You have a full preparation before this event, which is the most important reason why you show up here." David's face changed from tense to a smile. "I will try." He said firmly, without hesitation. The wind blew up his hair and I saw the determined expression in his eyes. Then I told the coach David's decision, he felt more than delighted.

Para 2

I watched as David moved up to the starting line with the other runners. The race started. It seemed that the runway was extremely long for young children, not to mention a child with a disease. He moved so slowly but he insisted on running as if he had forgotten all his weaknesses, though he was tripped over within a few kilometers. It didn't take long before he picked himself up again and continued his mission. Classmates all appeared on the racing track, cheering for him. To everyone's joy, he reached the final line and completed the mission. Classmates came up to congratulate him. "I made it!" It was not until then that he laughed. All this shows that nothing can prevent us from reaching our aims. We will be successful as long as we insist on our dream.

写作既是促进语言学习的重要手段，也是检测语言水平的重要指标。然而大量研究表明，在听、说、读、写四项语言技能中，写作对许多外语学习者而言是最为困难的。本节基于语轮语步的理论对读后续写的细节拓展进行研究，让学生在合理审题的基础上不仅能写出逻辑自洽的情节，还能有丰富的细节和具有说服性的描写，让学生摆脱内容空洞、细节单一、无话可说的困境，让文章更加生动和具有文学性。

第六节　基于“师生合作评价”的读后续写教学实践[①]

《高中英语新课（2020 年修订）标》要求：“完整的教学活动包括教、学、评三个方面。……‘评’是教师依据教学目标确定评价内容和评价标准，通过组织和引导学生完成以评价目标为导向的多种评价活动，以此监控学生的学习过程，检测教与学的效果，实现以评促学，以评促教。”[②] 课堂评价活动贯穿教学全过程，有助于提高教师教学效果，促进学生有效学习，落实核心素养目标和实现学科育人。[③]

然而，高中英语教师“重知识讲解，轻技能训练”，课堂教学普遍存在教学评价缺位的“痛点”[④]。其次，鉴于高中英语班级人数多、教师教学负担重等现实因素，教师难以保证及时、有效的评价反馈，直接影响学生的产出质量，降低产出动机。以读后续写教学为例，教师普遍关注续写的前期环节，注重引导学生根据所给短文、段落开头语等关键信息构建合理故事情节，却忽视后期的评价环节，对学生续写内容是否达到续写要求难以提供有效、快捷的反馈，从而挫伤学生续写的积极情绪，影响产出质量。而产出评价阶段是语言技能最可能接近熟练的“冲刺阶段”，顾前不顾后很有可能前功尽弃。[⑤]

---

① 本节节选自袁汉邦．基于“师生合作评价”的读后续写教学实践［J］．英语学习，2023（1）：37－41.

② 教育部．普通高中英语课程标准（2017 年版 2020 年修订）［M］．北京：人民教育出版社，2020：77.

③ 王蔷，李亮．推动核心素养背景下英语课堂教—学—评一体化：意义、理论和方法［J］．课程・教材・教法，2019，39（5）：114－120.

④ 张献臣．中学英语阅读教学的痛点分析与对策［J］．中小学外语教学（中学篇），2019，42（6）：1－7.

⑤ 文秋芳．“师生合作评价”：“产出导向法”创设的新评价形式［J］．外语界，2016（5）：37－43.

相关实证研究表明，教师反馈①、同伴互评②、自我修改③均能有效提升作文内容和语言质量，提高学生写作水平。教师应充分发挥主导作用，积极调动学生的主观能动性，启发学生发现问题，并综合运用多种评价方式评价产出结果，提供及时、有效的反馈和帮助，促使学生有效开展学习。

一、理论基础

"师生合作评价"是为"产出导向法"创设的新评价形式，强调"以评促学"，要求教师发挥主导作用，指导学生边评边学、边学边评，打破"学"与"评"的界限，④ 实现教师的专业引领和全体学生多种形式参与的有效结合，⑤ 以优化学习效果，提高教学效率。

"师生合作评价"包括课前、课内和课后三个阶段：课前，教师聚焦共性典型问题，详批典型样本，确定评价焦点，设计课内流程，编制强化练习；课内，学生依据评价焦点先独立思考，再开展对子/小组交流，然后在教师引领下集体讨论，继而教师给出课前准备的修改意见，最后教师带领学生完成强化练习；课后，学生基于课内教师专业指导，根据评价焦点进行自评和同伴互评，然后教师普查批改结果，最后总结修改情况，推荐优秀作品。⑥

"师生合作评价"要求教师采用"评""讲"结合的教学方式，指导学生发现问题并解决问题，最终内化和掌握评价方法。"评"指评价并提出修改意见，聚焦"错在哪"和"如何改"；"讲"指讲解评价焦点，聚焦"如何写"和"为什么"。教师讲解评价焦点，指导学生掌握修改样本的策略和方法，在"评"时进一步"教"，体现"评教融合"。教师布置合适的评价任务，引导学生积极参与评价过程，完成评价任务，评价过程也是学习过

---

① 邹帅. 英语写作中教师反馈特征与效果的案例研究［J］. 外语测试与教学，2020（1）：43－52.

② 陈丹丹. 动态评价视角下网络同伴互评对英语写作质量的影响［J］. 外语电化教学，2021（2）：17－23，3.

③ 胡学文. 在线作文自我修改对大学生英语写作结果的影响［J］. 外语电化教学，2015（3）：45－49.

④ 文秋芳. "产出导向法"的中国特色［J］. 现代外语，2017，40（3）：348－358，438.

⑤⑥ 文秋芳. "师生合作评价"："产出导向法"创设的新评价形式［J］. 外语界，2016（5）：37－43.

程，体现“评学融合”。[①②]

二、教学实践

笔者尝试将“师生合作评价”运用到高中英语读后续写教学中，通过课前准备、课内实施和课后活动三个阶段指导学生学习和掌握评价方法，提高产出质量。

（一）课前准备阶段

课前准备阶段，学生按照要求完成产出任务并提交产出成果后，教师选择并详批典型样本、设计课内“师生合作评价”的评价焦点和流程、准备课内学生评价材料以及编制强化练习。

笔者选用2021年新高考英语适应性考试的读后续写作为产出任务。文章讲述了主人公遭逢汽车故障，路边寻求帮助，但无人伸出援助之手的故事。正当主人公准备放弃时，一家热情、善良的墨西哥人出现并提供帮助。一家三口忙前忙后，最终帮助主人公脱离了窘境。主人公给予20美元作为感谢，遭到墨西哥男主人拒绝后，将20美元悄悄塞给墨西哥女主人。故事语言简洁、难度适宜，学生很容易理顺故事发展脉络，梳理表层信息。需要学生续写段落的段首句为：Para 1：When I was about to say goodbye，the girl asked if I had lunch. Para 2：After they left，I got into my Jeep and opened the paper bag.

教师浏览学生续写初稿后，发现学生续写中存在语言层面和内容层面的问题。语言层面的问题主要包括词汇（拼写错误、词性混用、选词不当）和语法（主谓不一致、动词时态误用、多谓语连用、无谓语、名词复数词尾缺失、代词误用、从句连词误用）等语言错误。内容层面包括情节（描写无关情节、续写情节与原文脱节、续写段落与段首句不衔接、续写段落间连接不紧密、大量对话、续写情节脱离实际）和主题偏离、新增主人公等。

限于课堂时间，教师采用选择性评价，选取情节衔接（包括续写情节与原文脱节、续写段落与段首句不衔接、续写段落间连接不紧密）为主要评价

① 孙曙光.“师生合作评价”课堂反思性实践研究［J］. 现代外语（双月刊），2017，40（3）：397－406，439.

② 孙曙光.“师生合作评价”的辩证研究［J］. 现代外语（双月刊），2019，42（3）：419－430.

内容，其理由是：①情节衔接类错误在学生续写样本中覆盖面广，影响续写产出的有效性；②在有限的课堂时间内，聚焦关键评价焦点以提高课堂反馈效率，确保有效评价，保证教学实践的顺利开展。

教师选择续写文本质量可改、可评的中等质量产品作为典型样本，详细批阅典型样本，聚焦重点问题（情节衔接）设计课内评价焦点和具体实施步骤（见表3－11），准备上课所需评价材料并突出评价重点，根据评价重点编制适量练习。

表3－11　具化的课内实施步骤

评价总步骤	具体操作
1. 发现问题	（1）教师呈现典型样本，学生思考并判断样本中的主要问题； （2）学生分享观点，教师突出问题内容并适当引导； （3）学生分享观点，教师点明问题类型或直接点明问题。
2. 教师讲解	（1）教师启发性引入； （2）教师讲解评价焦点。
3. 修改样本	（1）学生根据评价焦点，修改、讨论、分享，教师讲解改进措施； （2）学生按照教师讲解修改样本，教师适时辅助，比较不同修改方案利弊； （3）教师呈现事先修改好的样本，并讲解修改原因。
4. 练习和作业	（1）教师带领学生完成课前编制的强化练习； （2）布置课后作业。

课前准备阶段要“目标导向、重点突出”①。“师生合作评价”关注样本中教学目标的达成情况，选择样本中的突出问题作为评价焦点，保证课堂教学实践的顺利开展。选择性评价聚焦性强、凸显样本中突出问题的重要性，有助于提高课堂反馈效率，缓解学生负面情绪，帮助学生吸收和掌握修改方法，并将其运用于未来写作中，减少或避免类似错误。

（二）课内实施阶段

课内实施阶段，教师向学生详细阐释课堂评价的目标、要求和步骤后，

① 孙曙光．“产出导向法”中师生合作评价原则例析［J］．外语教育研究前沿，2020，3（2）：20－27，90－91．

呈现典型样本，采用启发式教学引导学生发现样本问题，针对评价焦点进行讲解，以帮助学生了解评价焦点的关键地方，引导学生修改问题样本并掌握修改策略与方法，以及指导学生完成针对评价焦点设计的练习并清楚课后任务的修改要求。

制定清晰可及的评价目标是实现“师生合作评价”的前提条件。根据评价焦点，教师制定课堂评价目标：识别读后续写中“情节衔接”的常见问题，掌握读后续写达成“情节衔接”的基本写法。样本中“情节衔接”的问题分为三类：续写段落间连接不紧密；续写段落与段首句不衔接；续写情节与原文脱节。根据评价目标，教师准备 3 个“情节衔接”类问题的样本（见表 3－12）。

表 3－12　样本中“情节衔接”类的问题示例

问题	举例
续写段落间连接不紧密	When I was about to say goodbye, the girl asked if I had lunch. I shook my head and asked if we could have lunch together. Then we drove to the nearby restaurant to eat. During the meal, I thanked this family, and said that without their help, I might still be trapped there. The man said that it was their honor to help me and make friends with me. Then we talked a lot about our families, daily lives and business. After the meal, we became friends and I told them that I decided to visit them in their fruit farm.
续写段落与段首句不衔接	After they left, I got into my Jeep and opened the paper bag. I took out a piece of paper and decided to write some things. After being helped by a kind Mexican family, I wanted to deliver the kindness to others. So I wrote “If you have troubles, please ask me” on the paper and sticked it on the back window of the car. Deeply affected by the family, I decided that I would try my best to spread kindness to all people I would meet in the future.
续写情节与原文脱节	After they left, I got into my Jeep and opened the paper bag. I saw some fruit and a note in it. I picked up the note and saw one sentence “Help others can make yourself happy.” At that time, I really understood why they helped me. A warm feeling spread over my body and I was in great thankfulness. An idea occurred to me that I had to learn from them. After that, I often gave others a hand when they were in trouble, which made me feel happy as well.

1. 发现问题

教师在幻灯片上呈现“问题”样本（见表 3－12），以问题“Did the plot in each sample reach the principle of coherence?”和“What problem appeared in each sample in the aspect of coherence?”进行课堂导入，要求学生朗读“问题”样本，自行思考样本中涉及情节衔接的主要问题，使学生明确评价任务和目标。

学生独立思考后，教师指引学生进行对子交流，共同探讨样本中的主要问题，并邀请学生分享讨论观点。学生经过对子交流后，能够达成以下共识：①样本 1 未提及“the paper bag”，因而第一段结尾无法自然过渡到第二段开头，两段未衔接；②样本 2 所续写内容未正确理解段首句，续写段应聚焦“I”打开“the paper bag”后的所见所感，而样本 2 续写内容与段首句脱节。学生对样本 3 中“情节衔接”类问题持不同观点，但均未发现真正问题所在。

教师充分肯定学生能够准确找出样本 1 和 2 在“情节衔接”方面的主要问题，并将其归纳为续写段落间连接不紧密和续写段落与段首句不衔接。教师突出显示样本 3 中的问题内容：“I saw some fruit and a note in it. I picked up the note and saw one sentence ‘Help others can make yourself happy’.”并通过提问的方式进行适当引导。教师设问“What would author see after opening the paper bag?”，引发学生思考，鼓励学生发表不同意见并说明理由。接着，教师以问题“After fixing the car, what did the author give to the man? Did he receive it?”引导学生关注原文材料。学生回读原文得出：“The author gave a 20-dollar bill to the man, but he refused.”教师追问：“What did the author do next?”学生回答：“He gave the money to his wife.”教师继续追问：“In your opinion, what would the author see after opening the paper bag?”学生回答：“20-dollar bill.”师生共同归纳总结得出：样本 3 的主要问题在于未充分考虑原文情节，问题类型为续写情节与原文脱节。

2. 教师讲解

教师讲解针对评价焦点“情节衔接”开展，引导学生思考“情节衔接”的作用。随即教师用幻灯片展示高考英语读后续写评分的关注要点：①续写内容与所给短文及段落开头语的衔接程度；②内容的丰富性；③语法结构及词汇的丰富性和准确性；④上下文的连贯性。教师引导学生关注评分的第①、④点，点明“情节衔接”的重要性，使学生意识到“情节衔接”是影响读后续写有效性的关键问题。接着，教师播放微课视频，内容为“如何构建衔接的故事情节”。教师边播放视频边讲解构建衔接故事情节的方法。

3. 修改样本

修改样本阶段，教师设问："How to correct the samples to reach the principle of coherence?"学生根据视频讲述的构建衔接情节方式，先自行思考样本修改方式。然后教师将班级同学分为6个小组，要求小组成员共同探讨修改方式并达成共识。最后教师邀请各小组代表在全班分享修改版本并阐释修改理由。学生分享后教师进行点评，归纳总结学生修改意见：①在样本1结尾增加情节"The woman gave me a paper bag."以实现顺利过渡；②样本2和3中段首句后应接续"I found a 20-dollar bill in the paper bag."以实现与段首句和原文的衔接。

接着，教师示范事先修改的版本，边展示边讲解修改样本的策略和方法，巩固第二步骤的讲解，最后归纳总结，使学生掌握构建衔接故事情节的方法。修改版本如下：

When I was about to say goodbye, the girl asked if I had lunch. I shook my head and asked if we could have lunch together. Then we drove to the nearby restaurant to eat. During the meal, I thanked this family, and said that without their help, I might still be trapped there. The man said that it was their honor to help me and make friends with me. Then we talked a lot about our families, daily lives and business.

After they left, I got into my Jeep and opened the paper bag. I saw some fruit and a 20-dollar bill in it, to which a note was attached. It read "Glad to make friends with you." A warm current rising up in my heart. I thought that it was so kind of this family to help a stranger. An idea occurred to me that I had to learn from them. After that, I often gave others a hand when they were in trouble, which made me feel happy as well.

4. 练习和作业

练习环节，教师在幻灯片上展示续写范文，带领学生从续写情节如何与原文融洽、续写段落如何与段首句衔接、续写段落间如何连接紧密三个方面分析范文，借鉴范文的写法。接着，教师布置课后修改任务，明确告知学生修改步骤和要求，使学生明确修改任务的流程和重点。

课内实施阶段要"问题驱动、支架渐进"①。教师充分发挥主导作用，精心选择评价焦点，布置评价任务，通过提问引发学生积极参与课堂评价，

---

① 孙曙光."产出导向法"中师生合作评价原则例析［J］.外语教育研究前沿，2020，3（2）：20－27，90－91.

发现并解决问题，实现有效学习。在课堂评价过程中，教师应适时提供必要辅助，搭建支架，并根据学生语言水平做出动态调整，帮助学生掌握解决问题的方法。

（三）课后活动阶段

课后活动阶段，教师明确课后任务并提供评价清单，使学生清楚课后修改步骤和要求，并要求学生根据评价清单进行自评和同伴互评后上交修改稿。此后，教师有计划地普查或抽查批改结果，了解自评和互评情况，总结课后评价，并推荐优秀作品供学生学习。

课后修改任务阶段，学生根据教师提供的评价清单（见表 3－13），按照修改流程和要求，完成课后自评和互评。

表 3－13　课后评价清单

评价焦点	续写内容是否符合“情节衔接”： （1）续写情节是否与原文融洽； （2）续写段落是否与段首句衔接； （3）续写段落间是否连接紧密。
修改流程	（1）根据评价焦点，自评并修改文本，将修改文本交给同伴； （2）同伴根据评价焦点检查修改文本，提出修改意见，并进行面对面讨论； （3）根据同伴修改意见进行二次自评并修改，将最终修改版本提交老师。
修改要求	（1）严格按照评价焦点进行评价和修改； （2）保留修改痕迹（修改意见和修改内容）。

在课后活动阶段，学生通过他人调节、在他人的帮助下完成续写文本的两次修改。学生提交最终修改版本后，教师查看修改痕迹，检查提交文本评价目标的完成情况，推荐三份可供借鉴的质量上乘的作品给全班同学阅读，调动被推荐者的积极情绪，并对其他学生起到示范作用。

课后活动阶段要“过程监控、推优示范”①。学生自评和互评须严格遵守教师布置的修改要求和修改流程，在教师监督下逐步完成修改任务，以确

① 孙曙光．“产出导向法”中师生合作评价原则例析［J］．外语教育研究前沿，2020，3（2）：20－27，90－91．

保修改质量。教师推荐优秀作品，增加被推荐者的写作兴趣和信心，并激励其他同学奋起直追、实现超越。

结语

基于“师生合作评价”的读后续写教学，以样本中的典型问题为评价起点，通过课前准备、课内实施和课后活动三个阶段，利用启发式教学，引导学生通过独立思考、对子/小组讨论、教师引领下的大班讨论，发现问题并掌握解决问题的方法，以提高评价效率，优化学习效果。实施“师生合作评价”有一定难度，需要教师花心思认真备课，设计环环相扣、层层递进的系列课堂活动，调动学生积极性，保持学生学习热情，吸引全班学生认真参与课内评价的全过程。教师应根据学生的认知和语言水平适时提供脚手架，并根据教学需要进行动态调整，辅助学生完成修改任务，保障修改质量。

第四章　高中英语读后续写思维型教学设计

读后续写思维型教学重在落实立德树人，实现学科的育人价值。本章所选取的教学设计话题涉及“人与自然”“人与自我”和“人与社会”，依托丰富的文本体裁（如记叙文、寓言、诗歌、文学作品等），引导学生逐步形成正确的价值观、必备品格和关键能力。本章共有两节。第一节是依据教、学、评一体化理念，探究课内课外读后续写的深度教学设计，而第二节则聚焦促进思维品质的微技能开发教学设计。

第一节　教、学、评一体化的高中英语读后续写思维型教学设计

本节前三篇教学设计借助“大观念”单元整体教学理念对教材进行二次开发，旨在通过思维型读写训练，让学生学会与自然和谐共处，提高社会责任感及感受诗歌的文字之美，深化学科核心素养。后两篇教学设计则充分利用高考真题文本与课外文学性阅读材料，分层教学，循序渐进，培养学生不惧困难的意志、见义勇为和乐于助人的品格及感受家人之爱的能力。

在教学方式上，本节的教学设计搭建了真实的情境支架，细化教学目标。第一，采用教、学、评一体化的教学思路，尤其注重不同主体、不同形式、不同内容的多维度评价。第二，通过多层次的思维活动，从学习理解到运用实践再到迁移创新，由输入到输出，真正实现思维型教学，提高学生逻辑性、批判性与创造性思维能力。第三，采取丰富有效的教学手段，如多轮续写、阅读圈、组间合作、分组教学、故事山、问题链等形式，帮助学生深入理解文本，习得语言。

一、主题语境下指向教、学、评一体化的高中英语读后续写教学设计（见表4－1）①

表4－1

<table>
<tr><td>教材/读物名称、册次</td><td>2019年外研社版《英语　必修　第一册》Unit 5 Into the wild 之 Developing ideas—An encounter with nature
2020年7月浙江卷高考真题读后续写 Face to Face with a Bear</td></tr>
<tr><td>教学内容标题</td><td>主题语境下指向教、学、评一体化的高中英语读后续写教学设计</td></tr>
<tr><td>教学内容分析</td><td>

主题语境：人与自然（人与环境、人与动植物）
语篇类型：人物经历记叙
授课类型：读写课

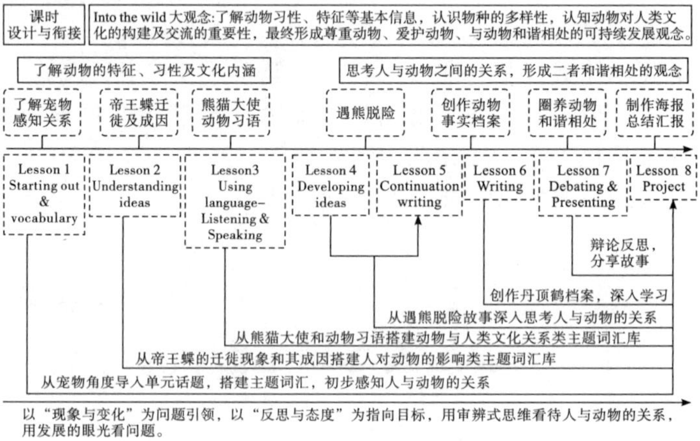

以上单元大观念图显示本单元主要分为两部分：了解动物的特征与习性和认知动物对人类文化的重要性，思考人与动物的关系并形成人与动物和谐相处的观念。本课是读写课，属于单元第5课时。本课例基于主题语境，依托情景语篇，为高一学生引入读后续写，养成支架搭建、语料积累、基于首句提问、写作圈创作等学习习惯。本节课选用了外研社版《英语　必修　第一册》Unit 5　Into the wild（走进野外）中的 Developing ideas—An encounter with nature（邂逅自然）和2020年7月浙江卷高考读后续写真题 Face to Face with a Bear（与熊面对面）。以下是相应的语篇解读。
</td></tr>
</table>

① 本教学设计作者是吴翔，第一审稿人是袁丹纯，第二审稿人是吴翔。

续上表

教学内容分析	【What】知识结构 语篇一："邂逅自然"记叙了一名自然摄影师在美国黄石国家公园的一次遇熊拍摄经历。全文一共4段，分为三部分：经历前的向往，经历中的刺激，经历后的反思。第一部分包括文章前两段，第一段主要介绍了作者作为自然摄影师对"走进自然，观察动物"的热爱和向往；第二段则以黄石公园和熊为例，引出下文的经历。第二部分讲述了作者与熊偶遇、与熊对峙、拍照并最终与熊分离的场景。第三部分为最后一段结尾段，作者在回顾这段经历中，阐明观点，升华主题：人类应尊重动物、保护生态，与自然和谐共处，毕竟人类才是它们世界的"访客"。 语篇二："遇熊脱险"记叙了一对夫妻在营地露营时的一次脱险经历。全文由三部分组成：遇险前的准备，遇险中的氛围，遇险后的结局。第一部分为前两段，主要介绍了作者对"走进营地，拍摄北极熊"的期待与准备。第二部分为第三段至第七段，讲述了作者与熊相遇、与熊对峙、拍照并最终通过辣椒喷雾将熊短暂驱赶的惊险一幕。第三部分为最后两段结尾段，在第一段中，被惹怒的熊再次归来，这对夫妻将如何应对？在第二段中，千钧一发之际，救援直升机到来，结局又将如何？ 【Why】写作目的 在人与自然的主题语境下，两篇语篇中的主人公们有着类似的"遇险"经历。作为自然摄影师，他们在遇险前热爱自然，渴望探险；在自然中遇险时，主人公们与熊对峙时的临场反应突显了他们对动物的态度；在遇险后，主人公们在回忆自己作为"访客"深入自然拍摄时，他们开始反思人与动物、自然的关系，文章主题得以升华：是人类想走进自然探险的好奇心使得人类遇到了危险，因此，在应对危险时，我们应尊重与保护动物，与动物和谐相处，达到可持续发展。 【How】文体特征 两篇语篇均为记叙文，文本均以"遇险"经历为核心，遇险"前—中—后"结构逻辑清晰。在两篇语篇的用词上，句式结构鲜明，两处值得关注：其一，多处运用 with 结构，如 with the camera still held to my eye，I...；又如 with the water falling off its thick brown hair / with an angry roar，the bear...with 结构的使用将人熊对峙时二者或紧张或刺激或淡定或恐惧的状态表现得淋漓尽致。其二，语篇动词的使用精准恰当，多个谓语动词使用形成动作链，如 the bear pulled and bit...；he stood and pushed；We yelled...，hit...and fired...；动作链的使用把人熊对峙时紧张的氛围感烘托得逼真生动，画面感跃然纸上。

续上表

学情分析	本节课授课对象为深圳市某示范性普通高中高一学生。该班学生英语基础扎实，思维活跃，习惯自主预习与小组合作。学生对两篇语篇兴趣浓厚，但这一情景与学生生活相距较远，加上学生对题型的陌生感，学生会遇到陌生情景、情节构思、词汇运用等难题。以下运用 KWLS 进行学情分析。 【(K) What Ss knew】本课属于 Developing ideas 中读写课的第二课时。在本课的第一课时，学生通过细读文本 An encounter with nature 掌握了人物遇险“前—中—后”经历的行文结构、五要素和主题。 【(W) What Ss want to know】在课前预习时，学生在“写前任务单”的帮助下充分阅读语篇 2，标注语言点，掌握故事的五要素和基本情节。在阅读两段首句信息后，学生会充分联想，提出问题，比如：这对夫妻将如何面对被惹怒的熊？学生期待得到不同且合理的解答。 【(L) What Ss will learn】首先，学生将自主利用新教材中的语篇 1，在“写前任务单”的帮助下激活与迁移情景，习得与内化相关语言；其次，学生将学会利用 ARE 原则（详见注 1）厘清故事明暗线，概括分析提出的问题，构思情节，创作第一段，解决问题；再次，学生进行多维度评价，实现以评促学；最后，学生会基于上述成果，继续提问，构思第二段结局，深化对主题的理解。 【(S) What Ss still want to know or do】在课后，学生用自评表评价本课所学；此外，基于课堂中的评价成果，学生会想继续润色第一段的续写内容并基于课上的提问与构思合作创作结尾段；由于语篇 Face to Face with a Bear 选自 2009 年由 National Geographic Society（国家地理协会）出版的童书 *Face to Face with Polar Bears*（《和北极熊面对面》），感兴趣的学生会搜索原文，将自己的续作与原文进行对比、赏析与评价。
教学理论背景	1. “支架”理论； 2. 教、学、评一体化； 3. 英语学习活动观。
教学目标	通过本课的学习，学生能够： 1. 利用新教材，感知“人熊对峙”的情境，在五要素 5W 和 ARE 问题链指引下获取与梳理“人熊对峙”场景的相关语言与表达，如动作链和 with 结构等； 2. 基于情境，概括与整合续写文本中主人公与熊之间的问题，利用 ARE 原则下的思维导图定位动作描写和情感描写，厘清明暗线，构思续写第一段情节； 3. 四人一组在写作圈模式下分工合作，深度分析主人公面对熊时遇到的问题，内化与运用“人熊对峙”场景的相关语言，创作第一段，合理且创造性地提出解除主人公危险的方案；

续上表

教学目标	4. 基于续写文本、课堂呈现、自评表和互评表等进行多维度的批判与评价； 5. 基于创作和评价的成果，继续提问，构思续写第二段，深化对主题的理解，形成尊重动物、与动物和谐共处的理念。
教学重点与难点	1. 重点： （1）学生基于情境，找到冲突，提出问题，利用 ARE 原则厘清明暗线，分析讨论问题，构思第一段情节； （2）学生基于上述成果继续提问，构思第二段结局，深化对主题的理解。 2. 难点： 师生基于续写文本、同伴课堂表现、互评表和自评表等进行多维度评价。
教学方法	情境教学法、任务型教学法、小组合作学习法
教学道具	一个北极熊玩具、一个辣椒喷雾剂、一块面包、一台摄像机、图片、黑板粉笔、多媒体

教学过程

教学目标	活动形式与步骤	活动意图	学习效果评价
Pre-writing：Sorting and Integrating（Scaffolding）			
教学目标 1	**Step 1**（3 mins） Watch and discuss（IW GW CW） 1. T greets Ss. S swatch a video clip of a man facing a bear. 2. T invites Ss to discuss： Imagine you are deep in the forest, and you are now face to face with a bear. Action：What will you do? Response：If so, how will the bear respond? Emotion：How do you feel? How will the bear feel? 3. Ss share their answers with the class.	通过“人熊对峙”的视频和 ARE 问题链导入，创设情境，使得学生身临其境，发挥想象，激活学生关于“人熊对峙”场景的相关背景知识。 （感知与注意）	学生在观看视频后能合理甚至创造性地回答“人熊对峙”语境下的 ARE 问题链。教师评价学生的回答，并适时进行追问，判断学生是否能够进入“人熊对峙”的情境。

续上表

教学过程			
教学目标	活动形式与步骤	活动意图	学习效果评价
Pre-writing：Sorting and Integrating（Scaffolding）			
	Step 2（4 mins） Review and pick（IW CW） 1. Ss review Text 1 to grasp the gist and five elements of the story. 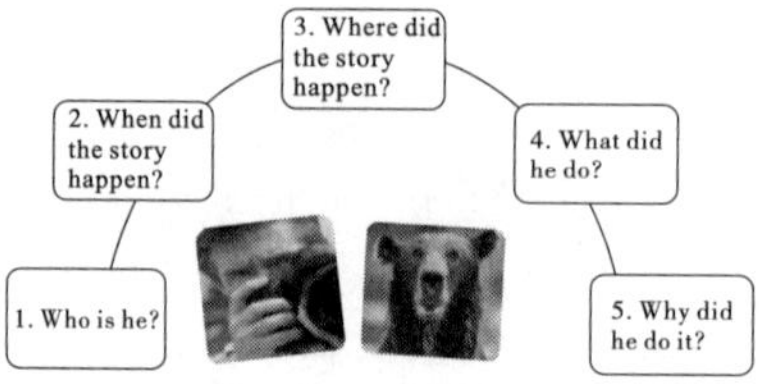 2. Ss review Para 3 in details and use the mind map to pick up the languages related to the photographer's actions and the bear's responses. Action：What did the photographer do? Response：How did the bear respond? Emotion：How does the photographer feel? What about the bear? 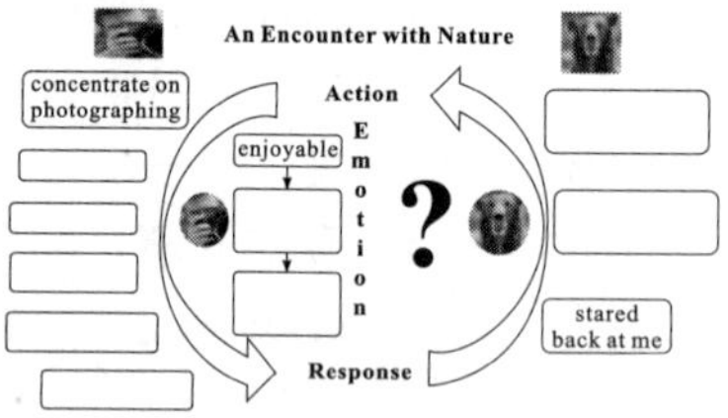 T guides Ss to pay special attention to the action chains and with-structure and talk about the effects they achieve and how they are related to the theme.	1. 学生通过回顾语篇 1 的五要素 5W，继续搭建情境支架； 2. 学生在 ARE 问题链指引下标注阅读文本，习得“人熊对峙”场景中以动作描写与情感描写为主的语言与表达，并关注动作链和 with 结构的使用，体会其效果以及与主题的关联。 （获取与梳理、概括与整合）	学生能定位五要素问题链的答案，合理地回答 ARE 问题链，准确定位动作链和 with 结构的使用并回答出二者使用在本文中达到的目的和效果。 根据学生反应的速度和语言的准确度，教师检测与评价学生获取与梳理、概括与整合语篇 1 所学内容的情况。

续上表

教学过程			
教学目标	活动形式与步骤	活动意图	学习效果评价
Pre-writing: Sorting and Integrating (Scaffolding)			
教学目标 2	**Step 3** (4 mins) Preview and present (IW GW CW) Ss finish a pre-writing worksheet for continuation task of Text 2 before class. Ss discuss it within groups of four and share their answers with the class. Ss make comments on different versions of answers based on the evaluation rubric for the pre-writing worksheet.	学生在“写前任务单”（见附录）的指引下充分自主预习语篇 2，在相同主题语境的牵引下迁移情境，定位续写文本中的五要素 4W1H（任务单任务 1），运用 ARE 原则下的思维导图厘清情节（任务 2），继续习得与内化关于“人熊对峙”场景的相关语言与表达（任务 3），并分析首句，自主提出问题（任务 4）；随后，学生在课上讨论、展示，依据评价表（见附录）进行生生互评，教师评价小结。 （获取与梳理、概括与整合、描述与阐释）	学生能在“写前任务单”的指引下准确定位五要素，填写好思维导图中的动作描写和情感描写，在语篇 2 中标注出重点语言点，提出至少 3 个合理的问题，其中部分问题具有创造性；学生能依据评价表对任务单中的四点进行生生互评。 教师观察学生课上的讨论情况和呈现情况，检查学生对文本的描述和阐释是否合理；依据生生互评的准确性和丰富性，教师评价小组讨论后的产出情况以及学生运用评价量表进行评价的能力和效果。

续上表

教学过程			
教学目标	活动形式与步骤	活动意图	学习效果评价
While-writing：Applying			
教学目标 2	**Step 4**（5 mins） Summarize & brainstorm（IW GW） Ss work in groups of four. T guides Ss to summarize the questions they have raised based on the two given sentences and form question chains. T asks Ss to identify the main conflict between the couple and the bear. Ss analyze the following questions and brainstorm possible solutions to helping the couple face the bear. Suggested questions： Q1：Why did the bear come back? Q2：How did the bear feel? Q3：What would the bear do? Q4：How would "I" and "my wife" respond? Q5：What did "the very moment" mean?	引导学生概括与整合，形成问题链并基于此找到主人公与熊的冲突，预测可能的情节发展。此段属于故事高潮，故事的冲突在于熊的行动和主人公的反应，学生在思考主人公如何应对熊的可能行动的同时，充分体现出思维的逻辑性和创造性。 （概括与整合、分析与判断）	学生能总结形成有逻辑的问题链，定位人熊之间的主要冲突，并进行头脑风暴解决冲突。教师检测学生对 ARE 原则的运用，评价学生形成的问题链和问题解决方案的合理性和创造性，并基于此把握学生情节构思的合理性和创造性。
教学目标 3	**Step 5**（10 mins） Cooperate and plot（IW GW） 1. T illustrates the roles of writing circle and each student plays one of the following roles and cooperate with each other in a group of four. （1）Organizer & presenter：to organize the writing process and present the group work. （2）Plot constructor：to construct the plot reasonably and creatively.	引导学生在写作圈模式下进行四人一组的写作，学生分别扮演情节的构思者、语言的润色者、手稿的撰写者、组织者和呈现者。	学生能在组内明确分工，充分交流，高效合作，完成续写第一段。

续上表

教学过程			
教学目标	活动形式与步骤	活动意图	学习效果评价
While-writing：Applying			
教学目标 3	（3）Language polisher：to polish the language. （4）Manuscript writer：to write down Para 1. 2. Ss begin to plot and write down Para 1.	（内化与运用、想象与创造）	教师评价学生在组内的角色分工是否明确，组内交流是否充分，书写的美观程度，合作是否高效，以及最后作品输出是否完整。
Post-writing：Sharing，commenting and continuing			
教学目标 4	**Step 6**（5 mins） Share and comment（IW GW CW） T illustrates the adapted evaluation rubric. Ss present their works in class. Ss make various comments based on the rubric or their own understandings.	学生小组进行写作成果投影展示；学生基于展示成果和评价量表（详见评价设计表 1）进行组内自评与互评（见评价设计表 2）和组间互评（见评价设计表 3），随后教师评价小结。此处评价的维度多元，可以评价创作的内容、小组的合作和他人的评价。 （推理与论证、批判与评价）	学生能完整地呈现作品，依据情节的合理性和创新性、语言的协同质量，如是否运用 with 结构、动作链的使用和从句的使用等，多维度进行组内和组间的评价。 教师评价学生形成的作品质量以及学生组内和组间的评价效果。

续上表

教学过程			
教学目标	活动形式与步骤	活动意图	学习效果评价
While-writing：Applying			
教学目标4	**Step 7**（5 mins） Innovate and sublimate（IW GW） Ss continue to brainstorm based on the given information of the ending paragraph and the ARE principle. Ss come up with more questions they have raised. Suggested questions： Q1：What might happen next? What would the couple and the bear do separately? Q2：How did the couple feel when they saw the helicopter? Q3：Years later，when the couple looked at the photo，how would they feel? T guides Ss to review the theme of "An encounter with nature" and think about the theme of this writing. Suggested questions： Q1：Who caused the danger? Q2：How to deal with the danger? Q3：Why should the danger be handled in that way? Q4：If this danger is not dealt with properly，who will become the victim?	学生小组基于结尾段首句继续运用ARE原则进行提问，讨论与构思可能的情节；教师引导学生再次关注语篇1的主题：我们是自然世界的"访客"，应当尊重动物。教师以"险"为核心词，引领学生总结概括出问题链，基于语篇1的迁移升华主题，在促进学生高层次思维和文化意识发展的同时彰显育人价值。 （内化与运用、想象与创造）	学生能再次运用ARE原则提问并思考回答与主题"遇险"相关的问题。 教师评价学生构思的结局的合理性和创造性，由此监控和评价学生是否理解语篇的"险"的深层次意义，是否对语篇主题"遇险"表现出一定的批判性。

续上表

教学过程			
教学目标	活动形式与步骤	活动意图	学习效果评价
While-writing：Applying			
教学目标 4 & 5	**Step 8**（2 mins） Assignment（IW GW CW） 【Must】 1. Polish your writing in Para 1 based on the comments and rubric. 2. Raise more questions related to Para 2. 3. Continue your creation in Para 2 by answering the questions you have raised. 【Optional】 1. After finishing your work, search and appreciate the original passage "Face to Face with Polar Bears" from *National Geographic Readers* Level 5. 2. Compare your work with the original and make comments on them.	作业体现分层设计。基础作业要求学生基于评论和量化表润色第一段，并基于课上讨论成果创作第二段，由此继续优化情节，内化语言。拓展作业希望基础较好的学生通过赏析、对比、评论等活动继续提升英语核心素养。 （内化与运用、想象与创造、批判与评价）	学生能润色完善第一段，优化情节，丰富语言；此外，学生能提出合理且优质的问题，完成第二段；最后，部分学生能学会对比原文，进行赏析评价。 教师评价学生润色第一段后的成果，检测以评促学的效果；观察不同层次的学生作业的质量，检测作业分层设计的效果。
教学目标 4	**Step 9**（2 mins） Review（IW CW） T invites Ss to evaluate their performance in this period by filling in the self-evaluation form.	学生通过自评表（详见评价设计表 4）回顾整节课，再次思考作品的完整性、合理性、创新性，以及在本课所学内容。	学生完成自评表，计算总分，且能用描述性语言表达对本课的已知、未知和提升点。

续上表

教学过程			
教学目标	活动形式与步骤	活动意图	学习效果评价
While-writing：Applying			
教学目标 4		（分析与判断、批判与评价）	教师统计自评表，制作得分区间表；基于学生的得分情况和自评表中的描述性语言，评价学生本课学习情况，为下一节课做准备，以期实现以评促教。

注：1. ARE 原则即 Action-Response-Emotion 原则；角色 A 的言行举止会引起角色 B 的系列反应，反之亦然，如此交替直至故事结尾；此外，每次的动作或反应也伴随着不同角色的情感变化。

2. IW = Individual Work，GW = Group Work，CW = Class Work

评价设计：

表 1　学生续作互评表标准

Items	Content	Excellent	Good	Need improvement
Plot	1. Does the plot follow the agreement of conflict-solution?			
	2. How reasonable is the solution?			
	3. How creative is the solution?			
Language	1. Is the language correct?			
	2. How cohesive is the language?			
	3. How vividly are the verbs used in the action chains?			
	4. How similar are the sentence structures related to the given text?			

续上表

表 2　组内互评表

Role play	Self-evaluation			Peer-evaluation		
	Excellent	Good	Need improvement	Excellent	Good	Need improvement
Role 1: Plot constructor						
Role 2: Language master						
Role 3: Manuscript writer						
Role 4: Organizer & presenter						

表 3　组间互评表

Items	Content	Excellent	Good	Need improvement
Overall performance	1. Plot			
	2. Language			
	3. Group cooperation			
	4. Presentation			
Role play	1. Plot constructor			
	2. Language master			
	3. Manuscript writer			
	4. Organizer & presenter			

续上表

表4 自评表

Name: ________ Student No.: ________ Total score: ________

Things I have learned today.	Items (100)	Score
1. I can acquire the basic information including the five elements, the language expressions, and the theme in Text 1.	Acquire & integrate (10)	
2. I can then transfer and apply them into a new but similar text, Text 2, with the help of the pre-writing worksheet.	Transfer & apply (10)	
3. With the basic information acquired in Text 2, I can then identify the conflicts between human and bear.	Identify the conflicts (10)	
4. I can then raise questions with the help of the ARE principle and the beginning sentences in the two ending paragraphs.	Raise questions (10)	
5. With the conflicts identified and questions raised, I can then solve them reasonably and creatively in my writing group.	Solve the conflicts (20)	
6. With the writing done, I can comment on the work within my own group based on Chart 1 and Chart 2.	Comment (10)	
7. I can also comment on other groups' works, offering some constructive suggestions regarding them based on Chart 1 and Chart 3.	Comment (10)	
8. With all the previous activities finished, I can sense the "danger" between human and bear and its reasons behind and come up with a harmonious way to handle the conflict.	Innovate & sublimate (20)	
Things I want to know more about:		
Things I don't quite understand:		
Things I want to improve:		

板书设计：

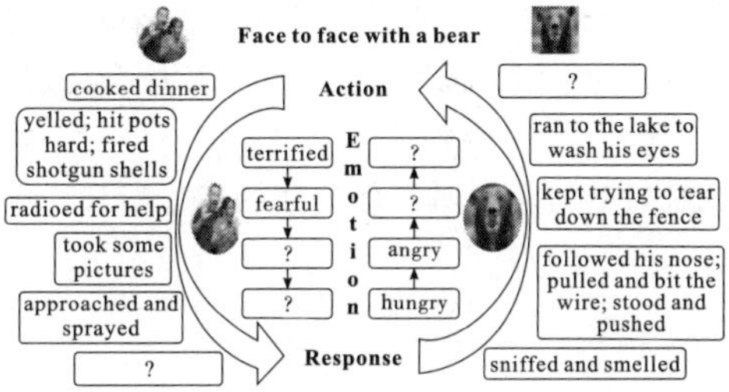

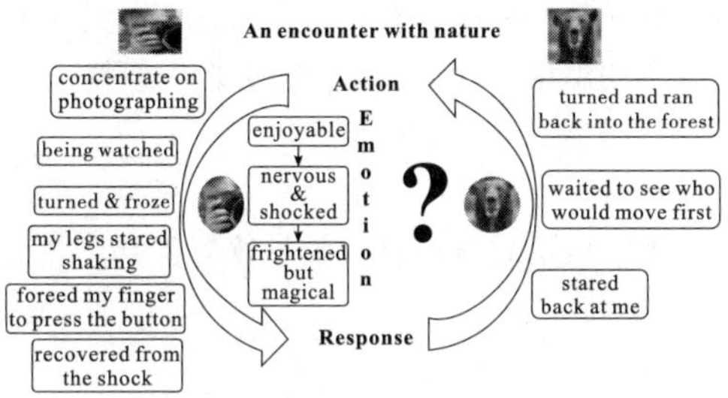

教学反思：

1．亮点。

本节课是基于主题语境“人与自然”（人与动物）和教、学、评一体化设计的读写课。本课利用 ARE 原则辅助学生生成问题链，助力学生在合作学习中发现问题、分析问题、解决问题。此外，本课选材精准，兼具人文性与工具性，对如何利用新教材、实现教考衔接具有一定的指导意义。

（1）情境支架。

在主题引领下，学生成功搭建了情境支架，并通过活动迁移了情境，在此过程中习得了相关语言，提升了语言能力和合作能力。

（2）教、学、评一体化呈现完整性和多样性。

从情境迁移到情节构思再到合作创作，本课的评价活动贯穿始终。此外，评价的主体呈现多样性，不仅有教师评价、学生自评和生生互评，还有组内互评、组间互评等；再者，评价的内容呈现多元化，可评价小组合作、学生创作、课堂呈现、他人评价等。

（3）思维提升呈现层次性、递增性和系统性。

从活动层次可见，学生的活动从学习理解到运用实践再到迁移创新。同时，学生的语言创新思维也从比较分类、归纳概括等逻辑性思维出发，走向质疑解疑、评价预测等批判性思维，并最终走向联想想象、模仿创作等创造性思维，实现了思维提升的层次性、递增性和系统性。

续上表

2. 不足。 （1）本节课的文本解读和语言积累环节可以更加丰富。比如在让学生体会 with 结构和动作链的使用达到的效果时，可以准备一些较为平淡的描写，让学生对比体会区别，知其所以然。 （2）本课时内容较多，时间安排紧凑，对阅读速度、思维深度欠缺的学生而言，将构成挑战。
专家点评： 本节课基于思维型教学设计，目标指向核心素养，聚焦学生的深度思维，提供思维型教学设计的具体实操，呈现“双新”背景下的思维型教学实践的新方向、新样态与新探索。具体亮点如下： （1）真实情境激发积极思维。 本课创设“人熊对峙”情境，整合学习资源，激活背景信息，服务教学目标，启发学生思维，调动参与热情。 （2）问题链引领高阶思维。 本课巧妙设计问题链，指明学习重点，引导学生理解，获得反馈信息，探究深刻内涵，促成知识建构与迁移。 （3）合作探究促进思辨思维。 教师指导、组织和支持学生进行自主探究，写作圈活动设计促成学生自主参与、赋能角色、积极体验、获得新知。评价环节提供量规指导，激发思维互动，促进思辨思维。 （点评专家：深圳实验学校光明部高级教师　白金国）

附录：

A Pre-writing Worksheet for Continuation Task

1. Locate setting.

Read Paras 1—2 for the setting.

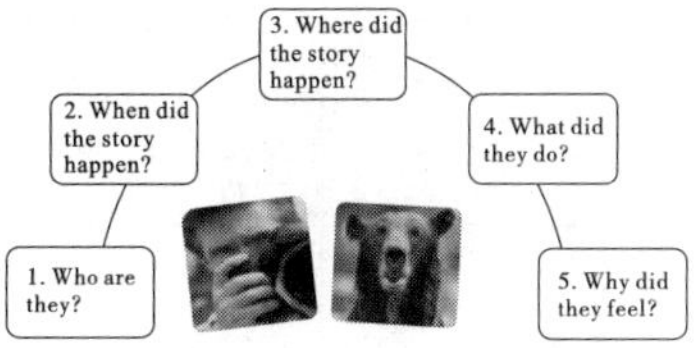

2. Develop plot.

Read Paras 3—7 to learn what happened between the couple and the bear. Use the following mind map to help you.

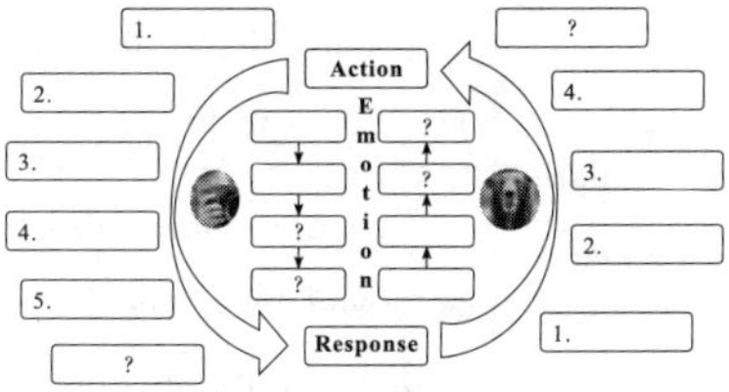

3. Accumulate language.

Read the passage again for the sentence structures below. Think about what effects are achieved by using the with-structure and the action chains.

Sentence Structures

with 结构	~~~~
动作链	-------
定语从句	“____”
v. -ing 形式作主语	-------
v. -ing 形式作状语	——

4. Raise questions.

Read the beginning sentences in the two ending paragraphs and raise questions. Use the ARE principle to help you if necessary.

Para 1: A few minutes later, the bear headed back to our camp. ____________.

Para 2: At that very moment, the helicopter arrived. ____________________
__________________________________.

The Evaluation Rubric for the Pre-writing Worksheet

Items	Content	Excellent	Good	Need improvement
Locate setting	I can find the exact location of the 4W1H.			
Develop plot	I can use the mind map to understand the plot of the story.			
Accumulate language	I can locate the main sentence structures in the text.			
	I can understand the effects achieved by using the with-structure and the action chains.			
Raise questions	I can raise at least five questions with the help of the ARE principle and the two beginning sentences.			
	The questions I raise are reasonable and consistent.			

二、主题语境下聚焦动作细节描写的高中英语读后续写设计（见表4－2）[①]

表4－2　主题语境下聚焦动作细节描写的高中英语读后续写教学设计

<table>
<tr><td>教材/读物名称、册次</td><td>2019 年人教版《英语　必修　第三册》Unit 2 Morals and Virtues — The Stone in the Road</td></tr>
<tr><td>教学内容标题</td><td>主题语境下聚焦动作细节描写的高中英语读后续写教学设计</td></tr>
<tr><td>教学内容分析</td><td>主题语境：人与社会
语篇类型：寓言故事
授课类型：读写课

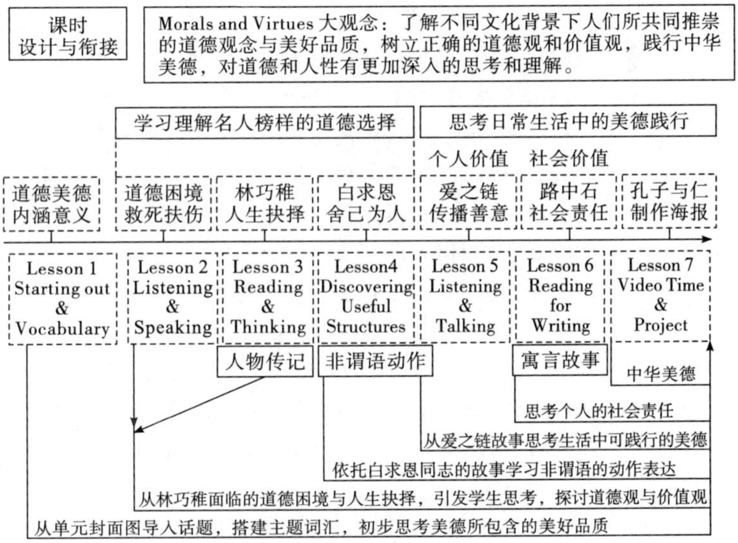

从单元大观念图中可以看出，本单元围绕“道德与美德”展开，在引导学生初步探索其内涵意义后，主要分为两大主要部分：学习理解名人榜样的道德选择和思考日常生活中的美德践行。不论是谈论道德规范还是人物的美德品质，往往都要通过细致的动作描写来体现，这样才能深入地刻画人物性格、品质和精神。因此，本课时是读写课，属于单元第六课时，基于单元主题语境，依托寓言情景语篇，为高一学生引入读后续写，引导学生学习动作细节描写的写作技巧。本节课创造性地改用了 2019 年人教版《英语　必修　第三册》Unit 2　Morals and Virtues 中 The Stone in the Road 教材课文，以下是语篇解读：</td></tr>
</table>

① 本教学设计作者是谭茜，第一审稿人是吴翔。

续上表

教学内容分析	【What】知识结构 该语篇是一则寓言，主要讲述了一位国王在路中间放置大石头来测试民众责任心的故事。故事全文一共9段，分为四部分：开端（国王把石头放在路中间），发展（路过的送奶工和女人被石头绊倒却未搬开石头，小女孩出现），高潮（小女孩搬开石头发现金币），结尾（国王把金币送给小女孩）。其中故事的开端和发展部分叙述较为详细，占据全文三分之二篇幅，情节的高潮和结尾部分则较为简略，多以对话为主。故事中小女孩发现金币的反应是什么？她是否会接受金币？国王如何赠送金币？对于这些文本都没有进行细致描写。送奶工和女人为什么没有把石头搬开？小女孩又为什么这样做？背后的象征是什么？故事“似尽未尽”的结尾和丰富的象征意义，恰为学生学习人物、动作描写、培养发散性和批判性思维品质提供了很大空间。 【Why】写作目的 在本单元道德与美德的主题语境下，这则寓言故事聚焦公民应具有的社会责任感，引导学生思考作为个体的人，对社会问题应承担怎样的责任，如何树立高尚的道德观与价值观，体现文本的育人价值。 【How】文体特征 语篇难易度与篇幅适中，故事的动作描写特征突出，主要体现在两个方面：其一，动作的多样性。例如在描写国王事先藏石头的情节中，使用了“place”动词暗示其提前布置好的意图，同时借助“disguised”“hid”“watch”等一系列动作让放金币的动作连贯起来。其二，非谓语动词的灵活使用。文中使用了大量非谓语如“spilling”“making”等刻画人物动作。
学情分析	本节课授课对象为广东省中山市某示范性普通高中高一普通班学生。该班学生对英语学习兴趣浓厚，思维活跃。但故事情景与学生日常生活相差较大，学生尚未接触过读后续写的写作形式，也没有进行过细节描写的相关训练，可能会遇到情节构思、词汇障碍、描写不细致的困难，因此采取改写部分文本的小组合作方式，缓解学生的畏难情绪。以下运用KWLS进行学情分析： 【（K）What Ss knew】本课属于单元学习的第6课时，通过前面课时的学习，学生已基本掌握故事六要素的分析方法与非谓语动词的使用。 【（W）What Ss want to know】在课前预习与情境导入时，学生会对寓言故事的情节发展产生好奇心，迫切想了解故事结局，期待如何描写刻画出这样生动的故事。

续上表

学情分析	【（L）What Ss will learn】首先，学生将会借助“学习任务单”厘清故事基本要素和情节发展；随后在主题语境下学会使用“动作链”和“动作面”的细节描写技巧刻画人物，对原文简略叙述的高潮与结尾部分进行读后续写的改写练习；最后基于续写文本、自评与互评等方式，深化对主题的理解。 【（S）What Ss still want to know or do】在课后，学生将进一步巩固动作细节描写的写作技巧，润色续写文本，并尝试在新的故事语境下进行读后续写练习。
教学理论背景	1. 英语学习活动观； 2. 互动协同理论； 3. 教、学、评一体化。
教学目标	通过本课的学习，学生能够： 1. 感知寓言故事“路中石”的道德情境，获取基本故事信息（人、时、地）； 2. 梳理概括故事情节发展脉络，关注原文动词的恰当使用，完成“故事山”结构图； 3. 学习理解动作描写技巧，依托故事语境，内化与运用“动作链”“动作面”策略进行续写、改写原文语句，学会人物描写； 4. 基于所写文本、评价要点等进行多维度的批判与评价； 5. 思考并讨论故事的象征意义，深化对“人与社会”主题语境的理解，增强社会责任感，树立高尚的人生观与道德观。
教学重点与难点	1. 重点： 学习理解、内化运用动作描写技巧“动作链”“动作面”。 2. 难点： （1）对文本进行多维度批判与评价； （2）思考讨论故事象征意义，深化主题理解。
教学方法	情境教学法、任务型教学法、小组合作学习法
教学道具	一个石头、多媒体、课件 PPT、小组围桌

续上表

教学过程			
教学目标	活动形式与步骤	活动意图	学习效果评价
Lead-in（2 mins）			
教学目标 1	1. T takes out a stone，and presents Ss with a picture of a stone in road. 2. T invites Ss to discuss： Imagine a situation：If you see a stone in the middle of the road，will you pass by?	通过实物展现与图片呈现，创设故事情境，激发学生好奇心，激活背景知识，由此自然引入寓言故事的话题。 （感知与注意）	学生是否对所提问题展开合理的讨论。
Activity 1：Reading			
教学目标 1 & 2	**Task 1**（5 mins） Read for Key Elements Ss read the story quickly and circle the “3W”（who，when，where）. T checks answers as a whole.	学生通过快速阅读文章，抓住故事的基本要素，继续搭建情景支架。 （获取与梳理）	学生能否在规定时间内快速阅读文章，获取基本要素。
	Task 2（7 mins） Read for Plots 1. Ss in groups read the story again，identify the plots by filling the blanks with verbs in the story mountain. 2. T guides Ss to analyze the plots in the form of diagram. 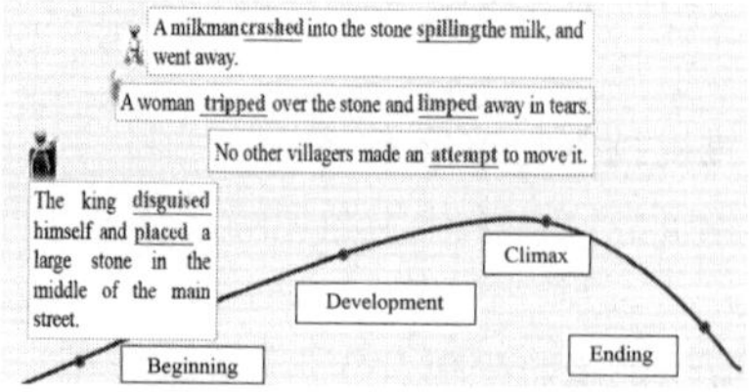 	学生在“学习任务单”（见附录）的指引下，再次阅读文章，借助 story mountain 梳理故事情节。通过选择文本中的动词进行填空，促进学生对原文动作描写的关注及互动协同。 （获取与梳理、概括与整合）	学生是否能以小组为单位梳理故事情节并关注动词使用。

续上表

教学过程			
教学目标	活动形式与步骤	活动意图	学习效果评价
Activity 2：Strategies of Action Description			
教学目标 3	**Task 1** (2 mins) Experience the Effects of Action Description 1. T presents a version of the story written by a former student, where repeated actions like "move" and "put" are used. 2. Ss are invited to compare which version is better, and think about the reasons. 3. T takes examples to explain the importance of using detailed action descriptions.	通过呈现一个使用单一重复动词的故事文本，引导学生不断回读，直观地感受动作描写对人物刻画与主题表达的重要性。 （感知与注意）	学生能否辨别两个版本故事在描写效果上的不同，教师在比较过程中能否适当举例引导学生体悟。
	Task 2 (7 mins) Learning Strategies of Action Description 1. *Strategy* 1：*A Chain of Actions*. T first demonstrates two examples of how to describe a chain of actions in the context of the story. Then Ss are guided to make concrete and vivid action descriptions by some practice. 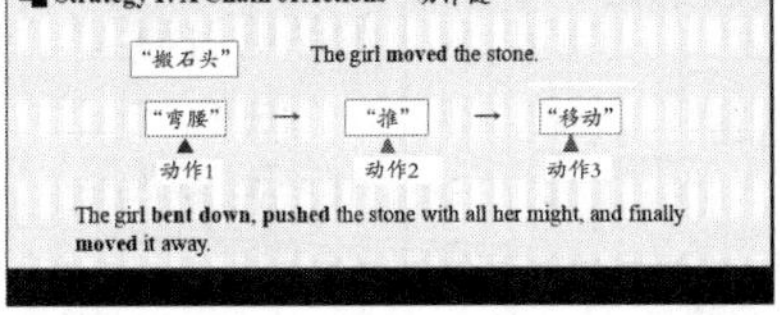 	1. 聚焦动作描写的技巧指导： "动作链（A Chain of Actions）"指将动作具体化，采用"动作 A，动作 B 和动作 C"的形式； "动作面（A Scene of Actions）"指用动词的谓语和非谓语形式描述一个动作场面，采用"Feeling + *adj.*，主语 + *v.* +（宾），doing …"的形式。	1. 学生是否掌握动作细节描写的两个策略？ 2. 小组合作改写句子是否正确运用"动作链"和"动作面"？

续上表

<table>
<tr><th colspan="4">教学过程</th></tr>
<tr><th>教学目标</th><th>活动形式与步骤</th><th>活动意图</th><th>学习效果评价</th></tr>
<tr><td colspan="4">Activity 2：Strategies of Action Description</td></tr>
<tr><td>教学目标 3</td><td>2. Strategy 2：A Scene of Actions.
Ss are guided to describe the whole scene of actions from different angles, such as feelings, movements, and language, etc. which is also followed by some practice.
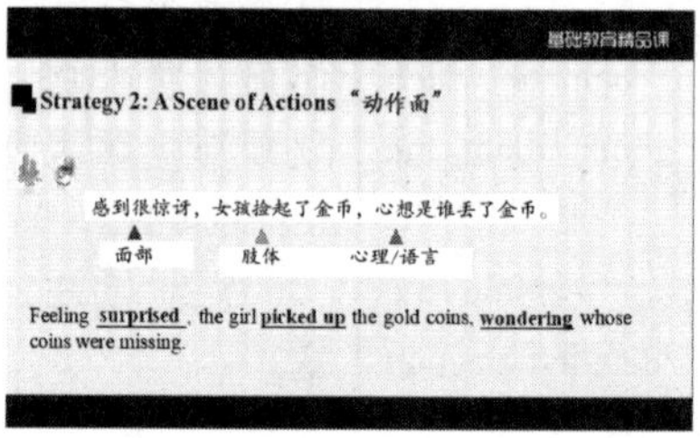
</td><td>2. 每个策略均基于本寓言故事的主题语境，先由教师示范，接着小组合作运用动作描写技巧改写句子，再进一步巩固练习。
（学习与理解、内化与运用）</td><td></td></tr>
<tr><td colspan="4">Activity 3：Drafting and Evaluating</td></tr>
<tr><td>教学目标 3 & 4</td><td>Task 1（7 mins）
Drafting and Rewriting
Cooperating in groups, students rewrite the “Climax” and “Ending”（7th/8th/9th paragraphs）of the story with strategies of action description.</td><td>引导学生根据读后续写的写作方式，对第七至九段进行聚焦动作细节描写的改写，由此提高课堂的针对性与检验“互动协同效应”所带来的结构启动。
（内化与运用、想象与创造）</td><td>1. 学生是否能以小组合作续写改写的方式完成写作任务？
2. 是否能使用所学动作细节描写策略？
3. 教师是否在写作过程中起指导作用？</td></tr>
</table>

续上表

教学过程			
教学目标	活动形式与步骤	活动意图	学习效果评价
教学目标 3 & 4	**Task 2** （4 mins）： Evaluating 1. T illustrates the evaluation criteria. 2. Ss present their drafts first among groups, then in class. 3. Ss and T make comments based on the criteria or their own understandings. 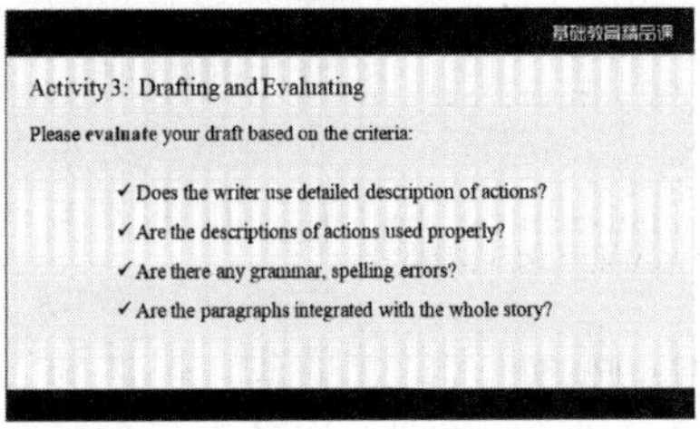	学生以小组为单位对写作成果进行自评、组内互评和他评，最后由教师评价小结。 （推理与论证、批判与评价）	1. 学生能否依据主题语境，完成逻辑自洽、语言协同的改写？ 2. 写作输出内容是否能正确使用动作细节描写技巧？ 3. 学生能否进行有效自评、他评？ 4. 教师是否引导学生进行多维度评价？
Thinking, Review & Homework			
教学目标 5	**Thinking & Sharing** （4 mins） Ss are guided to discuss about the theme and symbolic meanings of the story. The key word *responsibility* is given special attention. **Review** （1 min） Ss are guided to review with a mind-map. 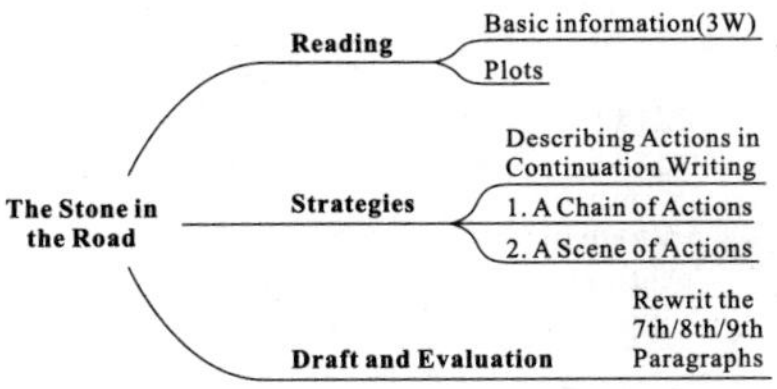	深化学生对道德与美德主题语境的理解，引导学生思考如何承担社会责任，实现育人价值。 学生借助思维导图，回顾本课所学内容。	1. 学生是否能对故事主题展开合理探讨，思考人与社会的关系？ 2. 学生是否能对所学内容进行回顾？

续上表

教学过程			
教学目标	活动形式与步骤	活动意图	学习效果评价
Thinking, Review & Homework			
教学目标5	**Homework** (1 min) 【Must】 1. Practicing strategies of action description; 2. Polishing your draft based on evaluation; 【Optional】 3. Drawing a vivid mind-map for the story; 4. Debating & sharing opinions: (1) Please share your opinions about the purpose of this moral story. (2) Debate: Do you think the king was wise?	作业设计体现分层设计(见附录2):基础作业是课堂写作与评价的延续，要求学生继续巩固动作描写策略，并对所写内容基于评价进一步润色。拓展作业则针对英语基础较好的学生，再次使用多模态的方式回读寓言故事，思考故事蕴含的现实意义，实现育人价值。 (分析与判断、批判与评价)	3. 学生能否根据课堂评价润色与修改所写内容? 4. 教师评价学生本课学习情况，为下一节课做准备，以期实现以评促教。

板书设计:

U2　Morals and Virtues

The Stone in the Road

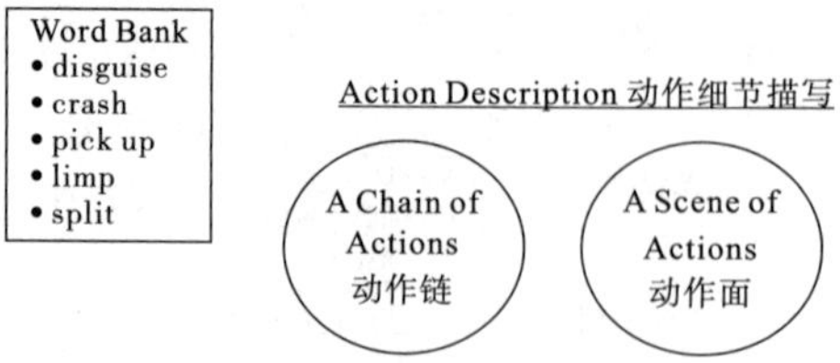

教学反思： 1. 亮点。 本节课基于道德美德的主题语境，聚焦动作细节描写来开展读后续写教学。课堂整体教学设计环环相扣，同时注重引导育人的价值导向，树立高尚的道德观和人生观。 （1）关注原文动词使用，直观呈现动作描写作用，扎实写作技巧。 教师借助故事山的形式梳理故事情节，让学生借助原文动词填空，提高了回读协同度；也没有直接告诉学生动作描写的重要性，而是直观呈现使用前后不同故事版本，让学生体会与感知动作描写对人物刻画、主题升华的重要性，并对“动作链”“动作面”的写作技巧进行教授。 （2）创造性改用教材文本，切合学生实际学情。 考虑到高一学生未接触过读后续写的相关题型，避免囫囵吞枣地盲目学习，本课时根据实际学情，巧妙地改用教材文本，根据故事本身“开端”“发展”描写细致，而“高潮”“结局”叙述简略的特征，给学生创设思维空间，引导学生运用本课所学细节描写技巧改写“高潮”“结局”部分，进行针对性读后续写练习，有效提高了课堂的聚焦性。 2. 不足。 （1）由于课时时间限制等原因，作文点评部分开展得不够充分。应依照评价量表，对学生作品进行更加充分的学生互评与教师点评。 （2）可以引导学生在相同主题语境下进行群文阅读，发散思维，继续进行更具有开放性的动作细节描写读后续写写作。
专家点评： 本节课基于思维型教学设计，培养学生的学科核心素养，落实立德树人的教育理念。其教学设计与活动体现了英语学习活动观的要求，提供了培养学生思维的具体教学实操，具体如下： 1. 故事情景教学促进逻辑性思维。 本节课紧扣《国王与石头》寓言故事情景，教学设计一气呵成，引导学生在读与写的互动协同中习得语言，厘清原文情节，创设续写情节，环环相扣，有效发展学生逻辑性思维能力。 2. 稳扎稳打提高学生创新性思维。 教师聚焦动作细节描写策略的教学，借助小组合作形式，鼓励学生发散思维，从句到段，从段到篇；创设情境，运用“动作链”“动作面”的写作技巧刻画人物情感、心理与形象；并注重学生创新思维和批判性思维能力的培养，以评促学。 （点评专家：中山市华侨中学高中部高级教师　郑支胜）

附录 1：

学习任务单（课堂）

【学习任务一】Reading

Please read the story again and fill in the following blanks.

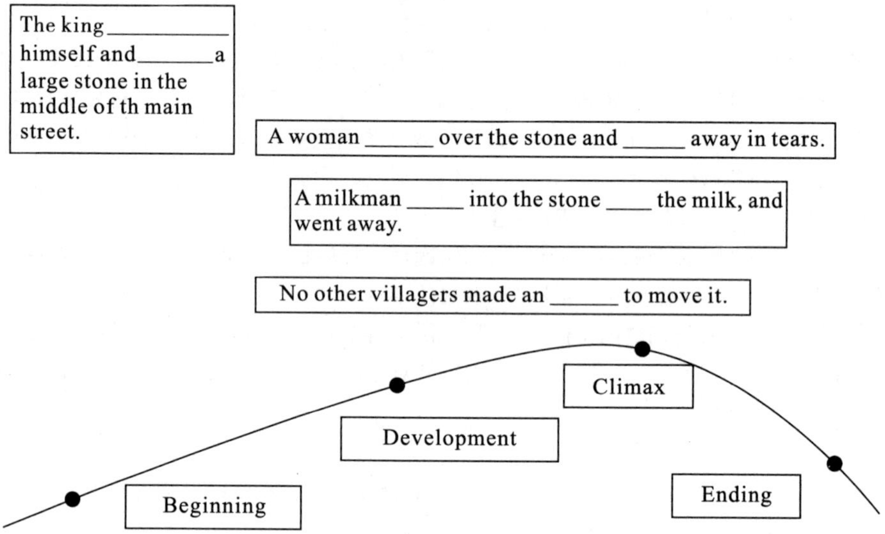

【学习任务二】Strategies of Action Descriptions

Strategy 1: A Scene of Actions

1. "藏金币" ________→________→________
（动作1） （动作2） （动作3）

The king ________ a stone in the middle of the road, ________ the gold coins under it, and ________ himself behind the tree.

2. "送金币" ________→________→________
（动作1） （动作2） （动作3）

The king ____, ________ ____, and ____ ____.

Strategy 2: A Scene of Actions

1. "女人离开了。"

Feeling ________ the woman ________ herself up, and limped away ________ about the stone. =________, the woman ________ herself up, and limped away ________ about the stone.

续上表

2. “国王赞扬小女孩。”

Feeling ________, the king ____,
____.

= ________, the king ______________________, ______________________.

【学习任务三】Drafting and Evaluating

Drafting

The girl pushed the stone with all her might. However, the stone remained absolutely still. Though tired and exhausted, the girl didn't give up. Then she ______________________ ______________________（动作链）.

She could hardly contain her excitement and jumped up with joy. Suddenly, she spotted some gold coins hidden under the stone. ______________________________________ ________（动作面）.

Just then, the king stepped out from behind the tree. "Oh, are they your coins?" said the girl in a surprised tone, "I found it from under the stone." The king explained to the girl that the coins were deliberately placed by him so as to test people's responsibility. __________ ______________________________（动作面）. Indeed, only when people all take responsibilities for the community can it become a better world.

Evaluation

Criteria	Self-evaluation		Peer-evaluation	
	Score	Comment	Score	Comment
Does the writer use detailed description of actions?				
Are the descriptions of actions used properly?				
Are there any grammar, spelling errors?				
Are the paragraphs integrated with the whole story?				

注：1～10 分评价，1 分为最低分，10 分为最高分。

附录2：

作业设计（课后）

【课后练习一】Practicing Strategies of Action Description

1. Please describe the following actions with strategies you've learned.

（1）"藏日记本"→________（动作1）+ ________（动作2）+ ________（动作3）

The little boy ________, ________, and ________________.

（2）"扔肉给狼"→________（动作1）+ ________（动作2）+ ________（动作3）

He ________, ________, and ________________.

（3）"发表获奖感言"→感到________（情感）+ 她________（肢体）+ ________（心理/语言）。

Feeling ________, she ________________, ________________.

2. Please use the second strategy of action description to describe the following pictures.

(picture 1)

(picture 2)

Picture 1: Feeling ________ (*adj.*), the girl ________ (*v.*), ________ (doing).

= ________ (*adj.*), the girl ________, ________.

Picture 2: ________, the mother ________, ________.

= ________, the mother ________, ________.

【课后练习二】Polishing Your Draft

Please improve your draft of the rewriting based on the self-evaluation and peer-evaluation.

【课后练习三】Drawing a Vivid Mind-Map for the Story

Please draw a mind-map with comic characters based on your understandings of the plots of the moral story The Stone in the Road.

【课后练习四】Debating & Sharing Opinions

Please share your opinions about the purpose of this moral story.

Debate: Do you think the king was wise?

三、基于读思言理念的高中英语诗歌读后续写教学设计（见表4-3）[①]

表4-3 基于读思言理念的高中英语诗歌读后续写教学设计

<table>
<tr><td>教材/读物
名称、册次</td><td>2019年人教版《英语　选择性必修　第三册》Unit 5 Poems
人教版《英语　九年级　全一册》Unit 7　Mom Knows Best</td></tr>
<tr><td>教学内容
标题</td><td>基于读思言理念的高中英语诗歌读后续写教学设计</td></tr>
<tr><td>教学内容
分析</td><td>主题语境：人与社会、人与自我
语篇类型：叙事诗
授课类型：读写课

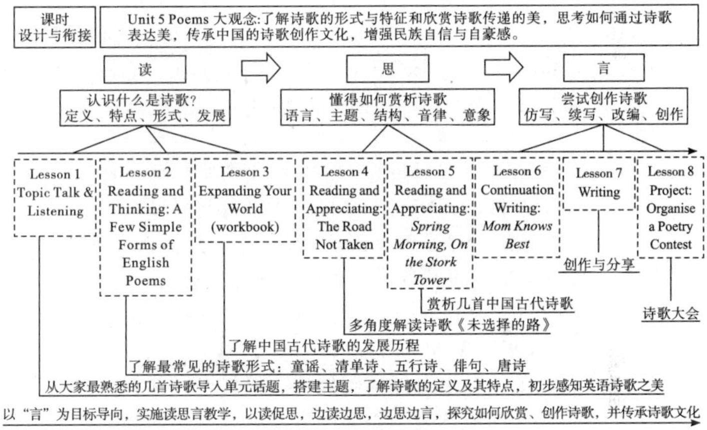

以上单元大观念图显示本单元主要分为两部分：一是了解诗歌的形式与特征和欣赏诗歌传递的美；二是思考如何通过诗歌表达美，传承中国的诗歌创作文化，增强民族自信与自豪感。本课是读写课，属于单元第六课时。本课例基于主题语境，依托情景语篇，为高一学生引入诗歌的读后续写，促使学生养成有声朗读、理解—探究—创意模仿、续写评价等学习习惯。本节课选用了人教版义务教育教科书《英语　九年级　全一册》Unit 7 的诗歌 Mom Knows Best。因为新人教版高中《英语　选择性必修　第三册》Unit 5 Poems 单元 Reading and Thinking 课文中有一首同是母爱主题的诗歌，因此笔者将其选为本单元的拓展阅读语篇。以下是对该语篇的详细解读。</td></tr>
</table>

① 本教学设计作者和第一审稿人都是陈丽芳，第二审稿人是王永幸，第三审稿人是吴翔。

续上表

教学内容分析	【What】知识结构 例文以第一人称形式，以六个不同成长阶段的时间线为明线，以作者对母亲的情感变化为暗线，描绘作者婴儿时期、孩提时代、青少年时期和成年后等不同阶段与母亲的互动交流，细节的刻画中既有母亲对孩子无微不至的关怀、照顾、教导，也有孩子对母亲的不理解乃至反抗叛逆。 【Why】写作目的 通过学习，学生可以潜移默化地得到情感教育，学会理解父母对子女的关爱和教导，与父母正确地沟通交流。 【How】文体特征 例文作为 Unit 7 的短篇阅读内容，是一首自由体诗，也是一首无韵脚诗（blank verse）。例文共有四个诗节（stanza），每个诗节的诗行长短有别，数量不等，有结句行（end-stopped line）和延续诗行（run-on line）两类。例文通过“When I…, she…”语句进行排比，通过“I should be allowed to…”“talk back”“said”“give”等进行反复表达，既增强了诗歌的节奏感，又生动刻画出青少年时期的叛逆形象。
学情分析	本节课授课对象为广东省中山市某示范性普通高中高二物化生班级的学生。以下运用 KWLS 进行学情分析。 【（K）What Ss knew】本课属于读写课。在本课的第 2 课时（阅读课），学生通过学习，了解了童谣、清单诗、五行诗、俳句、唐诗等几种简单的诗歌形式，对诗歌的定义和特点也有一定的认识。 【（W）What Ss want to know】首先，在学习了几种简单的诗歌形式的基础上，学生对叙事诗的特点很好奇。其次，在学习单上，笔者将该叙事诗的结尾抹去，要求学生在理解原文的基础上去叙事，学生对诗歌的续写更是充满了期待，兴奋于自己即将要变成一个“小诗人”。最后，青春期的孩子都有些许叛逆，在构思和续写文本的过程中，如何与父母有效地沟通也是高中生的必修课。 【（L）What Ss will learn】首先，学生通过“读”来欣赏诗歌的语言美、结构美和情感美；然后再通过“思”学会内化知识，将所学迁移到生活中，反思自己当下的年龄，反思自己在现实生活中是如何处理与父母的矛盾的；最后通过“言”——言既是“说”也是“写”，在课堂情境的帮助下，学生将通过分享自己和父母之间的小故事来表达自己对父母的感情，同时通过续写诗歌来进一步抒发和感受伟大的母爱，并将自己的作品在课后献给母亲，完成从课堂到现实生活的迁移。 【（S）What Ss still want to know or do】在课后，学生用自评表评价本课所学；此外，基于课堂中的评价成果，学生还想继续润色自己的作品并继续进行小组合作，与更多同学分享；大部分学生对自己的作品都比较满意，课后会积极主动搜索并赏析自己喜欢的诗歌。

续上表

教学理论背景	1. 读思言理论； 2. 教、学、评一体化； 3. 英语学习活动观。
教学目标	通过本课的学习，学生能够： 1. 进一步了解诗歌的定义和形式，初步掌握叙事诗的特点； 2. 获取诗歌大意，分析文本结构； 3. 按时间轴梳理文本的明线（情节线）和暗线（情感线），探究文本的主题，赏析排比与反复在诗歌中的运用； 4. 能够联系当下生活，懂得如何处理与父母的矛盾，学会表达感恩； 5. 在全方位理解诗歌的基础上，尝试模仿原文，完成诗歌续写，并学会分享与评价，共同探讨并传承诗歌文化。
教学重点与难点	1. 重点： （1）学生能够发现并梳理文本的情感线，探究文章的写作意图，深度理解母爱； （2）学生能够赏析排比和反复的修辞手法并运用该特点创作诗歌。 2. 难点： 如何引导学生根据所学的排比和重复创作诗歌。
教学方法	情境教学法、任务型教学法、小组合作学习法
教学道具	教材、导学案、课堂学案、课件、一体机、黑板、粉笔、手机、多媒体等

教学过程

教学目标	活动形式与步骤	活动意图	学习效果评价
读：解读前文，学习理解，培养逻辑性思维			
教学目标 1	**Step 1** (3 mins) Watch and discuss (IW CW) 1. T invites Ss to enjoy a song, "The Woman in My Life". 2. T asks the question, "Who is the woman in my life?" 3. T asks Ss to think about the following questions.	利用歌曲，创设情境，奠定情感基调，引出主题，理解关键词。	学生在观看视频后能迅速进入情感状态并且抓住本节课的关键词"母亲"。在后续的问题回答中，学生积极主动，各抒

续上表

<table>
<tr><th colspan="4">教学过程</th></tr>
<tr><th>教学目标</th><th>活动形式与步骤</th><th>活动意图</th><th>学习效果评价</th></tr>
<tr><td colspan="4">读：解读前文，学习理解，培养逻辑性思维</td></tr>
<tr><td rowspan="2">教学目标 1</td><td>Q1：What questions do you often ask your mom when you come back from school?
Q2：What questions will you ask your father?
Q3：Why do we ask our moms so many questions but not dads?
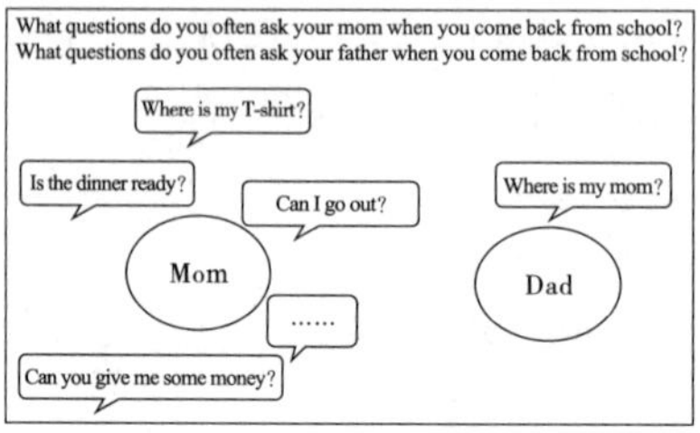
</td><td>通过能引起大家共鸣的问题，引导学生给出标题，初步理解标题的含义。
（感知与注意）</td><td>己见，氛围活跃。教师评价学生的回答，并适时进行追问，判断学生是否能够在老师的引导下猜出诗歌的标题。</td></tr>
<tr><td>Step 2（3 mins）
Review and pick（IW CW）
1. Understand the definition of a poem.
A poem often consists of ________. Each stanza is divided into ________. Poetry has its own ________ and ________________.
2. Complete the match.
T invites Ss to review the definition of a poem and its forms.
Features: a Japanese form / children's poetry / telling stories / a Chinese form / made up of five lines / listing things
Forms of poetry: Nursery Rhymes / Narrative Poems / List Potems / Haiku / Tang Poems / Cinquain</td><td>引导学生简单地复习诗歌的特点和形式，激活学生已有的背景知识，为后续学习做好铺垫。
（获取与梳理、概括与整合）</td><td>学生能正确回答出诗歌的特点和主要形式。根据学生反应的速度和语言的准确度，教师检测与评价学生获取与梳理、概括与整合第一节阅读课所学内容的情况。</td></tr>
</table>

续上表

教学过程			
教学目标	活动形式与步骤	活动意图	学习效果评价
读：解读前文，学习理解，培养逻辑性思维			
教学目标2	**Step 3**（3 mins） Read and summarize（IW GW CW） 1. T invites Ss to read the poems together with soft music. 2. T asks Ss to think about the following questions. Q1：What's the theme of this poem? Q2：How many stanzas are there in this poem? Q3：How many stages of life does the writer mention? What are they? 3. T invites Ss to divide the poem into 3 parts and summarizes the main idea of each part.  Enjoy mother's love Be tired of mother's love Understand mother's love	该诗用词精练，语言生动，富有音美、形美和意美，学生能在朗读中感受到。因此，在分析诗歌前安排的第一个任务就是有感情地集体朗诵，初步整体感受、体验诗歌的美。接下来是获取故事的主要内容，分析诗歌的框架结构，欣赏诗歌的结构美。 （获取与梳理、概括与整合）	音乐响起，学生能迅速进入状态，并有感情地集体朗诵，进一步体验与感受诗歌；教师通过观察学生的表情和专注度，检查学生是否全身心投入其中。学生也可以根据教师给出的朗读评价表进行自评。在后续的问题中，学生能够比较容易给出正确答案，将诗歌分段，找到段落关键词，并进一步强化诗歌的主题——“母爱”。

续上表

<table>
<tr><th colspan="4">教学过程</th></tr>
<tr><th>教学目标</th><th>活动形式与步骤</th><th>活动意图</th><th>学习效果评价</th></tr>
<tr><td colspan="4">思：构思情节，应用实践，发展批判性思维</td></tr>
<tr><td rowspan="2">教学目标 3</td><td>Step 4（3 mins）
1. Analyze & understand（IW CW）
Find out the plot line and emotional line of the poem.
2. Conclude the writing purpose.</td><td>通过时间轴，生动形象地分析文本的情节线（明线）和情感线（暗线），引导学生深度理解母爱；帮助学生探究诗歌写作目的，从而深层次理解诗歌的内涵，同时促进学生的情感认知。
（描述与阐释、分析与概括）</td><td>时间线一出来，学生能迅速感受到成长的变化。时间轴给学生带来视觉和心理上的冲突。老师通过提问、追问等形式评判学生对诗歌的双线的把握和对主题的理解程度。</td></tr>
<tr><td>Step 5（3 mins）
Appreciate & interpret（IW CW）
1. Read the poem once again with full emotions and appreciate its beauty again.
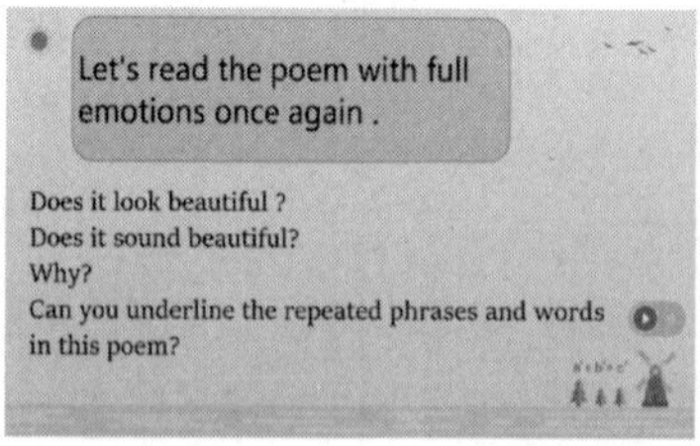

2. Underline the repeated words and phrases.</td><td>在朗读中感受美、体验美、进而发现美，通过三个问题引导学生去探究诗歌的写作手法。通过分析诗歌的语言特点，理解排比和重复在表现诗歌主题中的作用，为后续的诗歌创作做好铺垫。</td><td>在理解了诗歌的主题之后，学生对诗歌的理解由浅层进入深层。</td></tr>
</table>

续上表

教学过程			
教学目标	活动形式与步骤	活动意图	学习效果评价
思：构思情节，应用实践，发展批判性思维			
教学目标 3	3. Analyze the use of repetition and parallelism. 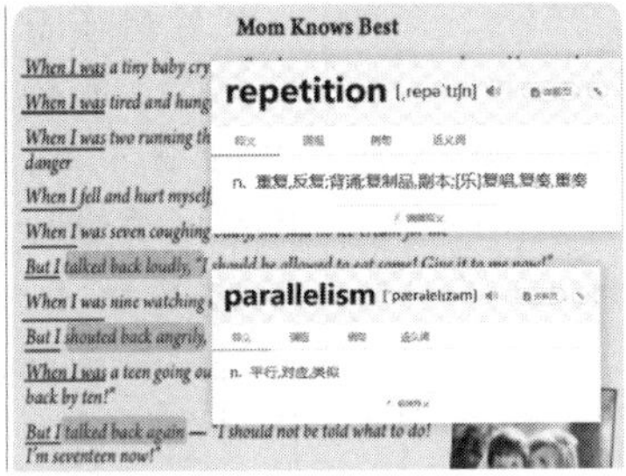	（概括与整合、描述与阐释、分析与判断）	通过学生的朗诵，教师可以感受学生对诗歌的喜爱与情感上的认同。
言：续写评析，迁移创新，激发创造性思维			
教学目标 4	**Step 6** (8 mins) Transfer and apply (IW CW) 1. T asks Ss three questions: Q1: How old are you? Q2: What stage are you at? Q3: Do you have the same problem with the author? 2. T invites Ss to act out the conflicts between a son and a parent. 3. T invites Ss to think how to solve the argument.  T invites Ss to share their stories about her/his mom.	邀请三个学生上台表演一段父子冲突，通过情景表演，创设情境，联系学生的现实生活，帮助他们明白如何解决与父母的冲突。 （联想与内化、运用与迁移）	表演组学生能明确分工，充分交流，高效合作，完成表演。 教师和学生通过量表来评价台上表演的学生是否取得成功。

续上表

教学过程			
教学目标	活动形式与步骤	活动意图	学习效果评价
言：续写评析，迁移创新，激发创造性思维			
教学目标 5	**Step 7** （10 mins） Plot and write （IW GW CW） 1. Predict the ending. T encourages Ss to brainstorm the regrets when I am an adult based on the given plot. 2. Continue the poem according to your own understanding. TIPS: ①Try to use repetition and parallelism. ②Pay attention to the rhythm. ③ Focus on the theme "Mother's love". Now I'm an adult, thinking back to those times. ________________ ________________________	在分析了诗歌结构、领悟了诗歌主题、欣赏了诗歌语言的基础上，通过一个头脑风暴的活动预测诗歌最后一段可能出现的微情节、微场景，然后构思续写结尾段。	学生头脑风暴作者在成年后的悔悟，小组讨论，完成表格。教师观察、指导并评价他们的讨论情况，并基于此把握学生情节构思的合理性和创造性。
	Step 8 （4 mins） Share and comment （IW GW CW） 1. T illustrates the adapted evaluation criteria. 2. Ss present their works in class. 3. Ss make various comments based on the criteria or their own understandings. 4. T invites Ss to appreciate the original version.	学生小组进行写作成果投影展示；学生基于展示成果和评价量表进行组内自评与互评，随后教师评价小结；最后教师带领学生欣赏原作版本，并指出学生比原作还优秀的地方。 （批判与评价）	学生能根据评价表单对作品进行自评和互评。在全班展示中，学生都能大胆自信地举手，敢于也乐于分享自己的作品。教师从学生现场的分享中评价学生的续写情况，积极表扬优秀的作品。

续上表

教学过程			
教学目标	活动形式与步骤	活动意图	学习效果评价
言：续写评析，迁移创新，激发创造性思维			
教学目标 5	**Step 9**（1 mins） Assignment（IW GW CW） 1. Polish your continuation writing based on the comments and criteria. 2. Read the original poem *Mom Knows Best* once again. 3. Compare your work with the original and make comments on them.	作业要求学生基于评论和量化表继续优化语言，润色作品。 （内化与运用、想象与创造、批判与评价）	学生能在课后查阅资料为自己的续写润色，并学会对比原文进行赏析评价。
	Step 10（2 mins） Review（IW CW） T invites Ss to evaluate their performance in this period by filling in the self-evaluation form.	学生通过课后反馈自评表（详见评价设计表 3）回顾本课所学。 （分析与判断、批判与评价）	教师基于学生的得分情况和自评表中的描述性语言评价学生本课学习情况，以期实现以评促教，以评促学。

注：IW = Individual Work，GW = Group Work，CW = Class Work

续上表

评价设计：

表 1　学生续作互评标准

Items	Content	Excellent	Good	Need improvement
Content	1. Are there any irrelevant details?			
	2. Did I echo some important details?			
	3. Did I stick to my topic?			
Language	1. Did I employ grammar correctly?			
	2. Did I employ repetition?			
	3. Did I employ parallelism?			
	4. Did I employ other rhetorical devices, such as metaphor, personification…?			
	5. Did I pay attention to the rhythm?			
	6. How similar are the sentence structures related to the given text?			
	7. Did I point out the title "Mom Knows Best" at the end of my writing?			

续上表

表 2　表演评价表

Role play: A clip of a father and son arguing	Self-evaluation			Peer-evaluation		
	Excellent	Good	Need improvement	Excellent	Good	Need improvement
Role 1: Father (Student A)						
Role 2: Son (Student B)						
Role 3: Son's classmate (Student C)						

评价标准：表情和动作到位，语言表达准确，感情丰富，能生动地传达人物的性格特征和心理活动。

表 3　课后反馈自评表

Self-evaluation Form　Name: ________　Student No. : ______　Total score: ________

Things I have learned today.	Items (100)	Score
1. I can acquire the basic features about narrative poems.	Acquire & integrate (30)	
2. I can find the plot line of the story according to the time line and analyze the author's emotional changes.		
3. I can understand the structure and the theme of the poem.		
4. I can appreciate the beauty of the language.	Transfer & apply (30)	
5. I can then identify the conflicts between mom and her child and I know how to solve the conflicts between me and my parents after this class.		
6. I can deeply understand Mom's love.		
7. I can employ the writing skills (repetition and parallelism) I've learned to finish my continuation writing.	Transfer & create (10)	
8. With the writing done, I can comment on the work based on Chart 1.	Innovate & Sublimate (30)	
9. I dare to share my writing with the whole class and have confidence in myself.		
10. I can try to create my own poems to express my feelings.		
Things I want to know more about:		
Things I don't quite understand:		
Things I want to improve:		

续上表

板书设计：

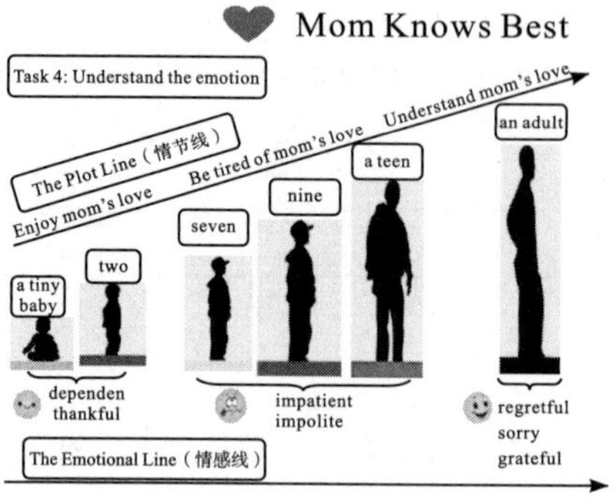

Mother's Love Never Changes!

When I am young		Now I'm an abult, thingking back to those times.
eating ice-cream		
watching scary movies	Regretful	
going out with friends	⇨	
talking back		
……		

教学反思：

1. 亮点。

本节课是基于读思言的理念和特征，以“英语学习活动观”（activity-based approach）为指导原则的一节以“母爱”为主题的诗歌读写课。

（1）建构了单元整体教学设计。

通过对教材进行深入解读、分析、整合和重组，提炼该单元的核心价值观——传承中国诗歌文化，挖掘诗歌育人功能。结合学习主题需求，搭建起一个由单元大主题统领、各语篇次主题相互关联、逻辑清晰的完整教学单元。

（2）搭建了真实情境支架。

诗歌最重要的是情感，要学生写出诗歌，除了要教学生搭建各种语言支架之外，最重要的是学生要有感而写。因此本节课设计了歌曲导入、诗歌配乐朗诵、亲子冲突情景剧、诉说自己和父母之间的小故事等渲染情感氛围的活动，让学生在情绪到位时再续写诗歌，此时的语言更为真实，感情更为诚挚，更容易写出动人的作品。

（3）设计了一系列思维型活动。

基于读思言理念结合英语活动观，本课设计了一系列由浅入深、层层深入的思维型学习活动：问题链、时间轴、集体朗诵、母爱诉说、诗歌续写、原作对比赏析等。在整个教学过程中，学生在不断地进行分析与判断、概括与整合、批判与创新等思维活动，有效促进思维品质的提升。

2. 不足。

（1）在“评习作”环节，学生完成写的任务后，教师可以给更多的时间学生上台，让学生点评他人的作品，适当教会学生如何去点评一首诗歌续作。

（2）在与原诗歌对比赏析环节，由于时间问题，讨论不够深入。原作的赏析亦可以邀请学生上台分享。

续上表

专家点评：

本节课是基于读思言理念的一节英语诗歌读后续写教学。此外，本课选材是一首诗歌，充满文学诗意美，对高中英语诗歌读写教学具有一定的指导意义。

1. 选材新颖。

英语诗歌作为一种有着独特文本特征的文学作品形式，其用词精练，语言生动，富有音美、形美和意美，是落实“美育”和“德育”双重目标的优秀语篇。本节课育人活动多样，育人价值凸显。

2. 流程清晰。

本课基于黄远振的读思言理论，以“言”作为教学的最终目标，以“读”和“思”作为手段，将教学分成三个大步骤，时间分配较为合理，流程清晰。

3. 支架丰富。

整节课为最后的续写目标搭建了丰富的情感支架、语言支架、结构支架、评价支架等，有利于学生水到渠成。

（点评专家：中山市龙山中学、中山市学科带头人袁丹纯）

四、基于教、学、评一体化的高中英语读后续写教学设计（见表 4-4）[①]

表 4-4 基于教、学、评一体化的高中英语读后续写教学设计

教材/读物名称、册次	2021 年新高考全国 I 卷读后续写题“Mother's Day Surprise”
教学内容标题	基于教、学、评一体化的高中英语读后续写教学设计
教学内容分析	主题语境：人与自我 语篇类型：记叙文 授课类型：读写课

① 本教学设计作者是钟婧，第一审稿人是张燕，第二审稿人是吴翔。

续上表

<table>
<tr>
<td>教学内容分析</td>
<td>
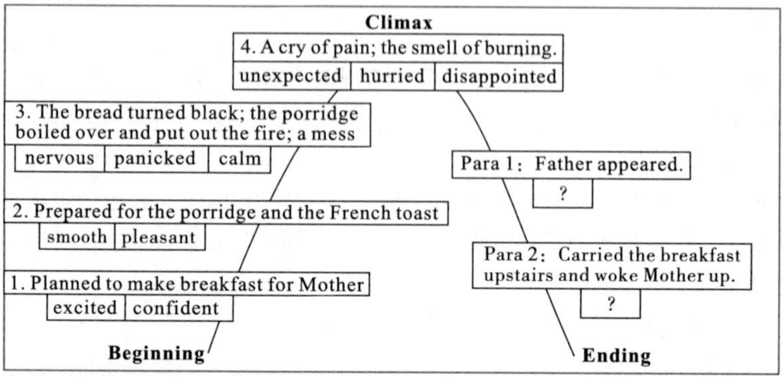

以上为2021年新高考全国Ⅰ卷读后续写题的故事山情节分析图，展示了以明、暗两条线索推动故事发展，明线为双胞胎为母亲准备早餐时的细节动作，暗线为双胞胎的情感变化，凸显了家人之爱的主题意义。本课是读写课，属于高一读后续写专题学习的第2课时。本课例基于主题语境，依托情景语篇，为高一学生引入读后续写，使学生养成合作阅读、积累语料，利用协同效应进行读后续写文的内容创作，以及同伴互评等学习习惯。以下是语篇解读。

【What】知识结构

本节课的教学文本选自2021年新高考全国Ⅰ卷读后续写题“Mother's Day Surprise”，它记叙了一对双胞胎如何给母亲准备惊喜的故事。前文讲述母亲节来临之前，双胞胎 Jenna 和 Jeff 计划在母亲节当天给妈妈做早餐——French toast 和 chicken porridge。一开始他们进行得还是比较顺利的，但是后面频频出错：面包烤焦了，粥也溢出来，Jeff 还受了伤，厨房里一团糟。在续写文部分，第一段提及在双胞胎沮丧之时，爸爸出现了，这起到什么作用？双胞胎能不能顺利做好早餐？在第二段中，双胞胎端着早餐上楼并叫醒母亲，母亲会如何反应？结局又会是怎样的呢？

【Why】写作目的

在“人与自我”的主题语境下，语篇讲述主人公双胞胎在母亲节来临之际，想通过做早餐的方式给母亲准备惊喜，表达了孩子对母亲的爱，也体现了孩子的反哺之情。而在做早餐的过程中，他们遇上了一些困难，但父亲的及时出现，让他们顺利地做好了早餐，也说明父亲对孩子的关爱及支持，在必要之时给予孩子及时的帮助。在双胞胎把做好的早餐呈现给母亲时，在场的每个人的反应都烘托出温馨幸福的气氛，由此升华了主题——爱才是家人相处的正确打开方式，父母之爱能让孩子感受爱、学会爱、表达爱，这不仅能让亲子关系得到和谐健康发展，家人之间的互相关爱也让整个家庭变得更加和睦温馨，体现了社会主义核心价值观。
</td>
</tr>
</table>

续上表

教学内容分析	【How】文体特征 本文是记叙文，文本围绕“做早餐”这个中心，过程描写非常细致，使人一目了然，特别是动作描写极为具体，比如描写如何做早餐：They put some rice into a pot of water and left it to boil ... Jeff broke two eggs into a plate and added in some milk. Jenna found the bread and put two slices into the egg mixture ... 这一系列的动词串成了动作链，生动呈现了孩子们做早餐的情景，体现了孩子们认真的态度，画面感极强。
学情分析	本课授课对象为广东省中山市某市直高中高一学生，学生的阅读、口语水平以及词汇量在全市处于中等水平，英语阅读和理解分析能力的基础一般。由于学生刚开始接触读后续写题型，他们在语言表达、情节构思、如何进行上下文衔接以及前后文连贯方面的能力都还需要进一步加强。以下运用 KWLS 进行学情分析。 【(K) What Ss knew】本课属于高一读后续写专题学习的第 2 课时。在本课的第 1 课时，学生已经学习了如何快速捕捉记叙文六要素的方法，并掌握了如何运用思维可视化工具分析读后续写题型的故事文本，从而快速把握文章主题。 【(W) What Ss want to know】在课前，学生在教师的指导下根据现阶段英语语言水平被分成三组。预习时，各组充分阅读文本，标注关键语言点，把握该故事内容的六要素和基本情节。在阅读完两段续写首句信息后，学生进行了充分的联想和预测，并绘制了思维导图，但双胞胎如何化解困难、顺利做好早餐，以及妈妈面对孩子们准备的惊喜后会有怎样的反应，学生各有想法。 【(L) What Ss will learn】首先，学生运用思维导图等可视化工具，迅速梳理文本的基本内容，把握故事发展方向，分析人物性格特征，抓住文章主题。其次，学生通过研读文本，分析细节，找出前文伏笔，利用协同效应在续写文的创作上保证续写内容、语言和篇章结构的前后呼应。最后，学生通过分层教学和学生交互评价，让学生之间互为学习资源，深化学生对读后续写写作技能的掌握。 【(S) What Ss still want to know or do】在课后，学生用自评表评价本课所学；此外，基于课堂中的评价成果，没有在课上进行写作创作的学生将继续构思创作故事的结局，之后教师将组织学生再一次进行小组互评，进一步引导学生理解并掌握读后续写内容、语言、篇章结构上的协同。

续上表

教学理论背景	1. 协同效应； 2. 教、学、评一体化； 3. 英语学习活动观。
教学目标	通过本课的学习，学生能够： （1）研读文本，感知主人公“做早餐”的情境，在六要素 5W1H 和思维导图等指引下获取与梳理“做早餐”场景的相关语言与表达，比如说如何利用动作链将人物刻画得更加饱满与生动，使画面感跃然纸上； （2）基于情境，概括与整合续写文本中主人公在做早餐时遇到的问题，利用故事山定位动作描写和情感描写，厘清明暗线，构思续写第一段情节； （3）深度分析主人公在做早餐时遇到的问题，内化与运用“做早餐”场景的相关语言，分组创作第一段和第二段，合理且创造性地提出解决主人公困难的方案； （4）基于续写文本的构思与创作、课堂呈现、同伴互评等多维度的批判与评价，进一步深入学习读后续写在内容、语言、篇章结构上的前后协同。同时，随着对续写文本的探讨，深化对爱这个主题的理解，形成家人之间亲爱互助、和睦共处的理念。
教学重点与难点	1. 重点： 抓住文章的关键信息点，对比前后文的协同效应并学习模仿。 2. 难点： 通过对续写范文及学生作品的评价，掌握如何在内容、语言、篇章结构三个维度下完成续写。
教学方法	分层教学法、情境教学法、任务型教学法、小组合作学习法
教学道具	白板、油性笔、多媒体

续上表

教学过程			
教学目标	活动形式与步骤	活动意图	学习效果评价
Pre-writing：Sorting and Integrating（Scaffolding）			
教学目标 1 & 2	**Step 1**（3 mins）(IW CW) T raises a question: What presents would you prepare for your mother on Mother's Day? T uses a mind map to induce Ss to conclude the six elements of the story. T asks Ss to get the main idea and the theme according to the given information.	通过提出与本课主题相关的问题导入课堂，吸引学生的注意，引起学生对课堂话题的兴趣。引导学生通过六要素习得文章主旨大意。 （感知与注意、获取与梳理、概括与整合）	学生通过提问环节回忆了自己是如何庆祝母亲节的，与文中主人公建立连接，有了共鸣。 学生能掌握记叙文六要素的方法，快速厘清故事的主要结构、人物和大意。 教师评价学生的回答，判断其对于母亲节意义的理解，并根据学生对六要素问题链的回答来检测学生是否掌握获取与梳理信息的能力，最后通过学生对主旨大意的概括来评价学生对文本内容概括与整合的能力。
	Step 2（6 mins）(IW CW) Ss are required to draw a story mountain according to the development of the story. Ask Ss to sort out the plot line and the emotion line of the story.	引导学生通过故事山厘清情节线和情感线，进而加深对故事发展方向的把握。 （获取与梳理、概括与整合）	学生能利用故事山写好不同时间点主人公的动作描写和情感描写，并合理推测故事的发展。 教师观察学生课堂表现和作品呈现情况，并评价学生获取与梳理、概括与整合所给已知语篇的情况。

续上表

教学过程			
教学目标	活动形式与步骤	活动意图	学习效果评价
While-writing: Applying			
教学目标3	**Step 3** (3 mins) (IW GW CW) Infer plots or events in the continuation writing part. 1. Present the given sentences in the continuation part. Highlight the key words. 2. (1) Ask Ss to discuss in groups and infer the plots in Para 1 by raising questions. (2) Show Ss two pictures to help them conceive the plot. (3) Ask Ss in Group 1 to put on the earplugs which were given beforehand so that they can start writing Para 1 quietly. 3. (1) Ask Ss in other groups to discuss and infer the plots in Para 2 by raising questions. (2) Ask Ss in Group 2 to put on the earplugs which were given beforehand and start writing Para 2.	通过画关键词、小组讨论、提问以及展示相关情景图片的形式引导学生构思续写情节。并让第1组和第2组学生在教师的指导下分别进行相应的段落续写创作。 （内化与运用、想象与创造）	学生在教师的指导下获取续写文首句的重要信息，并通过讨论、提问等方式合理构思续写情节，分组续写第一段和第二段。 教师评价学生小组讨论后的产出成果。

续上表

教学过程			
教学目标	活动形式与步骤	活动意图	学习效果评价
While-writing: Applying			
教学目标 3	**Step 4** (5 mins) (IW GW) Task for Group 3—Reread the previous text: 1. Repeat the theme of the story. 2. Appreciate the previous text again and underline the key information in different colors according to the five aspects: characters, actions, specific objects, abstraction and turning points (详见注 1). 3. Review the emotion line and infer the characters' feelings in the continuation writing part.	把握原文主题，有助于引导学生结合故事主题和写作意图构思续写情节。 把握原文关键信息，找出隐藏"伏笔"，方便学生在续写时有所呼应，回应上文。 把握原文人物情感，指导学生续写内容创作要随着情感的变化而变化，从而推动故事情节往深处合理化发展。 （内化与运用、想象与创造）	学生能在教师指导下把握主题，找出"伏笔"，还原人物情感发展变化。 教师通过学生的课堂反应评价学生的知识掌握情况。
	Step 5 (5 mins) (IW GW) Task for Group 3—Analyze and infer what should be written in the continuation writing part: Show the turning points in the previous text and guide students to conceive the corresponding resolution plots in the continuation part.	利用前文转折点的"伏笔"，引导学生创设相对应的情节，以促成续写与原文的协同效应。 通过对两个续写段落的开头句的分析，把握情节走向，为续写内容搭建前后段落之间的桥梁，实现上下语段内容之间的协同。 （内化与运用、想象与创造）	学生学会利用协同效应合理构思情节，使续写内容前后呼应。 教师评价学生对续写情节的构建及产出。

续上表

教学过程			
教学目标	活动形式与步骤	活动意图	学习效果评价
Post-writing：Sharing，commenting and continuing			
教学目标4	**Step 6** (8 mins) (IW GW) Task for Group 3—Appreciate the model writing and make a reasonable evaluation： 1. Appreciate the model writing and underline the key information in different colors according to the six aspects：characters，actions，specific objects，abstraction，turning points and emotion. 2. Evaluate this model writing according to the related evaluation criteria.	通过对范文的赏析，让学生直观感受到续写文章内容的丰富性，以及学习如何综合运用多种描写勾画人物形象、烘托气氛、渲染主题，以达到环环相扣、呼应原文的目的。 通过进一步精准分析对范文的评价，加深对读后续写技能的了解和学习，以达到以评促学的目的。 （推理与论证、批判与评价）	学生能够了解并掌握高考读后续写题型的三维度评价标准。 教师评价学生的习得反馈。

续上表

教学过程			
教学目标	活动形式与步骤	活动意图	学习效果评价
Post-writing：Sharing，commenting and continuing			
教学目标 4	**Step 7** （8 mins）（IW GW） Appreciate peers' works and make a peer assessment. Ask Ss in Group 1 & 2 to take off their earplugs and hand in their writing works. Then share their works among the other groups. Ask Ss in Group 3 to evaluate their peers' works according to the related evaluation criteria. At the same time，Ss in Group 1 & 2 are required to evaluate this model writing according to the related evaluation criteria.	第三组学生根据评价表评价第一、二组学生的作品。与此同时，第一、二组学生对范文进行赏析和评价。 （批判与评价）	通过分层写作，让不同层次学生的写作能力得到相应的锻炼。 通过同伴互评，让学生互为资源，互相学习，不断反思，调动学习主观能动性，螺旋式发展学生的语言综合能力。 教师评价学生的习得反馈。

续上表

教学过程			
教学目标	活动形式与步骤	活动意图	学习效果评价
Post-writing：Sharing，commenting and continuing			
教学目标 4	**Step 8**（2 mins） Assignment（IW GW CW） 1. For Group 1 & 2：Polish your writing part in class and finish the rest of the writing task. 2. For Group 3：Write your own version of the continuation writing part according to what we have learnt today. 3. Compare your work with the original and make comments on them.	基于课上学习优化创作，内化语言。通过赏析、对比、评论等活动继续提升、发展学生的语言能力、思维品质、文化意识和学习能力等多方面的英语学科核心素养。 （内化与运用、想象与创造、批判与评价）	学生能继续完善情节，丰富内容；并学会对比原文，进行赏析评价。 教师检查不同层次的学生完成并润色后的作品成果，检测以评促学的效果。

注 1：文章关键信息点收集

Characters（人物）	Twins，…
Actions（动作）	Turn on，…
Specific objects（具体事物）	Breakfast，…
Abstraction（抽象事物）	Surprise，Mother's Day
Turning points（转折点）	Go smoothly，mess

注 2：IW = Individual Work，GW = Group Work，CW = Class Work

续上表

评价设计：

表 1　学生例文赏析评价表

<table>
<tr><th>评价维度</th><th>评价项目</th><th colspan="3">反馈情况</th></tr>
<tr><td rowspan="5">内容</td><td>1. 故事是否完整？</td><td>是 / 否</td><td rowspan="5">建议</td><td></td></tr>
<tr><td>2. 前后文主题是否保持一致？</td><td>是 / 否</td><td></td></tr>
<tr><td>3. 前文转折点是否与后文内容相呼应？</td><td>是 / 否</td><td></td></tr>
<tr><td>4. 前文具体事物是否与后文内容相呼应？</td><td>是 / 否</td><td></td></tr>
<tr><td>5. 前文抽象事物是否与后文内容相呼应？</td><td>是 / 否</td><td></td></tr>
<tr><td rowspan="3">语言</td><td>1. 有几处动作描写？</td><td>____（数量）处</td><td rowspan="3">摘抄佳句</td><td></td></tr>
<tr><td>2. 有几处情感描写？</td><td>____（数量）处</td><td></td></tr>
<tr><td>3. 有几处对话描写？</td><td>____（数量）处</td><td></td></tr>
<tr><td rowspan="3">篇章结构</td><td>1. 与段首句衔接情况：</td><td colspan="3">优 / 良 / 中 / 差</td></tr>
<tr><td>2. 与前文情节呼应情况：</td><td colspan="3">优 / 良 / 中 / 差</td></tr>
<tr><td>3. 续写第一段段尾与第二段开头衔接情况：</td><td colspan="3">优 / 良 / 中 / 差</td></tr>
</table>

续上表

表 2　Group 1 的作品赏析评价表

评价维度	评价项目	反馈情况		
内容	1. 是否跟前文保持一致的主题？	是 / 否	建议	
	2. 前文转折点是否与本段内容相互呼应？	是 / 否		
	3. 前文具体事物是否与本段内容相互呼应？	是 / 否		
	4. 前文抽象事物是否与本段内容相互呼应？	是 / 否		
语言	1. 有几处动作描写？	____（数量）处	摘抄佳句	
	2. 有几处情感描写？	____（数量）处		
	3. 有几处对话描写？	____（数量）处		
篇章结构	1. 与段首句衔接情况。	优 / 良 / 中 / 差		
	2. 与前文情节呼应情况。	优 / 良 / 中 / 差		
	3. 续写第一段段尾与第二段开头衔接情况。	优 / 良 / 中 / 差		

续上表

表 3　Group 2 的作品赏析评价表

评价维度	评价项目	反馈情况		
内容	1. 故事是否完整?	是／否	建议	
	2. 是否呼应前文的主题?	是／否		
	3. 前文转折点是否与本段内容相互呼应?	是／否		
	4. 前文具体事物是否与本段内容相互呼应?	是／否		
	5. 前文抽象事物是否与本段内容相互呼应?	是／否		
语言	1. 有几处动作描写?	____（数量）处	摘抄佳句	
	2. 有几处情感描写?	____（数量）处		
	3. 有几处对话描写?	____（数量）处		
篇章结构	1. 与段首句衔接情况。	优／良／中／差		
	2. 与前文情节呼应情况。	优／良／中／差		

板书设计:

Questions:

Para 1:　　Para 2:

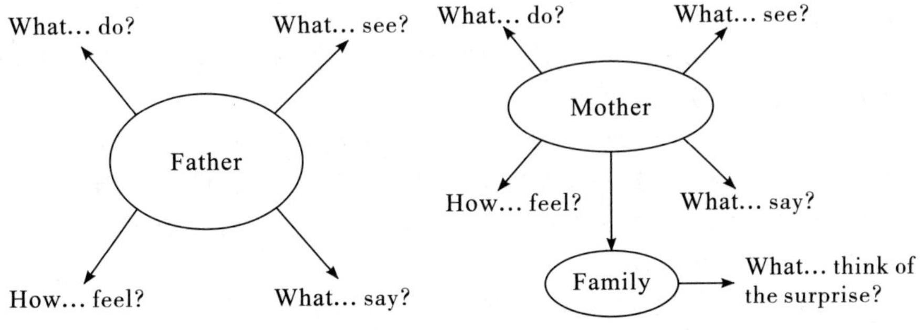

续上表

教学反思： 1. 亮点。 本课以2021年新高考全国Ⅰ卷读后续写题为例，基于教、学、评一体化的教学理念，开展分层教学，发展学生的读后续写教学策略。与此同时，本节课基于协同效应，在分层教学中设置适合学生水平的读写任务，最后通过生生互评，实现内容、语言、篇章结构三个维度的协同，实现高一学生对读后续写的初探。 （1）研读语篇，把握故事发展方向。 读后续写是阅读和写作能力的综合体现。教师通过不同的思维可视化工具引导学生分析文本，提取关键信息，找出文章主题，不仅为后续续写任务做了很好的铺垫，而且还提升了学生的思维品质，有利于深度学习，促进批判性思维的发展。 （2）巧用协同效应，提高语用能力。 协同效应是读后续写的重要评价依据，也是研究读后续写、提高学生语用能力的根本。续写文与原文的“协同度”在很大程度上体现了学生对原文的加工能力和学习能力。因此，只有对上下文主题语境、关键信息、情感发展等协同，才能提高读后续写的有效性。 （3）分层教学，实现学生互为资源。 鉴于学生的个体差异性，教师在课堂上采用了同时段分层教学模式，引导学生进行创意续写，提高了学生的学习主观能动性。并且，教师还让学生互为学习资源，参与分层交互评价，从多角度促进学生反思和调控学习过程，提升英语学科素养。 2. 不足。 （1）本节课的语言积累环节可以更加丰富，增加学生的输出。 （2）本节课所实施的分层交互评价，对部分英语综合水平比较差的学生来说难度较大。并且，对于刚开始接触读后续写题型的高一学生而言，让他们做到在读后续写内容、语言、篇章结构上的前后协同，这是不小的挑战。
专家点评： 本节课以培养学生深度思维为重点，以培养核心素养为目标，给一线教师提供了思维型教学设计的具体实操，亮点如下： （1）教学目标明确，活动设计合理，指向思维品质的培养。 教师设计了合理的问题链，让学生通过问答的形式剖析文本；利用思维导图、故事山等可视化工具来帮助学生整理思路，针对性地训练学生观察、比较、分析、推断、归纳、建构、批判、创新的能力。 （2）分层教学，创意续写，提高学生的学习主观能动性。 教师任务分配清晰，梯度明显，让不同层次的学生在同一节课都得到了符合他们能力发展的锻炼，使学生的课堂参与度高，学习积极性强。

续上表

(3) 交互评价，实现学生之间互为资源，达到以评促教、以评促学的目的。

通过同伴互评，让学生互为资源，互相学习，不断反思，从多角度促进学生反思和调控学习过程，螺旋式发展他们的语言能力、思维品质、文化意识和学习能力等多方面的英语学科核心素养。

（点评专家：中山市教研室 辛键）

五、基于多轮续写的高中英语读后续写教学设计（见表4-5）①

表4-5 基于多轮续写的高中英语读后续写教学设计

<table>
<tr><td>教材/读物名称、册次</td><td>外研社版《阳光英语分级阅读 高二下》Twins to the Rescue</td></tr>
<tr><td>教学内容标题</td><td>基于多轮续写的高中英语读后续写教学设计</td></tr>
<tr><td>教学内容分析</td><td>主题语境：人与社会
语篇类型：人物经历记叙
授课类型：读写课
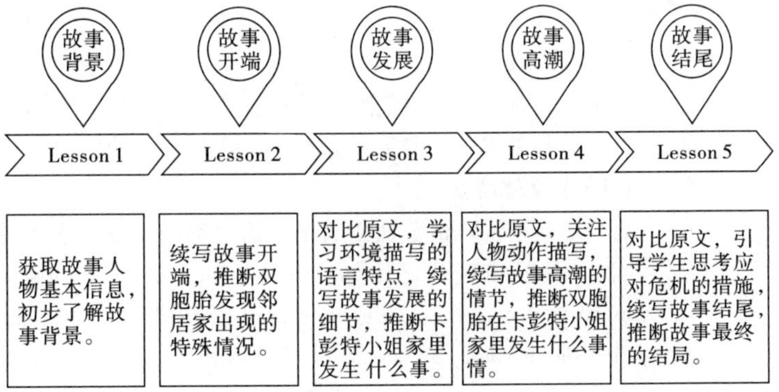
</td></tr>
</table>

① 本教学设计作者是王永幸，第一审稿人是袁丹纯，第二审稿人是吴翔。

续上表

教学内容分析	以上思维导图显示本故事主要分为五部分：故事背景、故事开端、故事发展、故事高潮和故事结尾。本课是读后续写课，属于第三课时。本课例通过阅读圈的分角色汇报、分享和讨论，促使学生掌握原文的语言特色，并通过多轮续写的写作模式培养学生模仿和运用原作语言进行创作的写作能力。本节课选用了外研社版《阳光英语分级阅读　高二下》Twins to the Rescue 第三课时的内容，以下是相应的语篇解读。 【What】知识结构 营救类故事构造包含三个部分：救人之前（发现危机和恶劣环境），救人之中（努力和救人动作）以及救人之后（感激和升华）。“救人之前”描述了双胞胎 Gemma 和 Tim 在暑假期间无事可做，在街上闲逛，无意间发现邻居 Miss Carpenter 家有异常：院子杂草丛生，栅栏破旧不堪，百叶窗歪歪斜斜地挂着。突然，他们看向百叶窗的时候发现一只可疑的大手拉下百叶窗。他们意识到这不可能是邻居的手并察觉到邻居可能遭遇危险。“救人之中”描述了在 Gemma 的掩护下，Tim 溜进屋里查看，发现邻居被前来抢夺珍贵藏书的侄子 Ronald 绑在了椅子上，双胞胎同坏人斗智斗勇，其中 Tim 和邻居一起想办法逃离危险处境，Gemma 则及时搬来了救兵，双胞胎合力解救了邻居。“救人之后”描述了邻居对双胞胎的感激以及大家对双胞胎勇敢机智的行为的赞赏。 【Why】写作目的 在“人与社会”的主题语境下，语篇中的双胞胎经历了一次营救邻居的“冒险”经历。双胞胎在街上闲逛时发现邻居家有异常，他们的反应突显了对邻居的关心；在发现邻居遭遇危险后，他们与坏人密切合作，斗智斗勇，共同努力营救邻居，这使得文章主题得到升华——发现邻居遭遇危险，自己也面对危险时，双胞胎没有胆怯，而是机智勇敢地一起想办法营救邻居，赞美了双胞胎见义勇为的好品质。 【How】文体特征 这个短篇小说，情节曲折有趣，语言简洁生动。语篇使用了大量描写环境的词汇和短语，比如：the shadows of the overgrown yard，a twig snapped loudly nearby，an apple dropped，the blind move slightly，the breeze stirring the leaves，the sound of the doorbell echoed down the hallway，the heavy clomp，clomp on the hall floor 等，描画出故事发生的场景。小说情境设置贴近现实生活，主人公的心理、年龄都跟读者相仿，再加上故事情节紧凑，语言生动幽默，容易激发学生的阅读兴趣，渲染了紧张的氛围和有效促进情节发展。

续上表

学情分析	本节课的授课对象为高二学生。大部分学生的学习态度端正，学习热情高。部分学生英语基础较好，乐于发表自己的看法。由于本故事篇幅比较长，计划指导学生进行多轮续写，激励学生模仿和运用原作优美语言，在同一语境下进行多次预测和内容创作。由于学生的理解能力高于产出能力，写作表达能力不强，多轮续写的模式将有效激励学生在同一语境下多次预测和创作内容，反复模仿和运用语言，帮助学生保持写作的动力。以下运用 KWLS 进行学情分析。 【（K） What Ss knew】本课属于 Twins to the Rescue 读后续写课的第三课时。在本课的第一、二课时，学生通过细读故事的背景和开端掌握了环境背景和基本的人物关系。 【（W） What Ss want to know】在课前预习时，学生在学案的帮助下充分阅读文本，赏析原文和学生习作的语言特点。在阅读第三课时的原文文本后，学生会对比和分析，比如：原文描写了哪些环境信息？原文的文本使用了哪些形容词或短语对环境进行描述？学生期待通过讨论对原文进行更深刻的理解。 【（L） What Ss will learn】首先，通过对原作设计问题，学生能够准确理解语篇的要义，增强学生解释语篇的合理性和逻辑关系的推理能力，从而提高学生的语篇分析能力；其次，通过对比原作和学生续写版本的差异，学生绘制思维导图和进行小组汇报，提高学生分析内在关联和异同的思维品质以及运用英语进行交流和表达的能力；最后，通过赏析原作的精彩语段，将原作的语言结构转化为自己的语言进行内容创作，续写故事内容，培养学生用英语进行书面表达的能力。 【（S） What Ss still want to know or do】在课后，学生用自评表评价本课所学，并通过自主学习和合作学习，学会评价续写的文章是否有效模仿和运用原作优秀的语言、情节是否符合逻辑，提高学生举一反三、反思学习效果并据此优化学习策略和方法的能力。
教学理论背景	1. 英语学习活动观； 2. “阅读圈”理论； 3. “多轮续写”写作模式； 4. 教、学、评一体化。

续上表

教学目标	通过本课的学习，学生能够： （1）利用阅读文本，感知“双胞胎营救邻居”的情境，在阅读圈理论的指引下，获取与梳理原文关于环境描写的语言与表达； （2）基于情境，总结读后续写文本中环境描写的语言特点，利用多轮续写的写作模式，模仿应用语言结构，感受双胞胎发现邻居家异常的氛围和构思情节； （3）6人一组在多轮续写模式下进行沟通交流，深度赏析原文精彩的语段，内化与运用原文优秀的描写环境的语言，创作和描写双胞胎发现邻居家出现的异常情况； （4）学生通过习作呈现、组内自评和分组互评等进行多维度的讨论与评价； （5）基于创作和评价的成果，继续构思下一部分的故事情节，深化对营救类故事主题的理解。
教学重点与难点	1. 重点： （1）学生能够读懂原作的主旨大意。 （2）学生能够发现并归纳原作的语言特色和语言结构。 （3）学生能够模仿、运用原作中的语言结构进行续写。 2. 难点： （1）学生探究原作和学生续写文章的语言特色和结构的差异。 （2）学生将原作优秀的语言结构内化为自己的语言内容创作。
教学方法	情境教学法、任务型教学法、小组合作学习法
教学道具	白板、授课助手、导学案、课堂学案、多媒体课件、粉笔、黑板、一体机等

教学过程

教学目标	活动形式与步骤	活动意图	学习效果评价
教学目标 1	**Step 1**（2 mins） Watch and discuss（IW CW） T greets Ss. Ss watch a video clip of *Home Alone*. After watching this video, T asks Ss: How do you feel while being home alone? Ss: Lonely, exciting, dangerous.	利用视频创设情境，奠定情感基调，引出主题。 通过能引起大家共鸣的话题，激发学生学习兴趣。 （感知与注意）	学生在观看视频后能提高兴趣，增强学习动机。

续上表

<table>
<tr><th colspan="4">教学过程</th></tr>
<tr><th>教学目标</th><th>活动形式与步骤</th><th>活动意图</th><th>学习效果评价</th></tr>
<tr><td colspan="4">Make a comparison between students' version and the original passage.</td></tr>
<tr><td>教学目标 1 & 2 & 3</td><td>Step 2 (13 mins)
Compare and represent (IW GW CW)
Make comparisons between Ss' version and the original passage.
Group 1 Question master
Task: Design 5 questions (True or false) according to the plot of original passage of Part 2, and questions should be related to important information of the plot development.
Example: Tim felt nervous when he made his way into Miss Carpenter's house. (T/ F)
Q1: Tim stopped in front of the door because he was afraid of Miss Carpenter.
Q2: Tim felt something wrong but he didn't know what actually happened.
Q3: The man looked like a mean person.
Q4: Tim turned and walked away because he was scared and nervous.
Q5: The twins was so scared that they didn't care about Miss Carpenter anymore.
Group 2 Summarizer
Task 1: Summarize the main idea of the original passage of Part 2.
Task 2: Compare the plot between the original passage and the Ss's version and draw a mind map.</td><td>结合“阅读圈”理论，组织学生分角色对文本深入解读。在阅读圈中，组与组进行交流，使学习效果最大化：
(1) Question master 负责针对阅读材料进行提问，组织小组成员对故事情节进行讨论，检查学生是否对原作 Part 2 的故事情节理解正确，为后续的学习做好铺垫。
(2) Summarizer 负责对阅读材料的主旨大意进行总结，获取故事的主要内容，对比分析原作和学生续写文章的差异，引导学生发现原作侧重环境描写的语言特色。</td><td>(1) 学生能运用已有的语言知识，准确理解语篇的要义。教师检测与评价学生对原文情节的理解情况。
(2) 学生能获取信息，观察语言现象，提高学生的资料搜索能力，通过比较、分析原作与学生续作的差异。教师观察学生课堂上的呈现情况，检查学生对故事主要内容归纳是否合理。</td></tr>
</table>

续上表

教学过程			
教学目标	活动形式与步骤	活动意图	学习效果评价
Make a comparison between students' version and the original passage.			
教学目标 1 & 2 & 3	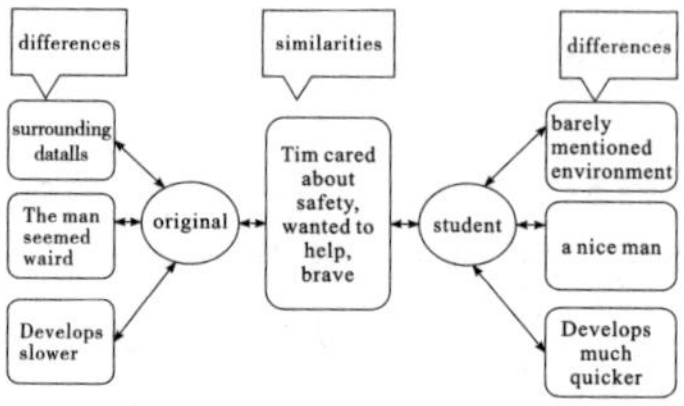 **Group 3 Word-master** Task 1: Collect words or phrases or sentences to describe environment from both versions. 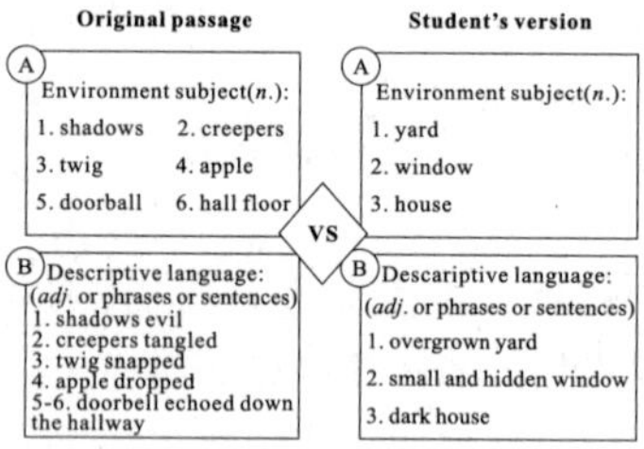 Task 2: Discover useful sentence patterns from the original passage and practice using them. For example: ▲Original sentence（原文句子） He jumped as a twig snapped loudly nearby. ▲Sentence pattern（句型） as 作连词，表示"当……的时候"。	（3）Word-master 负责探寻并阐释阅读材料中具有重要或特殊意义或好的文字段落，赏析和收集原作关于环境描写的词语和句子，帮助学生归纳原作中使用的句法结构。	（3）学生能学习原作的精彩语段，运用英语得体描述事件，注重环境描写，烘托气氛，促进情节发展，提高文本分析能力与语言表达能力。教师检测学生对环境描写的语言现象讨论的正确性，评价学生分享的小组汇报成果。

续上表

<table>
<tr><th colspan="4">教学过程</th></tr>
<tr><th>教学目标</th><th>活动形式与步骤</th><th>活动意图</th><th>学习效果评价</th></tr>
<tr><td colspan="4">Make a comparison between students' version and the original passage.</td></tr>
<tr><td>教学目标
1 & 2 & 3</td><td>
<table>
<tr><th>Sentence pattern（句型）</th><th>Original sentence（原文句子）</th></tr>
<tr><td>1. as 作连词，表示“当……的什么时候”。</td><td>1. He jumped as a twig snapped loudly nearby.</td></tr>
<tr><td>2. Sb + verb + that/what …（object clause 英语从句）</td><td>2. Tim hoped that everything was as it should be.</td></tr>
<tr><td>3. the attributive clause（定语从句）</td><td>3. Please, let it be her nephew; a friend, a worker, somebody who should be here.</td></tr>
</table>
Group 4 Predictor
Task: Predict what would happen next?
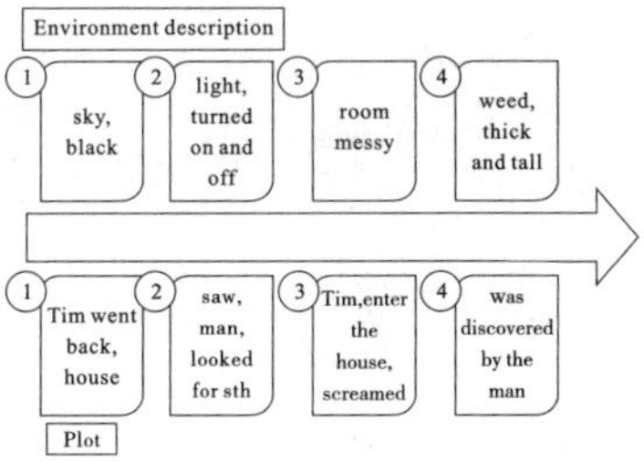

</td><td>（4）Predictor 引导学生思考环境描写对促进情节发展的影响，并结合环境描写合理推测情节发展。
（获取与梳理、概括与整合）</td><td>（4）学生能根据获得的综合信息，推断情节的逻辑关系，运用英语交流和表达。学生进行组内和组间的互评，教师评价学生推测的情节是否合理。</td></tr>
</table>

续上表

教学过程			
教学目标	活动形式与步骤	活动意图	学习效果评价
Interactive continuation writing			
教学目标 3	**Step 3** (15 mins) Interactive continuation writing (IW GW CW) Write a passage with 80—100 words. Requirement: the continuation writing 1. Should include environment descriptions; 2. Imitates and practices sentence patterns from the original passage; 3. Is logical and reasonable in terms of plot; 4. Is written neatly and clearly.	学生将原文优秀的语言结构内化成自己的语言进行合理的内容创造。 (内化与运用、想象与创造)	学生通过辨析和思考，形成自己的观点，运用英语进行书面表达，续写故事内容。 教师检测学生是否运用环境描写促进情节发展，评价学生续写情节的逻辑性和创造性。
教学目标 4	**Step 4** (8 mins) Assessment (IW GW GW) Please exchange your works in your group and assess your compositions according to the rubric (见表 1).	生生互评和师生互评，深化学生对原作语言特色和语言结构的理解和运用。 (分析与判断、批判与评价)	学生能观察语言现象，利用评价标准分析、概括学生作品的语言特点和语言结构的运用是否得体。用英语进行有效沟通和交流，表达个人观点和看法。教师评价学生本课学习情况，为下一节课做准备，以期实现以评促教。

续上表

教学过程			
教学目标	活动形式与步骤	活动意图	学习效果评价
Interactive continuation writing			
教学目标 5	**Step 5** (2 mins) Assignment (IW GW CW) 1. Read the original version of Part 3; 2. Finish reading comprehension of the original version of Part 3; 3. Discover the useful language structures and practice using them to write the next part of the story (100 words).	作业分层设计，巩固堂上学习，并学会迁移运用。 (迁移与运用)	进行自主学习，反思学习效果并据此优化学习策略和方法，运用英语进行书面表达。 教师观察不同层次的学生作业的质量，实现以评促学。

注：IW = Individual Work，GW = Group Work，CW = Class Work

评价设计：

Please exchange your works in your group and assess your compositions according to the table below.

表 1　学生续作互评表标准

Writing goals: The continuation writing	Score	
1. Tries to describe the environment. (进行环境描写)		excellent
2. Makes use of the sentence patterns from the original passage. (模仿运用句式)		very good
3. Is logical in terms of plot. (情节合理)		good
4. Is written neatly and clearly. (卷面整洁清晰)		acceptable
		need improvement

续上表

板书设计：

黑板板书

The original passage	
environmental description	sentence patterns.
1. shadow 2. creeper 3. twig 4. apple 5. doorbell 6. hall floor	1. *v.*-ing非谓语 2. to one's+情绪名词 3. what引导宾语从句 4. which引导定语从句

电脑屏幕：课件展示

Writing requirement:

Iterative continuation writing
1. should indude environmental descriptions;
（进行环境描述）
2. imitates and pratices sentence patterns from the original passage;
（模仿运用句式）
3. is logical and reasonable in terms of plot;
（情节合理）
4. is written neatly and clearly.
（卷面整洁清晰）

教学反思：

1. 亮点。

本课例在英语学习活动观的指导下确立了具有层次性和渐进性的五个教学目标，涵盖对学生语言能力、文化意识、思维品质和学习能力四个方面的培养。从课后的教学评价来看，本节课整体完成度较高，学生能在教师的指导下完成续写，提升思维，培养乐于助人、敢于斗争的精神。

2. 不足。

（1）在本课例借助阅读圈的模式对原文进行赏析的时候，教师对于角色的分工要更加明确，要为读写服务，需要进一步结合读写的任务调整角色的分配。可以去掉summarizer总主旨大意的环节，而增加人物分析的任务，引导学生塑造人物形象。

（2）在引导学生欣赏和模仿应用原文优秀语言这部分，教师可以安排passage person挖掘和提取原文重要和有趣的语言段落和大家分析，使学生通过赏析原文的语言风格，明白为什么要描写环境、怎么描写环境，鼓励学生在欣赏原文的基础上，思考：如果是你描写这个场景，你会怎样描写呢？你还会增加什么细节呢？同时，教师可以为学生提供一段相关的视频，为学生增加画面感，从而使学生深刻理解描写环境可以帮助烘托气氛，进而开展内容创作。

本节课内容较多，时间安排紧凑，这对学生提出的要求较高。对于该班的学生而言，他们在阅读速度、思考层次和深度方面还比较欠缺，本课会是不小的挑战。

专家点评：

本课例的教学设计思路清晰，阅读圈与读后续写结合的读写模式的应用极大地提高了学生们的学习主动性，在课堂教学的细节上如果得到有效改善则有助于打造更高效的课堂。

（点评专家：北京师范大学外文学院　陈则航）

第二节　指向微技能开发的高中英语读后续写思维型教学设计

读后续写是一个对读写综合能力考查的题型。该题型要求考生能对所给短文的情节发展、语言特点、人物特征、情感变化等有清晰的了解，然后根据所给的两个段首句去续写后续的情节。这是需要考生融合语言、文化和思维的复杂过程，涉及搭建续写框架的逻辑思维、评价事件和升华主题的批判思维以及创造合理后续情节的创新思维。而培养多维思维品质可以从一个个微技能的训练开始。

本节选取了五个发展思维能力的读后续写微技能，它们包括“把握叙事节奏”“确定续写主题”“用好伏笔和照应”“解决冲突问题”以及“保持衔接与连贯”微技能。本节的教学案例素材选自各版本的教材和高考真题，将微技能的训练贯穿于日常的教学中。

本节案例从整体设计思路、指导依据说明入手，诠释了该设计的理论依据，同时基于学生情况和文本分析设定了教学目标，并确定了教学的重点和难点。教学过程既设计了丰富的教学活动，也有设计意图的理论说明，并附上作者精心写出的参考范文。这为一线教师提供了微技能开发的读后续写教学思路。

一、把握叙事节奏①

（一）整体设计思路、指导依据说明

叙事学理论关注叙事性语篇的宏观叙述技巧，利用叙事学理论深度解析读后续写语篇的时间与空间，可以优化学生续写语篇的内在逻辑，提升续写语篇的语言表达，实现内容创作与语言模仿的有效整合，回答好续写“写什么”“怎么写”的问题。采用叙事学理论来解读叙事文本，打破传统解读叙事文本的模式，这是一种新尝试。在具体教学实践中，紧扣叙事视角、叙事

① 此部分由张静静执笔。

节奏、叙事幅度理论对叙事文本进行解读和改写训练，不仅有利于培养学生从不同角度和层面阐发、评价、质疑叙事文本的能力，而且有利于开阔学生视野，加深学生对文本的独特感受和体验，提高学生的探究性阅读和创造性阅读能力。

在叙事学理论的指导下，教师引导学生重视叙述形式，关注超出遣词造句的结构技巧，学会谋篇布局，从而写出情节合理、主题突出的文章。其中叙事节奏是指故事时间与文本时间之比。在叙事性文本中常会遇到这样的情形：叙述者有时用长达数章的篇幅叙述一天的事情，有时又用很短的篇幅概述较长时间里发生的事情。故事时长用秒、分钟、小时、天、月和年来确定；文本长度用行、页来测量。故事时间长，文本时间短，则叙事节奏快；反之，则叙事节奏慢。叙述时间短于故事时间，即概述（summary）；叙述时间基本等于故事时间，即场景（scene）；叙述时间为零，故事时间无穷大，即省略（ellipsis）；叙述时间无穷大，故事时间为零，即停顿（pause）。① 作者通过叙事节奏和时间线索，将读者带入自己的节奏中。

（二）教学背景分析

1. 学生情况分析

本次授课对象是高二年级理科实验班学生，学生部分存在偏科现象，英语基础较其他科目相对薄弱，学生在英语科上投入的时间也较其他科目少。学生具备在阅读完文本后获取和分析基本信息的能力，对故事情节的理解和把握基本正确，但在阅读原文的过程中，很难关注到超出遣词造句的结构技巧和观察到原文的谋篇布局、叙事视角、叙事节奏及话语模式，以至于在续写的过程中，很难在这方面有所突破，从而出现所续写短文与原文融洽度低、故事节奏混乱或者时空混乱的情况。鉴于以上情况，本节课在叙事学理论的指导下，教师引导学生重视叙述形式，关注超出遣词造句的结构技巧，学会谋篇布局，从而写出情节合理、主题突出的文章，同时对学生续写情节的合理性、逻辑性和连贯性进行评价，做到以评促写、以评促学。

2. 教学内容分析

本篇文章选自北师大版《英语　必修　第二册》Unit 5 Humans and Nature—Lesson 1 A Sea Story。本文是一篇短篇小说的节选，用细腻的笔触描写了主人公和他的哥哥遭遇 Moskoe 风暴挣扎求生的过程。在描写风暴中求生的时候，作者按照时间的顺序来生动描写，并详细地描写了他在风暴中观

① 申丹，王丽亚. 西方叙事学［M］. 北京：北京大学出版社，2010：22.

察到两个同等面积的物体之间，圆形物体落得更慢以及在两个同样大小的物体之间，管状物体落得更慢等情况，为下文他在自己身上绑一个桶自救埋下伏笔。当然这样的伏笔不止一项。比如一开始主人公描述自己遭遇了一件可怕的事，可推测出他已经被救；主人公描述自己头发一天之间由黑变白，可想风暴之可怕。同时，在风暴中挣扎的时候，主人公的心理经历了害怕—恐惧—稍微镇静—镇静的过程，可以作为读后续写心理描写分析的文本。而且本篇文章是一篇完美地展现叙事节奏的范本，作者通过概述、场景、省略、停顿等不同的形式构成不同的节奏感，生动地描述了海上漩涡的可怕和作者逃生的惊险，给读者带来身临其境的感觉。

我们将原文的前三段作为续写的前文，将后两段的首句作为续写的首句，从而将课文改编成一篇叙事节奏快慢明显的海上逃难的读后续写。

（三）教学目标分析

1．语言能力目标

（1）深度解读文本，使学生能合理地构建续写的情节；

（2）培养学生关注原文叙事节奏的习惯；

（3）引导学生在续写过程中把握好叙事节奏。

2．文化意识目标

通过本课的学习，让学生了解到在大自然灾难面前人类的渺小，让人们学会敬畏自然，同时也教育学生遇到危难时要头脑清醒，行动果断，才有生还的机会。

3．思维品质目标

通过文本解读，引导学生重视叙述形式，关注超出遣词造句的结构技巧，学会谋篇布局，培养学生从不同角度和层面阐发、评价、质疑叙事文本的能力，掌握分析和把控叙事节奏的主要方法和技巧，学会评价习作的叙事节奏，提升批判性思维和创新性思维能力。

4．学习能力目标

通过课堂活动的参与，学生将独立解决一些问题，进一步强化自主探究的学习策略。通过师生交流和生生交流，学生将充分感受到交际策略在学习过程中的作用。

（四）教学重点、难点分析

1．教学重点

（1）学生能够从故事背景、情节脉络、人物设定、写作意图和主题意义深度解读文本。

（2）学生能够关注叙事节奏，并掌握相应的技巧。

2. 教学难点

（1）引导学生关注原文的谋篇布局、叙事视角、叙事节奏及话语模式。

（2）引导学生写出与原文融洽度高、故事节奏合理的文章。

（五）教学过程设计

Step 1　Lead in（Question）.（4 mins）

1. How do you feel about the sea?（list some adjectives）

mysterious（神秘的），horrible，wonderful，exciting，peaceful...

2. Do you know any stories about the sea in the books or movies? Can you tell us?

①*The Old Man and the Sea*；②*Titanic*；③*Life of PI*；④*Avatar*：*The Way of Water*...

【设计意图】从海到海洋故事，从小说到电影，迅速地将学生拉进海洋的世界。

Step 2　Analyze the reading material.（14 mins）

Task 1　Read for plots（Answer the following questions）.

1. Who are the main characters in the story?

2. Who is telling the story?

3. When and where did the story happen?

4. What effect did the terrible experience have on the storyteller?

【设计意图】通过回答问题检验学生对故事的理解程度，为下一步续写做好铺垫。

Task 2　Read for narrative rhythm.（6 mins）

Para 1：叙述时间短于故事时间，即概述（summary）。

About three years ago，something terrible happened to me. That was the day when it took only six hours to break my body and soul. You think I am a very old man—but I am not. It took less than a single day to change my hair from black to white.

Para 1 + Para 2：叙述时间基本等于故事时间，即场景（scene）。

One day，my two brothers and I were coming back from the islands where we often risked going and got more fish than others. All at once，the sky was covered with dark clouds and in less than a minute we were in a terrible storm. A huge wave covered our boat and my younger brother fell into the sea. My elder brother put his mouth close to my ear and cried out "Moskoe-storm!" The moment I heard the word I became very frightened. I knew what he meant by that one word well enough.

【设计意图】引导学生找出所有推进故事发展的时间词，学习用时间顺序描写故事的方法。

场景细节描写引导学生关注（动作描写+心理描写）。

With the wind and waves, we were going in the direction of the whirlpool. We were hopeless. Nothing could save us. I felt sick, as if I was falling from a mountain top in a dream. We went round and round, nearer and nearer to the horrible edge of the whirlpool. It may appear strange, but at that moment, when we were on the edge of the whirlpool, I felt calmer than when we were moving towards it. I began to think how amazing a thing it was to die in such a way, and how wonderful it was to see the power of nature. Suddenly, we went over the edge. I thought my life was over. But moment after moment passed, and I was still safe.

【设计意图】引导学生通过动作描写、心理描写再现故事发生的过程及主人公当时的心情处境。

Task 3　Think and Share: How do you share a story with others?

The structure of a story: beginning, development, climax, ending.

【设计意图】我们将开始与发展作为续写的原文部分，将高潮和结尾作为学生续写的部分。

Task 4　Read for the theme.

What is the author trying to tell the reader?

Cultivate the awareness of reverence for nature and keep calm in the presence of disaster.

【设计意图】本环节从作者的角度解读文本，旨在关注作者的写作意图，引导学生更准确地把握故事情节的发展方向，并为分析主题意义作铺垫。

Step 3　Make appropriate narrative rhythm (20 mins)

Task 5　Guidance and prediction before writing.

Analyse the given two sentences to predict the first paragraph.

Paragraph 1：

The boat was on the inside of the huge whirlpool and we were going round in circles at great speed. ______________________________

Paragraph 2：

As you can see，the reason why I'm here to tell the story is that I made the right decision. ______________________________

结合原文的分析和给出的首句，引导学生预测两段文章的叙事结构：Para 1 应该是非常详细的场景描写，叙述时间基本等于故事时间，叙事节奏慢，主人公的动作描写和心理描写都应该非常详细生动。Para 2 的首句从 made the right decision 预测主人公应该是得救了，后续叙事节奏加快，加上环境描写和加入其他人物来使故事更加完整。

Task 6　Finish the writing.（4 mins）

【设计意图】分析所给的两个句子，预测两段的内容，充分挖掘学生的发散性思维，续写时关注续文的叙事节奏。

Task 7　Present the students' works.

【设计意图】通过展示学生的作品，详细分析学生作品中对于叙事节奏的把握、时间和空间的转换、场景的转换，在描写场景时加入人物的动作描写和心理描写，并在结尾时加上环境的衬托。

Step 4　Summary（1 min）

1. The structure of a story：beginning，development，climax，ending.
2. Guess the plot：according to the first sentences.
3. Write a good story：actions，feelings，environment.

【设计意图】总结本课的主要内容。

Step 5　Assignment.（1 min）

Polish your writing.

Compare your writing with the original text.

【设计意图】对比原作，促进提高，学生在续作与原作、自己的续作与同伴的续作的对照中，提升与原作的协同意识。

附依据教材改编的读后续写题目：

About three years ago，something terrible happened to me. That was the day when it took only six hours to break my body and soul. You think I am a very old man—but I am not. It took less than a single day to change my hair from black to white.

One day, my two brothers and I were coming back from the islands where we often risked going and got more fish than others. All at once, the sky was covered with dark clouds and in less than a minute we were in a terrible storm. A huge wave covered our boat and my younger brother fell into the sea. My elder brother put his mouth close to my ear and cried out "Moskoe-storm!" The moment I heard the word I became very frightened. I knew what he meant by that one word well enough.

With the wind and waves, we were going in the direction of the whirlpool. We were hopeless. Nothing could save us. I felt sick, as if I was falling from a mountain top in a dream. We went round and round, nearer and nearer to the horrible edge of the whirlpool. It may appear strange, but at that moment, when we were on the edge of the whirlpool, I felt calmer than when we were moving towards it. I began to think how amazing a thing it was to die in such a way, and how wonderful it was to see the power of nature. Suddenly, we went over the edge. I thought my life was over. But moment after moment passed, and I was still safe.

注意：

1. 所续写短文的词数应为 150 左右；

2. 续写部分分为两段，每段的开头语已为你写好。

Paragraph 1:

The boat was on the inside of the huge whirlpool and we were going round in circles at great speed. ________________________________

____

Paragraph 2:

As you can see, the reason why I'm here to tell the story is that I made the right decision. ________________________________

____

Possible version:

The boat was on the inside of the huge whirlpool and we were going round in circles at great speed. I saw clearly that there were other objects in the whirlpool—trees and barrels. After a while, I became curious about the whirlpool itself. I then made three important observations. The first, the larger the bodies were, the more rapidly they fell; the second, between two objects of equal extent, round objects fell down less rapidly; and the third, between two objects of the same size, objects shaped like a tube fell down more slowly. So I tied myself to a barrel to help me float. I tried to make my brother understand, but he was too frightened and stayed in the heavy boat. Without waiting, I jumped into the sea to try and escape.

As you can see, the reason why I'm here to tell the story is that I made the right decision. Some time after I left the boat, with my brother in it, it was pulled into the bottom of the whirlpool. Soon after that, the whirlpool became less wild. Then the sky was clear, the wind calmer, and the moon was shining. I was still tied to the barrel and the waves soon carried me to an area where the other fishermen were. In the end, a boat picked me up. I was very tired. The fishermen were very old friends, but they were unable to recognise me. When I told them my story, they did not believe it. Now I have told you, and I cannot expect you to believe me any more than the fishermen did.

二、确定续写主题①

（一）整体设计思路、指导依据说明

《高中英语课标（2020年修订）》规定读后续写中应引导学生在分析问题和解决问题的过程中发展思维品质，通过确定正确的续写主题，培养学生正确的人生观和价值观，促进英语学科核心素养的形成和发展。

读后续写任务首先以读为先，以写为目的，综合考查学生对原文的理解能力与对续写内容的表达能力。一篇好的续写文章不仅需要丰富的内容、巧妙的构思和规范的表达，还需要通过伏笔线索确定文章主题。记叙文的常见主题包括揭示道理或启发他人的，表达对人或物的情感的，反映人的品质的，表现人的情趣、爱好或追求的。其次，学会判断主题。可以从文章人物、背景、主要情节判断，也可以从文章中的议论抒情句进行推敲。最后，掌握点题的技巧。曹香玲认为，从表达方式看，有抒情点题、议论点题、叙述点题等；从修辞角度看，有反复点题、设问点题、比喻点题、排比点题、

① 此部分由蒋紫颖执笔。

拟人点题、引用点题等。①

（二）教学背景分析

1. 学生情况分析

本次授课对象是高二年级理科班学生，整体英语水平中等偏下。学生具备在阅读完文本后获取和分析基本信息的能力，对故事情节的理解和把握基本正确，但在构思情节和续写的过程中，难以关注到文章主题，并在把握文章主旨上有难点，导致所续写短文失去主线甚至情节发展偏离主方向。鉴于以上情况，本节课将引导学生在深入解读文本的基础上，重视在读文章时对文章主旨的把握，从语言和文章主题上探讨，鼓励学生在围绕主题意义的前提下，打开思路，创新思维，合理续写。

2. 教学内容分析

本文以人物为线索展开，讲述作者为了完成高中毕业所需的社区服务时间，需要在所在的社区做点什么。作者去了施粥所，发现准备过程中要做的事情很多。作者看到无家可归的人靠近时心里有点害怕，但是却忙得没有时间去担心这些。作者看到了不同年龄和国籍的人，这让作者感到很难过。

（三）教学目标分析

1. 语言能力目标

（1）了解记叙文常见主题，让学生积累一定的好词好句，体现原文主题；

（2）通过深度解读文本，让学生能合理地构建续写的情节；

（3）培养学生找出线索句的能力；

（4）引导学生根据情节发展构思末句，通过末句照应原文，掌握点题的技巧。

2. 文化意识目标

通过本课的学习，让学生理解帮助他人、给予善举的重要性，形成正确的人生观和价值观。

3. 思维品质目标

通过文本解读，提高用英语获取信息、处理信息、分析问题和解决问题的能力，掌握把握主题的方法和技巧，学会评价作文主题，提升批判性思维和创新性思维能力。

---

① 曹香玲. 中学生作文点题技巧浅谈［J］. 教育教学论坛，2010（2）：120.

4. 学习能力目标

通过课堂活动的参与，学生将独立解决一些问题，进一步强化自主探究的学习策略。通过师生交流和生生交流，学生将充分感受到自主探究在学习过程中的作用。

（四）教学重点、难点分析

1. 教学重点

（1）学生能够从故事背景、情节脉络、人物设定、写作意图和主题意义深度解读文本。

（2）学生能够确定文章主题，合理设计情节并进行点题。

2. 教学难点

（1）部分学生文本解读能力较弱，无法合理掌握文章主题。

（2）部分学生写作习惯较差，无法系统、有条理地写作。

（五）教学过程设计

Step 1 Lead in. (5 mins)

Demonstrate final sentences and let student guess the common themes for narratives.

【设计意图】让学生明确优秀作文的标准，了解记叙文的常见主题，有揭示道理或启发他人的，有表达对人或物的情感的，有反映人的品质的，有表现人的情趣、爱好或追求的。

Step 2 Analyze the reading material (find viewpoint sentence). (12 mins)

Task 1 Read for characters.

Ask students to underline the sentence that reflects personal characteristic.

【设计意图】找出角色特征，帮助学生掌握文章写作意图，学会判断主题，从文章人物设计入手。

Task 2 Read for characters.

(1) What did I feel when I saw the homeless people?

(2) What are these homeless people like? What would they say to me?

(3) What is the personal traits for the lady next to me?

(4) What's the evidence in the passage?

(5) How did the main character change his mind?

【设计意图】作者通过事件和行动塑造人物性格，凸显主题和写作意图，续写情节只有延续原文的人物设定才能符合原文的主题和作者的写作意图。在原文中寻找线索，旨在引导学生根据文本语言进行分析，而不能凭自己的主观臆断，推断下文主人公可能会进行的心理和物理活动。

Task 3 Read for the theme.

(1) What is the opinion sentences in the passage?

(2) What is the author trying to tell the reader?

【设计意图】本环节从作者的角度解读文本，旨在关注作者的写作意图和文章线索观点句，引导学生更准确地把握故事情节的发展方向，并为分析主题意义作铺垫。续写线索：无家可归的人笑—作者舀粥—无家可归的人感激—作者感悟—作者发出呼吁。

Step 3 Design the plot and final sentence. (20 mins)

Task 4 Design the plot for the first paragraph.

Analyse the given two sentences to predict the first paragraph.

【设计意图】分析所给的两个句子，预测第一段的内容，设计情节，引导学生在构思续写情节时务必与解读原文中的角色设定一致。由第一段首句内容“当他们朝我走来的时候，我露出了最灿烂、最幸福的笑容。”可知，第一段可描写作者是怎么为无家可归的人施粥的。

Task 5 Write the second paragraph.

(1) Analyse the second given sentences and choose a theme to predict the second paragraph.

【设计意图】分析所给的第二段首句，由第二段首句内容“我很高兴我用这种方式赢得了我的服务时间。”可知，第二段可描写作者对这次社区服务的感悟。确定文章主题，预测第二段的内容，设计末句。

(2) Finish writing the second paragraph, design a last sentence according to the theme picked.

【设计意图】即讲即写，引导学生在续写情节时围绕主题进行设计。

Task 6 Present the students' works.

【设计意图】通过展示学生的作品，详细分析学生作品中的情节和末句设计——是否有点出观点，是否进行深层次升华，情节发展是否与主题一致，续写内容是否紧扣主题，是否有人物添加，人物举动是否服务于凸显主题，让学生更加清晰地理解并把握主题，有助于学生修改自己的续写作品。

Step 4 Summary.（2 mins）

【设计意图】总结本课的主要内容。

Step 5 Assignment.（1 min）

（1）Correct your own composition and polish it.

（2）Accumulate different themes with good sentences.

【设计意图】通过本节课的学习，将课内延伸到课外。该环节旨在让学生能够学以致用，提高学习能力，积累写作素材。

三、用好伏笔和照应①

（一）整体设计思路、指导依据说明

新高考读后续写要求学生根据提供的一段约350词的材料、所给段落开头进行150词左右的续写，将其发展成为一篇与所给材料有逻辑衔接、情节和结构完整的短文。续写文段与所给材料在语言、内容、逻辑上的照应程度越高，则续写越成功。

伏笔和照应是文学中描写、叙述的一种手法。作者对将要在文中出现的与中心事件有必然联系的人物、事件预先做出提示或暗示。伏笔可以使文章结构更加严谨，使整个文章联系起来，让读者在读到下文内容时，不至于产生突兀之感。一篇好的文章一定会做到有伏必有照。照应就是在适当的地方，对前面的伏笔进行回应，使文章首尾圆合，一脉相承，成为一个整体。

（二）教学背景分析

1．学生情况分析

本次授课对象是高三年级物理班学生。学生已经具备读后续写的基本知识，懂得写作的基本步骤，但在阅读中缺少阅读发现，阅读时不知道如何挖掘原文中的材料为续写所用，从而使续写的文章缺少衔接和连贯，续写内容与原文疏离。

鉴于此，本节课以2020年全国新高考Ⅰ卷读后续写真题为例，引导学生挖掘所给文本的伏笔，并学会在续写部分进行照应，进而完成语言更准确、内容更丰富、逻辑更严谨的续写。

---

① 此部分由谯丽执笔。

2. 教学内容分析

本文讲述了在经济衰退的大环境下，小镇上很多人失业。善良的Meredith太太热心帮助他人。其中有一家三口，丈夫卧病在床，妻子因要照顾他无法外出挣钱，他们的儿子Bernard想帮助维持生活却不知该做什么。Meredith太太的三个孩子从母亲那里得知此情况后，非常想帮助小男孩，最后John想出了一个好主意——他们决定把家里的那盒玉米做成爆米花，让Bernard拿到社区售卖。

本文属于“人与社会”主题语境，文本的难度不大，通过故事引导学生向善向美，鼓励学生传播爱和友善。

（三）教学目标分析

1. 语言能力目标

（1）培养获取文本信息、处理信息的能力；

（2）通过深度解读文本，培养学生寻找文本中伏笔的能力；

（3）培养学生深挖文章语言的习惯。

2. 文化意识目标

通过本课的学习，引导学生向善向美，鼓励学生传播爱和友善。

3. 思维品质目标

通过文本解读，提高用英语获取信息、处理信息、分析问题和解决问题的能力，掌握伏笔和照应的主要方法和技巧，学会评价习作的照应是否合理，提升批判性思维和创新性思维能力。

4. 学习能力目标

通过课堂活动的参与，学生将独立解决一些问题，进一步强化自主探究的学习策略。通过师生交流和生生交流，学生将充分感受到互动合作在学习过程中的作用。

（四）教学重点、难点分析

1. 教学重点

（1）学生能够从文本中准确地找出伏笔。

（2）学生能够根据伏笔，在自己后面的续写中做出恰当的照应。

2. 教学难点

部分学生文本解读能力较弱，无法找到恰当的伏笔并进行合理的照应。

（五）教学过程设计

Step 1 Lead in. (2 mins)

1. The teacher introduces the learning objectives of this class.

2. Students brainstorm and share:

(1) What are foreshadowing and echo?

(2) In a passage, where do the foreshadowing languages usually appear?

【设计意图】开门见山地呈现本节课的教学目标，让学生了解本节课的学习内容和重点。通过头脑风暴激活学生已有的关于伏笔和照应的知识，激发学生思维，引导学生将语文中学到的伏笔和照应进行知识的迁移。

Step 2 Read and sharing. (6 mins)

1. Read the given material, get the basic information and underline the foreshadowing.

2. Share your foreshadowing with your partners in groups and discuss whether they are reasonable.

3. Share the group's answer in front of the class.

【设计意图】每个学生对于文本的理解有所不同，不同的文本体验带来不同的阅读发现。这一环节旨在让学生敢于阅读，敢于发现，敢于分享和质疑。

Step 3 Discuss and summing-up. (6 mins)

1. The whole class discuss the availability of the foreshadowing listed on the blackboard.

2. Classify the foreshadowing based on their features.

【设计意图】通过让学生讨论伏笔是否可行以及按特征（特定细节描写、背景描写、特定物品、续写部分段首句、原文尾句、文章主题等）归纳伏笔，引导学生掌握伏笔常出现的地方，帮助学生将事实知识转化为技能知识。

Step 4 Experience and Internalizing. (9 mins)

Students are asked to write how to echo based on the foreshadowing.

【设计意图】让学生根据阅读中的伏笔点写出照应思路，体验和内化伏笔照应这一写作技巧；在激活写作思路的同时，为后面的续写搭建语言和内容支架，助力学生的独立写作。

Step 5 Writing and evaluation. (15 mins)

1. Finish writing in groups.

【设计意图】 学生分组分任务完成写作，即学即用。

2. Evaluation.

【设计意图】 通过展示学生的作品，师生共评学生作品中有没有进行前文伏笔的照应。通过教、学、评一体化强化学生对读后续写中伏笔和照应的认识和运用。

Step 6 Summary. (1 min)

【设计意图】 总结本课的主要内容。

Step 7 Assignment. (1 min)

1. Correct your own composition and polish it.
2. Accumulate some useful skills.

【设计意图】 通过本节课的学习，将课内延伸到课外。该环节旨在让学生能够学以致用，提高学习能力。

附2020年全国新高考Ⅰ卷读后续写题目：

The Meredith family lived in a small community. As the economy was in decline, some people in the town had lost their jobs. Many of their families were struggling to make ends meet. People were trying to help each other meet the challenges.

Mrs. Meredith was a most kind and thoughtful woman. She spent a great deal of time visiting the poor. She knew they had problems, and they needed all kinds of help. When she had time, she would bring food and medicine to them.

One morning she told her children about a family she had visited the day before. There was a man sick in bed, his wife, who took care of him and could not go out to work, and their little boy. The little boy—his name was Bernard—had interested her very much.

"I wish you could see him," she said to her own children, John, Harry, and Clara. "He is such a help to his mother. He wants very much to earn some money, but I don't see what he can do."

After their mother left the room, the children sat thinking about Bernard. "I wish we could help him to earn money," said Clara. "His family is suffering so much."

"So do I," said Harry. "We really should do something to assist them."

For some moments, John said nothing, but, suddenly, he sprang to his feet and cried, "I have a great idea! I have a solution that we can all help accomplish (完成)."

The other children also jumped up all attention. When John had an idea, it was sure to be a good one. "I tell you what we can do," said John. "You know that big box of corn Uncle John sent us? Well, we can make popcorn (爆米花), and put it into paper bags, and Bernard can take it around to the houses and sell it."

注意:

1. 所续写短文的词数应为150左右;

2. 续写部分分为两段,每段的开头语已为你写好。

Paragraph 1:

When Mrs. Meredith heard of John's idea, she thought it was a good one, too. ________________________________

____

____

Paragraph 2:

With everything ready, Bernard started out on his new business. __________

____

____

Possible version:

When Mrs. Meredith heard of John's idea, she thought it was a good one, too. Getting mom's support, the three children yelled with excitement and couldn't wait to go to tell Bernard the good news. After hearing John's idea, Bernard jumped delightedly, with his eyes shinning. Then they invited Bernard to their home to make the popcorn together. As soon as they arrived home, they were busy popping the corns, while their mom went out to buy the paper bags. Before long, they have already popped corns well and filled all the bags.

With everything ready, Bernard started out on his new business. Carrying a basket filled with bags of popcorn, Bernard was welcomed by the people around. So very quickly he returned with an empty basket and money which he never earned. With time going by, Bernard earned enough money to help his father get proper treatment and his mother also got a job. His family was getting better. The kindness of a family saved another one and the power of kindness brought the spring to the community.

四、解决冲突问题[①]

（一）整体设计思路、指导依据说明

《高中英语课标（2020 年修订）》指出，听、读、看是理解性技能，说和写是表达性技能。理解性技能和表达性技能在语言学习过程中相辅相成、相互促进。在综合性的语言实践活动中，教师要关注学生的生活经验和认知水平，使学生在语言实践活动中反思和再现个人的生活和经历，表达个人的情感和观点，在发展语言技能的同时，提高分析问题和解决问题、批判与创新的能力。读后续写这一题型结合“读”和“写”，要求学生先阅读原文后输出情节和语言，兼顾协同效应，是一种创造性模仿。“冲突和解决”模式的读后续写是其中一种，但是学生往往难以把握原文的故事情节，造成偏题和情节混乱。“冲突和解决”模式中的读后续写一般情感非常丰富和强烈，并带有急转弯似的转变。因此，教师在教学这一类续写时，一定要引导学生抓住人物的情感变化，并根据这些变化在续写中注意与之协同。

（二）教学背景分析

1. 学生情况分析

本次授课对象是高二年级理科实验班学生，部分学生存在偏科现象，英语基础较其他科目相对薄弱，学生在英语科上投入的时间也较其他科目少。学生具备在阅读完文本后获取和分析基本信息的能力，对故事情节的理解和把握基本正确，但在阅读原文的过程中，对于人物关系的梳理、人物情感发展变化的掌握，以及发现故事的冲突点并在续写过程中设计如何解决冲突并构思合理结尾的能力有待提高。本节课计划以两条线（情节线和情感线）作为突破口，引导学生发现情节冲突以及对应的情感冲突，并推理出合理的解决情节冲突及对应情感冲突的方法。

---

① 此部分由张静静执笔。

2. 教学内容分析

本篇文章选自北师大版《英语　必修　第一册》Unit 2 Sports and Fitness—Lesson 1 The Underdog，介绍了 Paul 从处于身高劣势不被教练认可到成功上场打球获得成功的转变过程。

文章分为两部分。第一部分主要介绍了主人公 Paul 的基本情况。例如：Paul 对篮球运动的热爱，但身高劣势使其成了 underdog，得不到教练的信任。主人公虽身高有劣势，平时却为能上场做出了很多努力，有着同样身高劣势却能在 NBA 成为明星的 Tyrone Bogues 给了他很多激励。在第一部分的最后，作者写道一场大战将至，为第二部分埋下伏笔。文章的第二部分主要讲述了 Paul 因队友受伤下场终于得到机会，不负大家期望带领全队逆转比赛的故事。在队友受伤且比分落后时，教练员依旧不信任 Paul，但万般无奈下只得允许他上场。比赛胜利后，教练为主人公的神勇表现感到惊叹和骄傲。

我们给出文章第一部分，让学生续写第二部分，将教材改编为一篇读后续写。

Paul 的故事激励学生们在自己的生活中勇于拼搏，遇到困难不要放弃，意识到哪怕自己是学习或者生活中的 underdog，也可以有机会最终取胜，成为人生的胜利者。

（三）教学目标分析

1. 语言能力目标

（1）深度解读文本，找到人物、情节、情感、主题；

（2）培养梳理情节发展和关注人物情感变化的习惯；

（3）引导学生在续写过程中解决原文出现的情节冲突和情感冲突。

2. 文化意识目标

通过本课的学习，希望学生会被 Paul 的故事激励并在自己的生活中勇于拼搏，遇到困难不要放弃，意识到哪怕自己是学习或者生活中的 underdog，也可以有机会最终取胜，成为人生的胜利者。

3. 思维品质目标

通过文本解读，训练学生快速找出原文“情节线”和“情感线”的能力，同时在这两条线中提取人物情感的矛盾点和事件发展的矛盾点，并在之后的续写中都找到解决方法，提升学生批判性思维和创新性思维能力。

4. 学习能力目标

通过课堂活动的参与，学生将独立解决一些问题，进一步强化自主探究的学习策略。通过师生交流和生生交流，学生将充分感受到交际策略在学习过程中的作用。

（四）教学重点、难点分析

1. 教学重点

（1）学生从故事背景、情节脉络、人物设定、写作意图和主题意义这五个方面深度解读文本。

（2）学生能够找到原文的“冲突与问题”，并推理合理的解决方法。

2. 教学难点

（1）部分学生文本解读能力较弱，无法合理推断后续情节。

（2）部分学生写作习惯较差，无法系统、有条理地写作。

（五）教学过程设计

Step 1 Lead in.（2 mins）

导入 NBA 矮个子球星博格斯（也是文中主人公的偶像）。虽然只有 1.6 米，但博格斯却在联盟里效力了整整 14 个赛季，场均可以得到 7.7 分 7.6 助攻 2.6 篮板的表现。虽然职业生涯从来没有获得太过耀眼的个人荣誉，但博格斯的存在本身就具有非常重要的意义——他告诉了全世界，矮个子也是可以在联盟里生存的。

【设计意图】通过博格斯的例子引导学生了解“underdog”的意思（an athlete who seems to have little chance to win）并引出文章主人公。

Step 2 Analyze the reading material.（10 mins）

Task 1　Read for plots.

Read the text and find the related information about Paul and discuss the advantage and disadvantage of Paul.

Task 2　Read for attitude.

Read the text and try to find out different people's attitudes to Paul.

1. Our coach wasn't so sure. —doubtful

2. Everyone knew Paul had real skills. —satisfied

3. Paul knew that being shorter than others. —self-aware

Task 3　Read for conflicts.

This week The Lion PK The Bears

(The background of The Bears—A powerful competitor—A team whose record this season had been perfect.)

Conflict 1：Paul didn't know whether he could get the chance that he'd been waiting for.

Conflict 2: Contrary to most of the teammates, the coach held doubtful attitude to Paul.

【设计意图】作者通过冲突塑造人物性格，凸显主题和写作意图，续写情节只有延续原文的人物设定才能符合原文的主题和作者的写作意图。在原文中寻找线索，旨在引导学生根据文本语言进行分析，而不能凭自己的主观臆断。

Task 4 Read for theme.

Predict the theme of the story and echo it at the end of the story.

(1) Never judge a book by its cover.

(2) God helps those who help themselves.

(3) Life is like a game. Keep trying, and you will earn your place some day.

Step 3 Solve the conflict. (20 mins)

Task 1 Write the first paragraph.

(1) Analyse the given two sentences to predict the first paragraph.

【设计意图】分析所给的两个句子，预测第一段的内容，充分挖掘学生的发散性思维，续写时关注续文与段首句之间的衔接。

(2) Finish writing the first paragraph.

【设计意图】即讲即写，引导学生在构思续写情节时考虑原文分析到的冲突。

Paragraph 1

Suddenly, a player and I crashed into each other. ________________

已知冲突：The writer got hurt and couldn't play. The teammates and the writer suggested Paul to play.

预测冲突：The coach hesitated at first but finally agreed.

【设计意图】本环节从发现情节冲突及情感冲突的角度解读文本，引导学生更准确地把握故事情节的发展方向，并为分析主题意义作铺垫。

Task 2 Write the second paragraph.

(1) Analyse the second given sentences and the theme to predict the second paragraph.

【设计意图】分析所给的第二段首句和文章主题，预测第二段的内容并解决之前预设的冲突。

（2）Finish writing the second paragraph.

【设计意图】即讲即写，引导学生在构思续写情节时根据前面找到的冲突设置合理的解决方法及文章走向。

Paragraph 2

Paul jumped up and rushed onto the court. ____________________

预测冲突：Can Paul live up to others' expectation and do well in the match? What's the ending of the match?

预测冲突：

1. The changes of the Coach's attitude

worried—negative/hesitant—hopeful—excited/proud

2. The changes of Paul's attitude

lack of confidence—self-aware—gather courage to seize the opportunity—go beyond himself

Task 3 Present the students' works.

【设计意图】通过展示学生的作品，详细分析学生作品中是否从情节线到情感线都解决了原文出现的冲突并升华了文章的主题。

Step 4 Emphasize the theme and encourage deep thinking. （8 mins）

Theme：Life is like a game. Keep trying，and you will earn your place some day.

（1）How does the underdog change into the overdog?

（2）Have you ever been an underdog in your real life?

（3）Would you share your experience?

（4）What are you planning to do to become an overdog?

【设计意图】点题并引发学生思考，为课后作业做准备。

Step 5 Assignment. （1 min）

（1）Retell the whole story by using the story elements format after class.

（2）Write your or other people's underdog story.

【设计意图】通过本节课的学习，将课内延伸到课外。该环节旨在让学生能够学以致用，提高学生的知识迁移能力。

附依据教材改编读后续写的题目：

Paul and I were on our school basketball team, The Lions. We loved basketball and were both huge fans of the NBA. When we weren't playing on the court which was next to our building, we were watching a game on TV. My favourite player was LeBron James. Paul's favourite player was Tyrone Bogues, a guy who played for the Charlotte Hormes, although we actually agree that they are both champions.

Bogues was only 1.6 metres tall, which made him the shortest player ever in the NBA. Guess what? Paul was only 1.6 metres tall, too! Paul knew that being shorter than other players meant that he had to practise more. During all those hours of doing jumping shots on his own, he used Nogues as his inspiration. Paul once said, "If Bogues could make it, why not me?"

Our coach was not so sure. Paul had to try out many times just for making the team. He was still usually on the bench, being just a replacement, which was really tough on him. Everyone knew Paul had real skills, and was someone who worked really hard and had a strong desire to play for the team. However, Paul didn't get a chance.

This week, The Lion were playing our main competitor, The Bears, a team whose record this season had been perfect. They hadn't lost a single game. It would be a tough one. Paul didn't know he'd soon get the chance he'd been waiting for.

注意：

1. 所续写短文的词数应为150左右；
2. 续写部分分为两段，每段的开头语已为你写好。

Paragraph 1

Suddenly, a player and I crashed into each other. ____________________

____

Paragraph 2

Paul jumped up and crushed onto the court. ____________________

____

Possible version:

Suddenly, a player and I crashed into each other. Pain raced through my body. My knee hurt badly. The team gathered around, looking worried. The last quarter was about to begin, and my team was behind by 10 points. "I don't think I can play anymore, coach," I said quietly as the doctor put an ice pack on my knee. "No way," the coach replied sharply. "We've got no more players!" At that moment, someone whispered "Paul". But the coach rejected immediately. "Give him a shot, coach!" I murmured almost with tears. "Let Paul play!" Some players become a bit irritable. "Let me try, coach! I won't let you down!" Suddenly, Paul recommended himself in the flesh excitedly. Maybe shocked by Paul's bravery, the coach finally agreed. "Don't let us down, Paul. It's your time to shine."

Paul jumped up and crushed onto the court. And clearly, all the extra hours that he'd spent practising alone paid off. The other team just couldn't keep up with his energy and speed. He made shot after shot, and the crowd couldn't stop clapping and cheering. When the game ended, our team had won by two points. "Well," said the coach as he hit Paul on the shoulder, "you've just earned your place on the team, big guy!" All the team players surrounded Paul, cheering up for his amazing performance, of course, including me.

五、保持衔接与连贯[①]

（一）整体设计思路、指导依据说明

《高中英语课标（2020 年修订）》将英语核心素养凝练为语言能力、文化品格、思维品质和学习能力。英语学科核心素养指出：学生应以主题意义探究为目的，以语篇为载体，在理解和表达的语言实践活动中，融合知识学习和技能发展，通过感知、预测、获取、分析、概括、比较、评价、创新等思维活动，构建结构化知识，在分析问题和解决问题的过程中发展思维品质，形成文化理解，塑造学生正确的人生观和价值观，促进英语学科核心素养的形成和发展。

读后续写任务以读为先，以写为目的，综合考查学生对原文的理解能力与对续写内容的表达能力。一篇好的续写文章不仅需要丰富的内容、巧妙的

① 此部分由龙艳琴执笔。

构思和规范的表达，还需要具备把这些内容联系起来的语篇衔接手段。[①] 所续写段落的情节与原文在体裁、话题、思维和用语上保持风格与逻辑上的统一。

（二）教学背景分析

1. 学生情况分析

本次授课对象是高二年级理科班学生，整体英语水平中等偏下。学生具备在阅读完文本后获取和分析基本信息的能力，对故事情节的理解和把握基本正确，但在构思情节和续写的过程中，难以关注到续写内容与前文的衔接与连贯，从而导致所续写短文与原文融洽度低，甚至情节发展偏离主方向。鉴于以上情况，本节课将引导学生在深入解读文本的基础上，重视续写段落与原文的衔接与连贯，从思维上的衔接和语言上的衔接角度进行多维度衔接探讨，鼓励学生在围绕主题意义的前提下，打开思路，创新思维，合理续写，同时对学生续写情节的合理性、逻辑性和连贯性进行评价，做到以评促写、以评促学。

2. 教学内容分析

本文讲述 Jane 和她的丈夫 Tom 去野外旅游，途中两人因发生争吵，妻子负气另寻营地，结果在森林中迷了路。Jane 又饿又怕，且两次错过了救援的机会，无奈中只能硬着头皮独自一人在森林中过夜。又一个煎熬的夜晚过去了，Jane 终于等到了直升机的救援，更是如愿地和她丈夫 Tom 重聚。本文结合人与自然和人与社会的话题，选取了生活中较常见的题材——争吵迷路等日常冲突，文本的难度不大，从爱和冷静的角度引导孩子关注和周围人生活上的小冲突，智慧解决，温暖成长。

（三）教学目标分析

1. 语言能力目标

（1）通过评分标准的学习，让学生明白所续写内容要与原文高度融洽；

（2）通过深度解读文本，让学生能合理地构建续写的情节；

（3）培养关注衔接与连贯的习惯；

（4）引导学生做到衔接与连贯。

2. 文化意识目标

通过本课的学习，让学生明白遇事冷静和用爱处理冲突的重要性，形成

---

① 程晓堂，郑敏．语言学习策略：从理论到实践［M］．北京：外语教学与研究出版社，2002.

正确的人生观和价值观。

3. 思维品质目标

通过文本解读，提高用英语获取信息、处理信息、分析问题和解决问题的能力，掌握衔接与连贯的主要方法和技巧，学会评价习作的连贯性，提升批判性思维和创新性思维能力。

4. 学习能力目标

通过课堂活动的参与，学生将独立解决一些问题，进一步强化自主探究的学习策略。通过师生交流和生生交流，学生将充分感受到交际策略在学习过程中的作用。

（四）教学重点、难点分析

1. 教学重点

（1）学生能够从故事背景、情节脉络、人物设定、写作意图和主题意义等方面深度解读文本；

（2）学生能够关注衔接与连贯，并掌握相应的技巧。

2. 教学难点

（1）部分学生文本解读能力较弱，无法合理推断后续情节；

（2）部分学生写作水平较差，无法系统、有条理地进行写作。

（五）教学过程设计

Step 1 Lead in. (1 min)

Review the writing evaluations.

【设计意图】让学生明确优秀作文的标准，引入本课的目标。

Step 2 Analyze the reading material (coherence in logic). (9 mins)

Task 1 Read for plots.

Ask students to retell the story with the help of some key words.

【设计意图】用关键词还原故事情节，旨在帮助学生掌握故事大意，为续写做准备。

Task 2 Read for conflicts.

(1) What's Jane feeling after it was getting dark?

(2) What happened to Jane and her husband?

(3) What can we learn about the relationship between Jane and Tom? What's the evidence in the passage?

【设计意图】作者通过冲突塑造人物性格，凸显主题和写作意图，续写情节只有延续原文的人物设定才能符合原文的主题和作者的写作意图。在原文中寻找线索，旨在引导学生根据文本语言进行分析，而不能凭自己的主观臆断。

Task 3　Read for the theme.

What is the author trying to tell the reader?

【设计意图】本环节从作者的角度解读文本，旨在关注作者的写作意图，引导学生更准确地把握故事情节的发展方向，并为分析主题意义做铺垫。

Step 3　Make coherence possible（coherence in language）.（28 mins）

Task 4　Write the first paragraph.

（1）Analyse the given two sentences to predict the first paragraph.

【设计意图】分析所给的两个句子，预测第一段的内容，充分挖掘学生的发散性思维，续写时关注续文与段首句之间的衔接。

（2）Finish writing the first paragraph.

【设计意图】即讲即写，引导学生在构思续写情节时务必与解读原文所获得的内容保持一致。

Task 5　Write the second paragraph.

（1）Analyse the second given sentences and the theme to predict the second paragraph.

【设计意图】分析所给的第二段首句和文章主题，预测第二段的内容，续写时关注续文与段首句之间的衔接。

（2）Finish writing the second paragraph.

【设计意图】即讲即写，引导学生在构思续写情节时务必与解读原文所获得的内容保持一致。

Task 6　Present the students' works.

【设计意图】通过展示学生的作品，详细分析学生作品中的衔接与连贯：段首句与续文之间的衔接、第一段与第二段的衔接、续写内容间的衔接（主位推进），让学生更加清晰如何做到衔接与连贯，帮助学生改进自己的续写作品。

Step 4　Summary.（1 min）

【设计意图】总结本课的主要内容。

Step 5 Assignment. (1 min)

(1) Correct your own composition and polish it.

(2) Accumulate some useful skills.

【设计意图】 通过本节课的学习，将课内延伸到课外。该环节旨在让学生能够学以致用，提高学习能力。

附 2016 年浙江省高考英语真题：

One weekend in July, Jane and her husband, Tom, had driven three hours to camp overnight by a lake in the forest. Unfortunately, on the way an unpleasant subject came up and they started to quarrel. By the time they reached the lake, Jane was so angry that she said to Tom, "I'm going to find a better spot for us to camp" and walked away.

With no path to follow, Jane just walked on for quite a long time. After she had climbed to a high place, she turned around, hoping to see the lake. To her surprise, she saw nothing but forest and, far beyond, a snowcapped mountain top. She suddenly realized that she was lost.

"Tom!" she cried, "Help!"

No reply. If only she had not left her mobile phone in that bag with Tom. Jane kept moving, but the farther she walked, the more confused she became. As night was beginning to fall, Jane was so tired that she had to stop for the night. Lying awake in the dark, Jane wanted very much to be with Tom and her family. She wanted to hold him and tell him how much she loved him.

Jane rose at the break of day, hungry and thirsty. She could hear water trickling (滴落) somewhere at a distance. Quickly she followed the sound to a stream. To her great joy, she also saw some berry bushes. She drank and ate a few berries. Never in her life had she tasted anything better. Feeling stronger now, Jane began to walk along the stream and hope it would lead her to the lake.

As she picked her way carefully along the stream, Jane heard a helicopter. Is that for me? Unfortunately, the trees made it impossible for people to see her from above. A few minutes later, another helicopter flew overhead. Jane took off her yellow blouse, thinking that she should go to an open area and flag them if they came back again.

注意：

1. 所续写短文的词数应为150左右；

2. 续写部分分为两段，每段的开头语已为你写好。

Paragraph 1

But no more helicopters came and it was getting dark again. ____________

____

____

____

Paragraph 2

It was daybreak when Jane woke up. ____________________

____

____

____

Possible version:

But no more helicopters came and it was getting dark again. Immediately, an absolute darkness ruled the forest. Jane, exhausted and scared, lay down near a stone, missing her family at a distance. All the fantastic memory crowded in and she couldn't help crying, "Hadn't I quarreled with Tom, walked away and climbed to the high place, I wouldn't be trapped in this awful place, facing the danger of dying." She regretted with endless anxiety, and then became asleep with shining tears in her eyes.

It was daybreak when Jane woke up. Weak as she was, she struggled to her feet, continuing searching for assistance. To her great joy, a helicopter was flying overhead again and again. Eager and excited, she flagged her yellow blouse and spared no effort to yell so as to attract others' attention. Fortunately, she was eventually noticed and brought into the helicopter. There, she saw her husband, a man staring at her, wearing an expression of relief. As tightly as possible, she hugged him and was too thrilled to say anything. Besides, they agreed never to quarrel again, determining to live the life to the fullest.

第五章 高中英语非叙事体读后续写思维型学案开发

高中英语读后续写教学主要聚焦记叙文体裁，即通过续写故事实现与前文的人物性格、情节、语言风格等方面的协同效果。而非叙事体的文本在教材所占比例较多。如何通过非叙事体文本培养学生的语言与思维能力值得进一步探索。本章将基于新人教版、外研社版以及外刊等文本素材进行二次开发，探索非叙事体读后续写内容、结构和语言方面的协同效应，从而发展学生语言运用能力与逻辑思维能力。

本章所选取的主题文本均符合高中学生的思维特点及认知水平，并能促发学生的思考，提高学生对自我和对世界的认知。文本内容包括人与自我、人与社会、人与自然三大主题语境。第一，人与自我，通过学习创新创业的故事，让学生明白创业的艰辛，反思创业的条件，提高学生对创新创业的意识。第二，人与社会，通过学习智能家居如何改变生活，激发学生对科技的兴趣，并引导学生批判思考科技生活的利弊。第三，人与自然，通过思考如何应对灾害带来的紧急情况，反思日常生活的需要，提高生活技能；通过思考如何协调城市发展与野生动物保护之间的关系，提高学生对动物的关爱及环保的意识。

文本读写任务的设计注重输入与输出的关联性，围绕内容、语言及结构三个维度为学生搭建续写脚手架。第一，学生通过文本内容的学习与探究，寻找续写内容的协同点；第二，学生理解模仿文本的词汇、句式及写作手法，巩固并拓展语言协同点；第三，在思维导图的指导下学生理顺文本的语篇结构，搭建续写的结构协同点。

第一节　人与自我——创新创业之如何提升创新创业意识①

表 5－1　选文难度

词数	“指难针”难度等级	适合学生水平
457 词	高考	高三学生

简介：本续写文本为非叙事文体之创新创业专题报道②，通过阅读本文，学习张月如何成功开创自己的公司，明白创业之艰辛，反思年轻人创业之条件，从而增进对创业知识的了解，提高创新创业意识。

主题语境：人与自我—做人与做事—创新与创业—如何提升创新创业意识。

语篇模式：General-Specific 模式，即：main idea ←(explain)— further information

学习目标：

通过本课学习，学生能够：

（1）通过表格，提取文本段落大意，利用思维导图梳理文本的篇章结构；

（2）获取、整理、陈述张月的创业经验，概括成功创业者张月的特质；

（3）分析文本语言特点，理解、归纳人物专题报道类语篇的特点；

（4）综合运用本课所学的内容、语言和语篇知识完成文章最后一段的续写，批判性地思考年轻大学毕业生创业的问题，增进对创业知识的了解，提高创新创业意识。

学习重、难点：

（1）厘清文本结构，找到续写的结构协同点；梳理文本内容，找到续写的内容协同点；分析文本语言，找到续写的语言协同点；

（2）依据协同点，完成新闻特写的主题续写。

---

① 本节作者为陈丽芳，一稿审稿人为何映桦，二稿审稿人为彭英。

② 本文改编自外研社版《英语　选择性必修　第四册》Unit 4　Everyday economics。

Business Blossoms

As she spoke, Zhang Yue put her hands behind her back to hide that they were shaking. She couldn't, however, hide the line of sweat running down her forehead, which was caused partly by the heat of the television studio, but more by fear of the four people seated in front of her. They stared back, their blank faces giving no clue as to what they would say next. Feeling dizzy, Zhang Yue took a deep breath as she struggled to finish her presentation, "And that is why I need your help in turning my new and exciting business into a successful one."

Now chairwoman of her own company, Zhang Yue is fond of saying, "The early bird catches the worm." The place where this happens is a valley, a world away from any television studio. Moving carefully through the darkness, she passes row upon row of rose plants. In an hour, these fields will be full of people, working quickly to pick the flowers before sunrise. "It has to be done then," says Zhang. "These flowers are delicate."

Zhang never thought that this was something she would end up doing. Surrounded by roses as she was growing up, she paid them little attention. It was only after graduating from university overseas and returning to visit her parents that Zhang realized the potential. "Conditions are ideal here," she says with excitement. "This is a place where roses grow wild."

Zhang therefore decided to return to her hometown and grow roses, which surprised many people. "I wanted to experience the freedom of being my own boss," she said. "But I also wanted to give something back to my hometown. As people say, 'It takes a village to raise a child.'"

The road to her success is a long and difficult one, with many challenges along the way. As someone who grew up in the country, Zhang already knew about growing plants. However, like any entrepreneur who was just starting out, she still had a lot to learn. She has overcome a number of obstacles in nursing her business to the success it is today. "The biggest challenge at the initial phase was to persuade people to work for me, which was totally outside my experience. Few in the village believed I could create a multimillion yuan business from flowers," says Zhang. "After I went on TV, a major Asian manufacturer of cosmetics was willing to purchase my product and help with its distribution. It was only then that the locals began to believe me. Now my product is one of the best in Asia. This year, I can pay all my fellow workers a decent bonus."

Seeing her peers who are also dying to start their own businesses, Zhang has mixed feelings. ____
____
____.

一、主题探索

(1) Read for the content.

①What is the main idea of the text?

____

②What is the literary style of the text?

____

③What decision did Zhang Yue make to develop her career?

____

④Why did Zhang Yue choose to start her own business in her hometown?

____

⑤How about Zhang Yue's road to success?

____

(2) Read for the structure.

- Business Blossoms
  - General introduction to Zhang Yue
    - A young start-up growing roses.
    - ① ________ of her own company.
  - Reasons for starting a business in her hometown
    - An ② ______ for growing roses.
    - Experiencing the③ ______ of being her own boss.
    - Giving something back to her hometown.
  - ④ ________
    - Getting investment.
    - Persuading people to work for her.
  - Advice for young entrepreneurs

(3) Read for the profile of the character.

Name	Zhang Yue
Occupation	①________ of Rose Valley Co. Ltd.
General situation of the company	One of the best rose products in ②________.
	A major Asian manufacturer of cosmetics ③ ________ buy my product and help with ④________.

续上表

Reasons for starting a business	An ideal place for growing roses.
	Experiencing the freedom of ⑤________.
	To ⑥________ to her hometown.
Challenges	Getting ⑦________.
	Persuading people ⑧________.
Advice for young entrepreneurs	?（续写内容）

Question：What do you think has contributed to Zhang Yue's success?

____

二、主题词块积累（见表 5－2）

表 5－2　主题词块

项目	词块
创业之初（兴趣爱好、调研、准备）	initially *adv.* 最初地 be fond of 喜欢 bug *n.* 突然的兴趣，迷恋 enterprising *adj.* 具有创新精神的 sound *adj.* 明智的；合理的 a number of 许多的 in the hope of 怀着（……发生的）希望 passion *n.* 热情 entrepreneur *n.* 企业家，创业者 ambitious *adj.* 有野心的 economy *n.* 经济
创业之时（遇到问题、解决问题）	cosmetics *n.* 化妆品 distribution *n.* 经销 run *v.* 经营 purchase *v.* 购买 multimillion 数百万 manufacture *v.* 制造 manufacturer *n.* 制造商 obstacle *n.* 障碍 nurse *v.* 照顾 reject *v.* 拒绝 input *n.* 投入 invest *v.* 投资 negotiate *v.* 谈判 meet with 遭受，受到 struggle to do sth. 挣扎做某事 rush into things 仓促行事 consult with sb. about sth. 与某人商量/磋商某事 from/in one's experience 在某人的经验之内

续上表

项目	词块
创业之后（感悟）	devotion *n.* 奉献 business plan 商业计划 dream of doing sth. 梦想做某事 persuade sb. to do 劝说某人做某事 be willing to do 乐意做某事 determination *n.* 决心，果断 decent *adj.* 体面的；相当好的 management and negotiating skills 管理和谈判技巧 bonus *n.* 奖金；红利 all-important *adj.* 极重要的 end up doing sth. 以做某事结束
名言警句	1. The early bird catches the worm. 早起的鸟儿有虫吃。 2. The market does not believe in tears, and the workplace does not sympathize with the weak! 市场不相信眼泪，职场也不同情弱者！ 3. In the modern economy, knowledge is becoming the real capital and the primary wealth. 在现代化经济中，知识正成为真正的资本与首要的财富。

三、主题句型练习

1. 主题描述句型（见表 5－3）

表 5－3　主题描述句型

人物刻画	语言： 在人物专题报道中，会经常直接引用人物说的话。常见的引述动词有 say、tell、ask、explain、comment、suggest、mention、reveal、report、state 等。恰当地使用引述动词并加入语气、嗓音、情感，可以使我们的描写更生动传神。	1. "It has to be done then," says Zhang. "These flowers are delicate." 2. "Conditions are ideal here," **she says with excitement.** "This is a place where roses grow wild."（where 引导的定语从句） 3. "I wanted to experience the freedom of being my own boss," she said. "But I also wanted to give something back to my hometown. As people say, 'It takes a village to raise a child.'"（as 引导的定语从句）

续上表

人物刻画	动作： 在人物专题报道中，精准的动作描写能够更加细致地反映人物的心理情绪变化，更加生动地刻画人物的内心世界。	1. As she spoke, Zhang Yue **put her hands behind** her back to hide that they were **shaking.**（as 引导的时间状语从句；that 引导的宾语从句） 2. Feeling dizzy, Zhang Yue **took a deep breath** as she struggled to finish her presentation.（非谓语作伴随状语；as 引导时间状语从句） 3. They **stared back**, their blank faces giving no clue as to what they would say next.（独立主格结构；what 引导的宾语从句）
	神态： 人物神态体现人物的心理状态。神态描写主要是对人物五官和眼神等动作和变化的描写。	She couldn't, however, hide the line of sweat running down her forehead, which was caused partly by the heat of the television studio, but more by **fear** of the four people seated in front of her.（非谓语作伴随状语；which 引导的定语从句）
建议描述	并列式	For one thing, … For another, … 一方面，……另一方面，……
	对照式	It's of little significance that … What really matters is… ……并不重要，重要的是……
	递进式	First of all, … What's more, … Most importantly, … 首先，……其次，……最重要的是，……

2. 练习

分析原句画线部分的内容并仿照该结构根据汉语进行人物的刻画。

原句 1：They stared back, <u>their blank faces giving no clue as to what they would say next.</u>

（1）独立主格结构。

张月一动不动地坐着，低着头，双手扣在胸前。

____

（2） what 引导的宾语从句。

张月作为一个成功的创业者，她非常乐于尽她所能地去帮助有需要的人。

原句 2：Zhang therefore decided to return to her hometown and grow roses, which surprised many people.

非限制性定语从句。

张月皱着眉说：“最大的挑战是说服人们为我工作，这完全超出了我的经历。”

原句 3：It was only after graduating from university overseas and returning to visit her parents that Zhang realised the potential.

强调句（It is/was + 被强调部分 + that/who + 其他成分。）

直到那个时候，张月才明白团队合作的重要性。

原句 4：Feeling dizzy, Zhang Yue took a deep breath as she struggled to finish her presentation.

非谓语动词的使用。

张月为现在的年轻人感到骄傲，有很多想法想跟他们分享。

原句 5：As people say, “It takes a village to raise a child.”

as 引导定语从句。

正如谚语所说：“没有付出就没有收获。”

四、主题语篇练习

运用以上所学的词块和句型进行主题微语境写作。

策略 1：运用“总—分—总”模式（见图 5－1）展开段落，使主题聚焦，逻辑清晰。

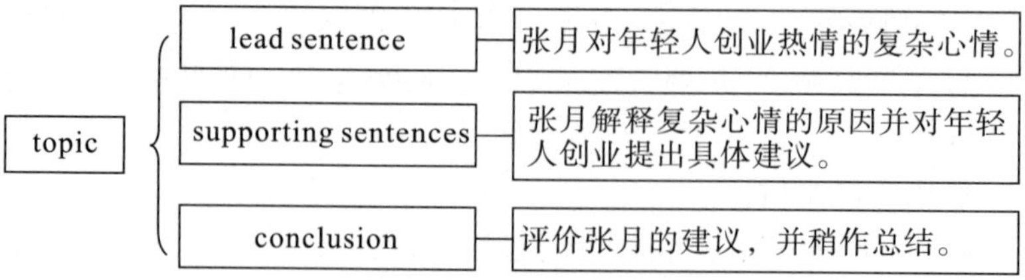

图 5－1　语篇结构

例如：

The road to her success is a long and difficult one, with many challenges along the way.（主题句，引入主题：成功路上有很多坎坷）“The biggest challenge at the initial phase was to persuade people to work for me, which was totally outside my experience. Few in the village believed I could create a multi-million yuan business from flowers,” says Zhang. “After I went on TV, a major Asian manufacturer of cosmetics was willing to purchase my product and help with its distribution. It was only then that the locals began to believe me.（分句，举例补充说明遇到的困难和解决方式）Now my product is one of the best in Asia. This year, I can pay all my fellow workers a decent bonus.”（总结句，强调战胜困难后的结果）

练一练：

（1）请基于续写的首句，写第二句：描述张月心情复杂的原因。

Your version: ____

（2）运用所学的词句写一句总结句：对年轻人创业的总体感想。

Your version: ____

策略 2：巧用逻辑词承上启下。

（1）利用先后次序、递进关系、因果关系的逻辑词进一步解释建议。

例如：

“Conditions are ideal here,” she says with excitement. “This is a place where roses grow wild.” Zhang therefore（因果关系，进一步解释说明）decided to return to her hometown and grow roses, which surprised many people.

练一练：请根据句意填入适当的逻辑关系词或者短语。

① She advises young people to seek guidance from expert consultants ________ rushing into things.

②There's no doubt that a sound business plan is important, but ________ is the courage to continue when you face failure on the way to success.

（2）利用转折关系引入新话题，承接上下文。

She couldn't however（前后转折，表示很紧张）, hide the line of sweat running down her forehead, which was caused partly by the heat of the television studio, but（表示与前文相反，凸显紧张）more by fear of the four people seated in front of her.

练一练：请根据句意填入适当的逻辑关系词。

①I love running my own business, ________ it's not for everyone.

②________ she welcomes the new entrepreneurial spirit, she advises that people be more realistic.

策略 3：利用指代（人称代词、指示代词、定冠词等）衔接前文。

例如：

The place where this（指代创业）happens is a valley, a world away from any television studio.

练一练：请根据句意填入适当的代词。

You should know your own limits and ________ of the people you work with. For young people who have little life experience, ________ can be a challenge.

五、主题续写练习

结合微语境续写的框架，续写一段张月给年轻创业者的建议，并注意续写的段落要与原文衔接与连贯。

要求：

（1）内容：张月对年轻创业者的建议。

（2）语篇：

①适当使用逻辑词；

②延续新闻报道的风格，增加生动的细节描写；

③段落用总—分—总模式；

④续写时与开头衔接，结尾句需紧扣主题。

（3）语言：至少五次运用主题词块和句型，并在续作中用横线画出来。

（4）字数：150 字以上。

Seeing her peers who are also dying to start their own businesses, Zhang has mixed feelings. ____

____

____

____

____

____

____

____

____

____

六、评价设计（见表5－4、表5－5）

表5－4 写作自评表

评价项目	评价内容	评价情况	评分（1～5分）
内容	我的文章包含了要求的内容。	是　　否	
结构	我使用了“总—分—总”结构。	是　　否	
	我运用了逻辑词。	是　　否	
	我开头的句子跟上文衔接。	是　　否	
	我结尾的句子回扣主题。	________个	
语言	我使用了本课所学的词块。	________个	
	我使用了本课所学的句式。	________个	
总分			

表5－5 学生课后评价表

通过本课学习	评分（1～5分）
1. 我能概括文本主要内容，并通过思维导图梳理文本的篇章结构。	
2. 我了解了人物专题报道的写作特点。	
3. 我能分析文本句型并应用定语从句、非谓语、强调句、独立主格结构、状语从句等句型进行人物的刻画以及建议的描述。	
4. 我通过“总—分—总”结构有逻辑地续写张月对年轻人创业的建议。	
5. 我能通过本课的学习，加深对创新创业知识的了解，学会了批判性思考自己是否适合创业。	

我想进一步探索的内容：

附录：参考答案

一、主题探索

(1) Read for the content.

①The passage is about a young graduate named Zhang Yue who started a business of growing roses. It follows how she developed her career, and particularly reveals some advice Miss Zhang gave to her peers to think realistically before starting their own businesses.

②It is a feature story written in clear language, with vivid descriptions on the whole and partly subjective comments. Feature stories are human-interest articles that focus on particular people, places and events.

③Zhang Yue decided to return to her hometown and start her business growing roses.

④It is an ideal place for growing roses.

⑤It was full of challenges.

(2) Read for the structure.

①Chairwoman ②ideal place ③freedom ④Challenges

(3) Read for the profile of the character.

①Boss ②Asia ③was willing to ④its distribution

⑤being her own boss ⑥give something back ⑦investment

⑧to work for her

Question: What do you think has contributed to Zhang Yue's success?

Answer: There are so many things that contributed to her success, such as her passion and devotion, hard work and determination, sound business plans and good management as well as negotiating skills, luck to get investment and support from experienced business people.

三、主题句型练习

2. 原句 1：(1) Zhang Yue sit still, head bowed, hands clasped in front of her chest.

(2) Zhang Yue, as a successful entrepreneur, is always ready to do what she can do to help those in need.

原句 2： "The biggest challenge was to persuade people to work for me, which was totally outside my experience." said, Zhang Yue, frowning.

原句 3：It was only then that Zhang Yue began to understand the importance of teamwork.

原句 4：Zhang Yue，feeling pride for the young，has a lot to share with them.

原句 5：As an old saying goes，“No pains，no gains.”

四、主题语篇练习

策略 1：（1）Though she welcomes the new entrepreneurial spirit，she advises that people be realistic and seek guidance from expert consultants before rushing into things.

（2）The road to success is never easy，but the desire to obtain achievement and get independence will be ever-lasting at the bottom of young people's heart.

策略 2：（1）①before　②what really matters

（2）①but　②Though

策略 3：those（指代 limits）；that（指代上一句）

五、主题续写练习

One possible version：

Seeing her peers who are also dying to start their own businesses，Zhang has mixed feelings. Though she welcomes the new entrepreneurial spirit，she advises that people be realistic and seek guidance from expert consultants before rushing into things. She folds her arms across her chest and continues，“I love running my own business，but it's not for everyone.” Her eyes glittering with wisdom，Zhang adds，“To succeed in business，you need more than a good idea，hard work and determination. What really matters is a sound business plan，access to capital，and good management and negotiating skills. Moreover，it is the courage to continue that counts when you face failure on the way to success. Most of all，don't be too ambitious. You should know your own limits and those of the people you work with. For young people who have little life experience，that can be a challenge.” In Zhang Yue's eyes，the road to success is never easy，but at the same time she herself has set up a good example for those who dare to dream of success and independence. As people say，“Great it is to dream the dream when you stand in youth by the starry stream. But a greater thing is to fight life through，and say at the end，the dream is true.”（206 words）

第二节　人与社会——科技发展之智能家居如何改变生活[1]

表 5-6　选文难度

词数	"指难针"难度等级	适合学生水平
427 词	高考	水平较好的高一或高二学生

简介： 本课的续写为非叙事类文体之智能家居说明文。[2] 通过本文了解未来智能家居给生活带来的便利，引导学生批判性思考科技生活的利弊，激发学生对科学技术的兴趣，探索更多智能家居。

主题语境： 人与社会—科学与技术—科技发展与技术创新—智能家居如何改变生活。

语篇模式： general-specific 模式，即某个智能家居场景（general topic）→具体例证（specific example）支持主题。

论证方法： 对比（contrast）

学习目标：

通过本课学习，学生能够：

（1）获取文本介绍智能家居的事实性信息，概括文本大意，利用思维导图梳理文本的篇章结构和归纳论证方法。

（2）分析文本的词汇、语法和句型，并通过仿写和造句熟练运用在描述智能家居的适用场景、功能与优缺点写作中。

（3）运用"总—分—总"结构和"general-specific"语篇模式分析语篇连贯性，即内容、思维、语言的连贯，并在此基础上进行主题续写。

（4）综合运用本课所学的内容、语言和语篇知识展开续写，批判性评价智能家居的优缺点，形成理性思维。

学习重点：

（1）基于对文本主题词块、句型与篇章结构的梳理与分析，在智能家居

① 本节作者是何映桦，一稿审稿人为彭明芳，二稿审稿人为彭英。

② 本文改编自人教版《英语　选择性必修　第一册》Unit 2　Reading and Thinking 板块中的文章"Smart Homes to Make Life Easier"。

续写中应用相关的写作思路与策略（内容协同、思维协同）。

（2）梳理与归纳有关智能家居功能和作用的词汇、语法和句型等语言表达，迁移运用到续写的新篇章（语言协同）。

学习难点：

基于对文本的句型、篇章结构和上下文逻辑的梳理与分析，独立进行主题续写。

Smart Homes to Make Life Easier

Have you ever forgotten to lock the door of your house? Or, have you ever forgotten to switch off the TV or computer? These kinds of things happen to us all the time, waste resources, and can sometimes lead to problems. However, in the not-too-distant future, we will be living in smart homes that will lock the door for us when we are away and remember to switch off the TV when we forget. These smart homes will keep us secure, save us energy, and provide a more comfortable environment to live in.

Intelligent Controls

Today, we have to use switches for our lights, knobs for our appliances, and remote controls for our TVs and air conditioners. In the future, we will be using advanced technology every day for automatic control of just about everything in our home. The future home will use integrated sensors to tell when you leave home each morning, and then go into an energy-efficient mode all by itself. You will no longer have to think about turning switches on and off yourself. Your home will also learn your daily routine and preferences, so everything will be ready for you when you get home each evening. Your lights will come on the instant you enter the door along with your favourite music or TV programmes, and you will find your dinner already prepared for you. All controls will respond to voice commands, so if you want to change your routine, you just say aloud what you want and the home system will obey.

Regular Health Checks

In addition, your smart home will be monitoring your health for you every day. Your bed, for example, will record how well you sleep every night. It will also be checking your body weight. If you start to have sleep or weight problems, it will send a warning to your phone. It will also give you suggestions on a healthier diet and how to sleep better. Smart toilets will be keeping constant track of your health as well. They can warn you early on if there is something abnormal or if you have a critical illness, such as cancer, and potentially save your life.

No More Disasters

Smart homes will be able to prevent serious damage from accidents. For example, if a water pipe starts leaking, or if there is a short in the electrical wiring, your smart home will detect it and provide you with the relevant information. This way, you will be able to fix the problem before your home becomes flooded or catches fire.

一、主题探索

(1) Read for the content.

①What is the main idea of the text?

____

②According to Paragraph 1, what are the benefits of smart homes?

____

③How will the automatic controls work when we leave home?

____

④Why does the author raise two questions in the very beginning?

____

(2) Read for the structure.

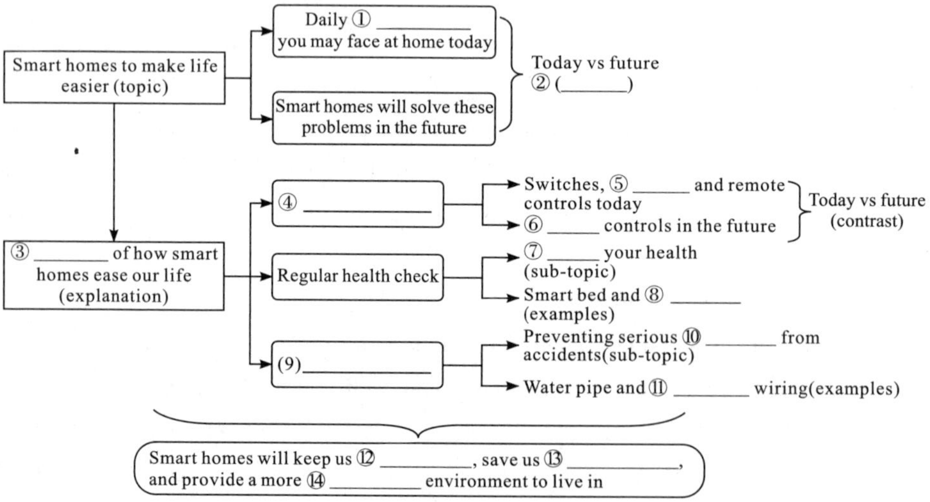

二、主题词块积累

1. 智能家居产品词块（见表 5－7）

表 5－7　智能家居产品词块

情境	词块	
安全	smart doorbell 智能门铃 smart control 智能控制 smart lock 智能门锁	smart camera 智能摄像机 smoke detector 烟雾探测器 smart water monitor 水监测器
健康	smart bed 智能床 air purifier 空气净化器	air quality monitor 空气质量监测器 water purifier 水净化器
娱乐	smart TV 智能电视 smart projector 智能投影仪	smart speaker 智能音箱 virtual video 虚拟视频
卫生	smart toilet cleaner 智能厕所清洁器 smart vacuum 智能真空吸尘器	robotic mop 机械拖把
厨房	smart refrigerator 智能冰箱 smart microwave 智能微波炉 digital air fryer 数字空气炸锅 smart Wi-Fi pressure cooker 智能 wi-fi 压力锅 automatic coffee maker 自动咖啡机	smart oven 智能烤箱 smart toaster 智能烤面包机
节能产品	smart lighting 智能灯光 smart air conditioner 智能空调	smart water controller 智能控水器 water-saving dishwasher 节水洗碗机

2. 智能家居的利与弊词块（见表 5－8）

表 5－8　智能家居的利与弊词块

利	弊
promote convenience 便利 improve security and safety 提高安全性 save time and energy 节省时间和能源 enhance life quality 提高生活质量 facilitate efficiency 提高效率 protect environment 保护环境 enrich family entertainment 丰富家庭娱乐方式 keep ... tidy/ neat 使……保持整洁	pay higher costs 更昂贵 require stable Internet connection 需要稳定网络连接 result in laziness 导致懒惰 require additional maintenance 需要额外护理 pose potential security risks 产生潜在安全风险 trigger privacy concerns 引发隐私问题

三、主题句型练习

1. 主题描述句型（见表5-9）

表5-9 主题描述句型

描述智能家居功能	定语从句	We will be living in smart homes **that** will lock the …
	宾语从句	… use integrated sensors to tell **when** you leave home …（when 引导名词性从句，作 tell 的宾语） … give you suggestions on a healthier diet and **how to** sleep well（疑问词 + 不定式结构） … record **how** well you sleep every night.
	过去分词作宾补	… you will **find** your dinner already **prepared** for you.
描述智能家居适用场景	状语从句	… lock the door for us **when** we are away and remember to switch off the TV **when** we forget. Your lights will come on **the instant** you enter the door…（the instant = as soon as，表"一……就……"） **If** you start to have sleep or weight problems, it will send a warning…
描述智能家居用法	宾语从句	… you just say aloud **what** you want…（what 引导的名词性从句，作 say 的宾语）
描述智能家居优点	介词短语	Your lights will come on… **along with** your favourite music or TV programmes.
	不定式作后置定语	… provide a more comfortable environment **to live in**.
	状语从句	… fix the problem **before** your home becomes flooded or catches fire.

2. 主题常用语法

（1）In the future, we will be using advanced technology every day for automatic control of just about everything in our homes.（将来进行时）

（2）The future home will use integrated sensors to tell when you leave home each morning…（一般将来时）

语法解释：

将来进行时：表示在将来某一时间开始，并持续下去的动作，一般用延续性动词，将来进行时还常用于礼貌询问、请求或期待等。句（1）表示"在将来（很长一段时间内），我们将每天都会使用先进的科技来自动控制家中所有东西"。

一般将来时：表示将来将要发生的动作或情况。如句（2）表示"未来的家庭会使用集成传感器来判断你每天早上什么时候离开家"。

3. 练习

分析原句画线部分的内容并仿照该结构根据汉语进行有关智能家居优点、适用场景和功能的描述。

原句 1：Your lights will come on the instant you enter the door along with your favourite music or TV programmes.

the instant 引导的时间状语从句描述智能家居优点。

扫地机一打开就可以帮你扫地。(...the instant...)

____

原句 2：For example, if a water pipe starts leaking, or if there is a short in the electrical wiring, your smart home will detect it and provide you with relevant information.

if 条件句描述智能家居适用场景。

如果你忙于工作，智能家居将帮你打扫卫生。

____

原句 3：It will also give you suggestions on a healthier diet and how to sleep better.

疑问词 + 不定式引导的宾语从句描述智能家居功能。

如果你设定好每天扫地的时间，它也会定时自动打扫。

____

四、主题语篇练习

运用以上所学的词块和句型进行主题微语境写作。

策略 1：运用"总—分—总"模式（见图 5－2）展开段落，聚焦主题，逻辑连贯。

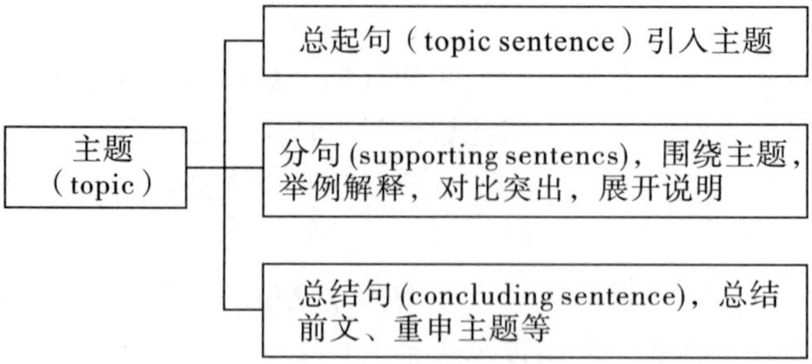

图 5－2　语篇结构

例如：

Smart homes will be able to prevent serious damage from accidents. （主题句，引入主题）For example，if a water pipe starts leaking，or if there is a short in the electrical wiring，your smart home will detect it and provide you with the relevant information. （分句，举例说明）This way，you will be able to fix the problem before your home becomes flooded or catches fire.（总结句，交代结果）

练一练：

（1）基于本课智能家居的功能介绍，运用所学的词句写一句关于智能家居优点的总起句。

（提示：本句可以从安全、卫生、健康、节能等方面入手，运用表示褒义的动词，并通过列举方式给出这一方面的具体智能家居设备。）

Your version：____

（2）基于上一句总起句和本课智能家居的效果介绍，运用所学的词句写一句关于智能家居对生活有什么影响的总结句。

（提示：结尾句可以回应段落的主题句，重申智能家居的优点，但注意运用同义词替换和总结逻辑词。）

Your version：____

策略 2：利用“general-specific”模式（见图 5－3），在段落开头提出中心主题（智能家居的作用），并用不同的具体例证来支持主题，构成合理的逻辑链。

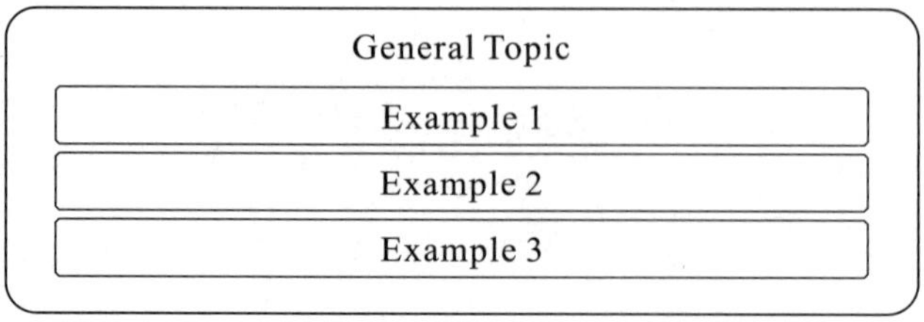

图 5－3　“general-specific”模式

注释：在提供具体例证时，可以运用 if、when、the instant 等词引导的状语从句描述智能家居应对的不同场景或问题，运用宾语从句、定语从句等展示智能家居的功能，运用定语从句、分词定语、不定式短语评价智能家居的效果。

例如：

In addition, your smart home will be monitoring your health for you every day.（概括陈述）Your bed, for example, will record how well you sleep every night. It will also be checking your body weight. If you start to have sleep or weight problems, it will send a warning to your phone. It will also give you suggestions on a healthier diet and how to sleep better.（具体例证 1）Smart toilets will be keeping constant track of your health as well. They can warn you early on if there is something abnormal or if you have a critical illness, such as cancer, and potentially save your life.（具体例证 2）

练一练：

请根据以上的句式逻辑列举关于智能家居在卫生、厨房、娱乐等方面的功能和影响。

（1）卫生：

____

（2）厨房：

____

（3）娱乐：

____

策略 3：巧用逻辑词承上启下。

（1）逻辑功能词（见表 5 – 10）

表 5 – 10　逻辑功能词

逻辑关系	功能词
因果关系	because　since　as　for　due to　owing to　so　thus hence　therefore　accordingly　consequently　in this way
转折关系	but　however　yet　instead of　rather than　while whereas　nevertheless　in fact
让步关系	although　though　despite　in spite of　regardless of　even if
比较关系	likewise　similarly　unlike　by/ in contrast　in contrast to/ with on the contrary　otherwise　while

续上表

逻辑关系	功能词
列举关系	for example　for instance　such as　including
递进关系	besides　as well as　in addition　moreover　furthermore　apart from
条件关系	if　unless　when　the instant　as soon as

（2）利用递进关系与列举逻辑进一步解释说明。

例如：

In addition, your smart home will be monitoring your health for you every day.（递进关系）Your bed, for example, will record how well you sleep every night.（列举关系）

练一练：请根据句意填入适当的逻辑关系词。

________, it will save more time and effort while maintaining your house shipshape.

（3）利用对比论证方法，突出未来智能家居的优势。

Have you ever forgotten to lock the door of your house? Or, have you ever forgotten to switch off the TV or computer? These kinds of things happen to us all the time, waste resources, and can sometimes lead to problems.（当今生活常遇到的问题）However,（转折对比）in the not-too-distant future, we will be living in smart homes that will lock the door for us when we are away and remember to switch off the TV when we forget.（未来智能家居可以解决这些问题）

练一练：请根据句意填入适当的逻辑关系词。

Today we still spend hours using heavy brooms and mops to clean our houses, ________ in the future, we will be using advanced devices to help us keep our houses tidy.

（4）利用指代（人称代词、指示代词、定冠词+名词等）衔接前文。

①Your bed, for example, will record how well you sleep every night. It（指代前面的 bed）will also be checking your body weight.

②Have you ever forgotten to lock the door of your house? Or, have you ever forgotten to switch off the TV or computer? These kinds of things（指代前文的两个问题）happen to us all the time, waste resources, and can sometimes lead to problems.

练一练：

①________________（除了以上优点），smart homes play a significant

role in keeping the house clean.

②________________（尽管这些发明为房主提供了极大的便利），there are some negatively potential influences on lifestyle.

③Life will be more comfortable with the help of these smart home devices ________________（只有当我们不过度依赖这些智能家居设备时）.

五、主题续写练习

结合微语境续写的框架，续写两段有关智能家居其他方面的优势和潜在弊端，给出具体例子，注意续写的段落要与原文衔接与连贯。

要求：

（1）内容：未来智能家居的优势和潜在弊端。

（2）语篇：

①适当使用逻辑词；

②段落以“总—分—总”模式展开，句子衔接可遵循“general-specific”模式；

③续写时与开头衔接；

④结尾句紧扣主题。

（3）语言：至少使用五次主题词块和句型，并在续作中用横线画出来。

（4）字数：150 字以上。

Apart from the above benefits，smart homes ________________________________

____

____

____

____

____

____

____

Although these inventions provide house owners with great convenience，there are still some potentially negative influences on lifestyle. ____________________

____

____

____

____

六、评价设计（见表5-11、表5-12）

表5-11 写作自评表

评价项目	评价内容	评价情况	评分（1~5分）
内容	我的文章包含了要求的内容。	是　否	
结构	我使用了“总—分—总”结构和“general-specific”模式。	是　否	
	我运用了逻辑词和指代衔接句子。	是　否	
	我开头的句子与所提供的各段落开头衔接合理。	是　否	
	我结尾的句子回扣主题。	是　否	
语言	我使用了本课所学的词块。	________个	
	我使用了本课所学的句型。	________个	
	我使用了本课所学的语法。	是　否	
总分			

表5-12 学生课后评价表

通过本课学习	评分（1~5分）
1. 我能概括文本主要内容，并通过思维导图梳理文本的篇章结构。	
2. 我能分析文本句型并应用宾语从句、if/when/the instant从句等句型进行解释说明智能家居的功能和作用。	
3. 我通过“总—分—总”结构和“general-specific”模式有逻辑地续写智能家居在不同场景的作用并给出具体例子。	
4. 我能通过学习未来家居的智能化水平及其为生活带来的便利，深入思考科技与人类生活的关系，理性表达自己对未来科技的观点。	

我想进一步探索的内容：

附录：参考答案

一、主题探索

（1） Read for the content.

①It's to introduce how smart homes make our life easier in the future.

②They will keep us secure，save us energy，and provide a more comfortable environment to live in.

③Using integrated sensors to change the environment into an energy-efficient mode.

④To attract readers' attention and introduce the topic.

（2） Read for the structure.

①problems ②contrast ③Examples ④Intelligent controls ⑤knobs ⑥Automatic ⑦Monitoring ⑧toilets ⑨No more disasters ⑩damage ⑪electrical ⑫secure ⑬energy ⑭comfortable

三、主题句型练习

3. 原句 1：The smart cleaner will help you sweep the floor the instant you turn it on.

原句 2：If you are busy with work，your smart home devices will help you clean the house.

原句 3：If you set when to sweep the floor every day，it will automatically follow your instructions on time.

四、主题语篇练习

策略 1：（1） Apart from the above benefits，smart homes help save our time and energy while improving our life quality in sanitation，kitchen，and entertainment. For example，we will be using the latest technology like vacuum cleaners or a smart dishwasher to set free our hands in the future.

（2） Therefore，smart homes not only provide.

策略 2：（1） 卫生：

If you are busy with work，a robotic vacuum will help you clean the house，which can save you more time and effort.

（2） 厨房：

If you are tired of washing dishes after meals，a smart dishwasher will set free your hands the instant you switch it on through phone or voice command.

（3） 娱乐：

A smart TV can learn your preferences and offer what you may like，so you can watch some favourite TV series anytime.

策略3：

（2）可填 therefore、thus、hence 等表示因果关系的副词

（3）but

（4）①Apart from/ in addition to the above benefits/ advantages

②Although these inventions have made life easier/ simple

③only when we do not rely too much on them

五、主题续写练习

One possible version：

Apart from the above benefits，*smart homes* help save time and energy while enhancing our life quality in sanitation，kitchen，and entertainment. Today we still spend hours on household chores that are trivial and laborious. However，in the future，we will be using the latest technology like vacuum cleaners or smart dishwashers to set free our hands. If we are busy with work，a robotic vacuum will help us clean the house the instant we switch it on. Besides，a smart TV can learn our preferences and offer what we may like，so we can watch our favourite TV series anytime. Therefore，smart homes not only facilitate life efficiency but also enrich family amusement.

Although these inventions provide homeowners with great convenience，*there are still some potentially negative influences on lifestyle.* If we are addicted to using smart appliances at home，we will become lazier and even have a greater risk of health problems such as obesity. In fact，smart homes do bring many benefits to our daily lives，but we should also be aware of their hidden risks and use them properly. In a word，life will be more comfortable with the help of smart home devices only when we do not rely too much on them.（208 words）

第三节 人与自然——灾害防范之如何储备应急物资①

表 5－13 选文难度

词数	“指难针”难度等级	适合学生水平
378 词	高考	水平较好的高二学生或高三学生

简介： 本续写文本为非叙事类文体之灾害防范说明文。② 通过学习如何在日常准备个人的应急物资包，反思日常生活的需要，增进对生活的了解，提高生活技能。

主题语境： 人与自然—灾害防范—安全常识与自我保护—如何准备应急物资包以应对不同紧急情况。

语篇模式： problem-solution 模式，即提出灾害应急的问题、解决应急问题的建议。

学习目标：

通过本课学习，学生能够：

（1）提取文本介绍应急物资储备的目的和内容，概括文本的大意，利用思维导图梳理文本的篇章结构。

（2）分析文本的句型并运用句型对解释说明、性质、建议、重要性等情况描述进行仿写。

（3）运用“总—分—总”结构与“problem-solution”模式，以及适当的逻辑衔接手段进行主题写作。

（4）综合运用本课所学的内容、语言和语篇知识续写应急物资储备的具体建议，反思个人生活的需要，提高生活技能，构建自我保护的安全常识。

学习重点：

（1）基于文本的关于应急物资准备的内容与主题的分析，寻找内容协同点，梳理篇章结构，寻找结构协同点，在续写中应用相关的写作思路与策略。

---

① 本节作者为谢杰文，一稿审稿人为袁丹纯，二稿审稿人为谢杰文。

② 本文改编自东京都政府印发的《东京防灾》手册中的文章。

（2）梳理与归纳文本应急物资的准备建议与情况描述等语言表达，寻找语言协同点，并迁移运用到续写任务中。

学习难点：基于对文本的句型、篇章结构和上下文逻辑的梳理，独立进行主题续写。

"Daily Stockpiles" Is Keeping Extra Supplies of Daily Items

If a major disaster strikes and destroys the roads, the buildings, and the power supply systems, it would even be difficult for the authorities to respond quickly. You should thus keep a stockpile of items that can allow you to live without relying on anyone for at least a week until relief arrives. This is the idea of emergency stockpiles. Simply buy and stock the items you always need at home and use them to help you make a purchase list. You don't need to buy something special for an emergency. This is the concept of daily stockpiles, and it is not difficult. Prepare by simply buying and keeping a little more food and daily items than usual.

If food in the refrigerator is taken into consideration, what you need to prepare becomes smaller. However, it is important for families with babies, the elderly, and/or people with an illness to prepare extra supplies of specifically necessary items that would not be available immediately after a disaster, such as powdered milk for babies and daily medicine. Take the time to think about what you will need to survive and prepare a stockpile tailored to your lifestyle.

Difference Between Staying at Home and Staying Elsewhere

After a disaster, some may stay at home and others may move out and stay elsewhere. People staying at home will live on their own stockpiles, and those who cannot continue living at home will stay at the shelters. Necessary supplies are totally different for people staying at home and those staying at the shelters.

If you have to move out from your home because it had collapsed or burned down, you will only be able to carry the minimum essentials because the top priority is protecting your life. In that case, it will be difficult to use your stockpiles. Therefore, what you need when you leave home is an emergency bag containing the minimum requirements, which is small and brief enough to be carried to the shelter. The minimum requirements vary from person to person, so it is important that you think by yourself about what you need to survive and prepare those items, rather than simply buying items based on a prepared list.

一、主题探索

(1) Read for the content.

①What is the main idea of the text?

____

②What is the purpose of the stockpile?

____

③How do you prepare for the stockpile?

____

④Why is it easy to keep daily stockpiles?

____

(2) Read for the structure.

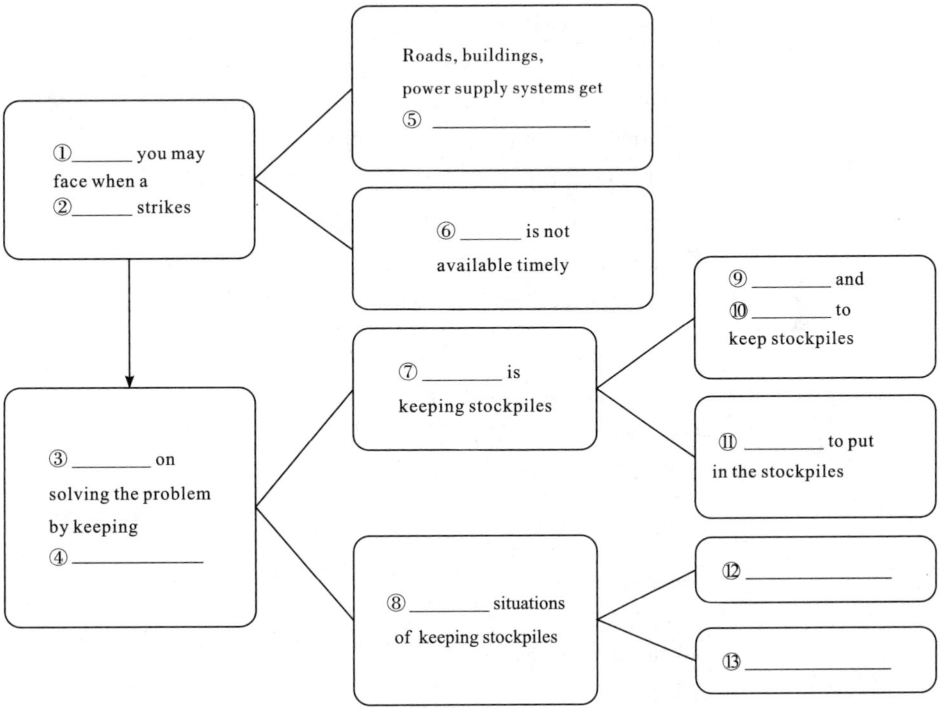

二、主题词块积累（见表5－14）

表5－14　主题词块

<table>
<tr><th>情景</th><th colspan="2">词块</th></tr>
<tr><td>自然灾害</td><td colspan="2">earthquake 地震　flood 洪水　tsunami 海啸
hurricane 飓风　typhoon 台风　tornado 龙卷风
mudslide 泥石流　forest fire 森林大火　snowstorm 雪灾</td></tr>
<tr><td>动作</td><td colspan="2">break out/strike/hit 爆发　hide 躲避　escape from 逃跑
get trapped/be buried in 被困于　suffer 遭受
survive 生存，幸存</td></tr>
<tr><td>后果</td><td colspan="2">emergency 紧急情况　power cut 停电　water shortage 停水
collapse 倒塌　damage 破坏　destroy 毁坏
burn down 烧毁　in ruins 废墟　in danger 处于危险中
the disaster-hit area 受灾地区</td></tr>
<tr><td>援助</td><td colspan="2">relief 救济品　rescue work 救援工作　supplies 供给品
tent/shelter 救济帐篷　donate 捐赠　provide...to 为……提供
deliver water and food to 给……送水和饭
set up shelters 建立避难所　rebuild the home 重建家园</td></tr>
<tr><td>防灾</td><td colspan="2">rely on 依赖　live on 赖以生存
allow you to live without... 让你在缺乏……时能生存下来
keep a stockpile 储备物资　make a purchase list 列购物清单</td></tr>
<tr><td>如何储备</td><td colspan="2">take the time to think about 花时间思考
tailor to your lifestyle 适合你的生活方式
base on a prepared list 基于预备的清单
vary from person to person 因人而异</td></tr>
<tr><td rowspan="2">储备物品</td><td>emergency bag 应急包</td><td>daily stockpiles 日常储备物资</td></tr>
<tr><td>the minimum essentials 最低限度的必需品
the minimum requirements 最基本的需求
necessary supplies 必需品
the top priority 当务之急
items you need to survive 赖以生存的物品</td><td>powdered milk 奶粉
medication 药物
food in the refrigerator 冰箱里的食物
instant noodles 方便面
heat-and-eat food 快速食品
portable cooker and canister 便携炊具和气罐
water storage 储水
bucket 水桶</td></tr>
</table>

三、主题句型练习

1. 主题描述句型（见表 5 – 15）

表 5 – 15　主题描述句型

情景		句型
解释说明应急情况	名词词组 定语从句	This is the idea of/ the concept of … 这是……理念 …, which means…
描述应急物品性质	定语从句	…which is small and brief enough…
	分词作定语	an emergency bag containing the minimum requirements
说明应急准备的重要性	形式主语	It is important for sb. to do sth. It's essential/ necessary that… It is of great significance for sb. to do sth.
	名词词组	The top priority is …
分析应急问题的情况及影响	状语从句	If a major disaster strikes… it would be difficult… If food in the refrigerator is taken into consideration… If you have to move out… …when you leave home
	主语从句	What you need is…主语从句
提出应急情况的解决建议	祈使句	Take the time to think about… Prepare by simply buying and keeping…

2. 练习

分析原句画线部分的内容并仿照该结构根据汉语进行物资储备情况的描述。

原句 1：What you need when you leave home is an emergency bag containing the minimum requirements, which is small and brief enough to be carried to the shelter.

（1）what 引导的主语从句描述情况。

你所需要的是尝试购买多一点日常你喜欢的食物来积累你的物资。(What you need is…)

____

____

（2）非限定性定语从句描述物品的性质。

你所需要的是可以在断电的情况下煮食的便携炊具和气罐（canisters）。（非定语从句，what you need is...）

____

原句2：If you have to move out from your home because it had collapsed or burned down, you will only be able to carry the minimum essentials.

if条件句分析应急问题出现的情况。

如果你独自生活又经常在便利店购物，你的冰箱里可能没有储存一周的食物供应。

____

原句3：It is important for families with babies, the elderly, and/or people with an illness to prepare extra supplies of specifically necessary items that would not be available immediately after a disaster...

形式主语句式说明情况的重要性。

如果你有健康问题需要服药，准备额外的药物是非常重要的。（if..., it is important to...）

____

四、主题语篇练习

运用以上所学的词块和句型进行主题微语境写作。

策略1：运用“总—分—总”模式（见图5－4）展开段落，使主题聚焦，逻辑清晰。

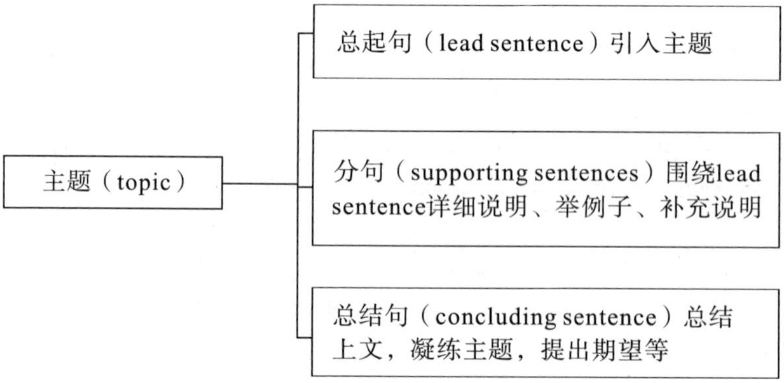

图5－4　语篇结构

例如：

If food in the refrigerator is taken into consideration, what you need to prepare becomes smaller.（主题句，引入主题）However, it is important for families with babies, the elderly, and/or people with an illness to prepare extra supplies of specifically necessary items that would not be available immediately after a disaster, such as powdered milk for babies and daily medicine.（分句，补充举例说明）Take the time to think about what you will need to survive and prepare a stockpile tailored to your lifestyle.（总结句，强调，回扣主题）

练一练：

（1）基于本课物资准备的建议，运用所学的词句写一句关于食物、能源、水源和药物等的个人储备建议的总起句。

（提示：本句通过提出对个人基本必需品的考虑引出主题，可利用列举的方式概括下文要出现的几方面内容。）

Your version: ____________________

（2）基于上题的总起句和本课物资储备的建议，运用所学的词句写一句关于个人如何有效准备物资包的总结句。

（提示：总结句可再次强调必需品的准备是因人而异的，考虑最适合自己的需要，并进行小结，重申本课的主题——如何根据个人需要准备好必要的储备物资。）

Your version:

____

策略2：利用 problem-solution 模式（见图5－5），构成建议的逻辑关系。

图5－5　problem-solution 模式

例如：

If a major disaster strikes and destroys the roads, the buildings, and the power supply systems, it would even be difficult for the authorities to respond quickly.（提出问题）You should thus keep a stockpile of items that can allow you to live without relying on anyone for at least a week until relief arrives.（提出解决的方法）

练一练：

请根据以上句式的逻辑框架列举关于食物、能源、水源和药物等储备的具体建议。

（1）食物：

____

（2）停电：

____

（3）停水：

____

（4）药物：

____

策略3：巧用逻辑词承上启下。

（1）逻辑功能词。（见表5－16）

表5－16　逻辑功能词

逻辑关系	功能词
因果关系	thus　therefore　so　consequently　as a result
先后次序	after　before　firstly　secondly　thirdly last but not least　afterwards
递进关系	and　besides　in that case　in other words　to prepare for this in this situation　in addition　additionally
列举关系	such as　for instance　take... as an example for example　including　namely
转折关系	however　yet　still　but　while　actually

（2）利用递进关系与因果关系的逻辑词进一步解释建议。

例如：

If you have to move out from your home because it had collapsed or burned down, you will only be able to carry the minimum essentials because the top priority is protecting your life. In that case（递进关系）, it will be difficult to use your stockpiles. Therefore（因果关系）, what you need when you leave home is an emergency bag containing the minimum requirements, which is small and brief enough to be carried to the shelter.

练一练：请根据句意填入适当的逻辑关系词。

①If the water is cut off after the disaster, you may not have water for home use. ________, stocking some bottled water can save you from this trouble.

②The minimum essentials vary from person to person. ________________ the top priority is that you think about what you need to survive.

（3）利用转折关系引入新话题。

If food in the refrigerator is taken into consideration, what you need to prepare becomes smaller. However（转折，引入物品准备的重点考虑问题）, it is important for families with babies, the elderly, and/or people with an illness to prepare extra supplies of specifically necessary items that would not be available immediately after a disaster.

练一练：请根据句意填入适当的逻辑关系词。

①You can try to buy a little more food from the store to build up your stock. ________ the power may be cut off after the disaster, and you cannot even boil water without the power.

②It is said that a typical household has a one to two-week supply of food, including items in the refrigerator. ________, if you live alone and often shop at convenience stores, you probably don't have a week's supply of food in your refrigerator.

策略4：利用指代（人称代词、指示代词、定冠词等）衔接前文。

例如：

You should thus keep a stockpile of items that can allow you to live without relying on anyone for at least a week until relief arrives. This is the idea（指代前面句子的内容）of emergency stockpiles. Simply buy and stock the items you always need at home and use them（指代前面的 items）to help you make a purchase list.

练一练：

（1）________________（基于以上的建议）on how to prepare for a stockpile, you may consider the following tips.

（2）You can make a list of what you need before you go shopping. ________________（为了帮你准备购买清单）, here are some tips for you to consider.

（3）Here are the tips for you. ________________（依照它们做）, you will find it easy to build your daily stockpiles.

五、主题续写练习

结合微语境续写的框架，续写一段关于食物、能源、水源和药物等的具体储备建议，并注意续写的段落要与原文衔接与连贯。

要求：

（1）内容：食物、能源、水源和药物等的具体储备建议。

（2）语篇：

①适当使用逻辑词；

②段落以“总—分—总”模式，建议以“problem-solution”模式；

③续写时与开头衔接；

④结尾句需紧扣主题。

（3）语言：至少五次运用主题词块和句型，并在续作中用横线画出来。

（4）字数：150 字以上。

Based on the above suggestions, when you prepare for your stockpiles, ____

____

____

____

六、评价设计（见表 5－17、表 5－18）

表 5－17　写作自评表

评价项目	评价内容	评价情况	评分（1～5 分）
内容	我的文章包含了要求的内容。	是　否	
结构	我使用了“总—分—总”结构和“problem-solution”模式。	是　否	
	我运用了逻辑词。	是　否	
	我开头的句子跟上文衔接。	是　否	
	我结尾的句子回扣主题。	______个	
语言	我使用了本课所学的词块。	______个	
	我使用了本课所学的句式。	______个	
总分			

表 5－18　学生课后评价表

通过本课学习	评分（1～5 分）
1. 我能概括文本主要内容，并通过思维导图梳理文本的篇章结构。	
2. 我能分析文本句型并应用 what 的主语从句、定语从句、if/when 从句、形式主语等句型进行解释说明，描述性质、建议、重要性等情况。	
3. 我能运用“总—分—总”结构和“problem-solution”模式有逻辑地续写准备物资包的具体提示。	
4. 我能通过学习应急物资储备的知识，加深对自己生活需要的了解，提高自我安全保护的意识。	
我想进一步探索的内容：	

附录：参考答案

一、主题探索

（1） Read for the content.

①It's to give suggestions on how to prepare daily stockpiles to survive a disaster.

②Keeping a stockpile of items is to allow you to live without relying on anyone for at least a week until relief arrives.

③Consider the items you need to survive depending on different situations.

④Because you don't need to buy something special for an emergency but simply buy and keep a little more food and daily items than usual.

（2） Read for the structure.

①Problems　②disaster　③Suggestions　④daily stockpiles　⑤destroyed　⑥Relief　⑦What　⑧Different　⑨Why　⑩how　⑪What　⑫At home　⑬At the shelters

三、主题句型练习

2. 原句 1：（1） What you need is to try purchasing a little more of your favourite food to build up your stock.

（2） What you need are portable cookers and canisters, which allow you to cook with the power cut.

原句 2：If you live alone and often shop at convenience stores，you probably don't have a week's supply of food in your refrigerator.

原句 3：If you have a medical condition to take care of，it's important to always have extra medication for your need.

四、主题语篇练习

策略 1：（1）Based on the above suggestions，when you prepare for your stockpiles，you can take the minimum essentials such as food，water，power supply，and medications into considerations that tailored to your need.

（2）Again，the minimum essentials vary from person to person，so the top priority is that you take time to think by yourself about what you need to survive and prepare those items.

策略 2：（1）食物：If you live alone，you can try purchasing a little more of your favourite items such as instant noodles，heat-and-eat food，snacks and beer at the convenience store to build up your stock.

（2）停电：When the power is cut off and you cannot cook，stocking portable cookers and canisters that you can cook with can save you from this critical situation.

（3）停水：For the water shortage/When facing water shortage，you can always have the bathtub or buckets filled with water.

（4）药物：If you have a medical condition，it's important to always have extra medication for your need.

策略 3：（2）①可填 In this case/ To prepare for this 等递进关系的逻辑词 ②可填 So/ Therefore 等因果关系的副词

（3）①However ②However/ Actually

策略 4：（1）Based on the above suggestions

（2）To better help you prepare your purchase list

（3）Following them

五、主题续写练习

One possible version：

Based on the above suggestions，*when you prepare for your stockpiles*，you can take the minimum essentials such as food，water，power supply，and medications into considerations that tailored to your need.（过渡句）Here are some tips for you to consider. It is said that a typical household has a one to two-week supply of food，including items in the refrigerator. If you live alone and often shop at convenience stores, you probably don't have a week's supply of food in your refrigerator. What you need is to try purchasing a little more of your favourite items such as instant noodles, heat-and-eat food, snacks and beer at the convenience store to build up your stock. However, the power supply may be cut off after the disaster, and you cannot even boil water without gas or electricity, which means you cannot even prepare instant noodles and many other kinds of food. In this case, stocking portable cookers and canisters that you can cook with can save you from this critical situation. When water supply is cut off, a major difficulty you will face is not having water for home use. To prepare for this, you can always have the bathtub or buckets filled with water. Last but not least, it's important to always have extra medication for your need if you have a medical condition to take care of. Again, the minimum essentials vary from person to person, so the top priority is that you take time to think by yourself about what you need to survive and prepare those items. (结尾句) (251 words)

第四节 人与自然——环境保护之人与动物和谐相处①

表 5－19 选文难度

词数	“指难针”难度等级	适合学生水平
383 词	高考	高三学生

简介： 本续写文本为非叙事类文体中的环境保护说明文，② 主要介绍了野生动物进入城市这一现象的原因和它们在城市中的生存状况，以及遇到的问题等，说明了人类城市化进程给野生动物带来的影响。通过本文学习如何协调城市发展与野生动物保护之间的关系，树立关爱地球、保护动物、与自然和谐相处的观念，人类与动物共存，和谐共享城市栖息地。

主题语境： 人与自然—环境保护—人与动物和谐相处—如何协调城市发

① 本节作者为彭英，一稿审稿人为张湾湾，二稿审稿人为谢杰文。

② 本文改编自外研社《英语　选择性必修　第二册》Unit 6　Survival 的“The Wild Within”文章。

展与野生动物保护之间的关系。

语篇模式： problem-solution 模式，即提出问题—解决问题的模式。

学习目标：

通过本课学习，学生能够：

（1）提取文本介绍野生动物进入城市这一现象的原因及其在城市生存中遇到的问题等，概括文本的大意，利用思维导图梳理文本的篇章结构。

（2）分析并运用文本句型描述、解释人类城市化进程给野生动物带来的影响，说明如何协调城市发展与野生动物保护之间的关系。

（3）运用"总—分—总"结构与"problem-solution"模式以及适当的逻辑衔接手段进行主题写作。

（4）综合运用本课所学的内容、语言和语篇知识续写如何协调城市发展与野生动物保护之间的关系，树立人类与自然和谐相处的理念。

学习重点：

（1）基于对文本主题与篇章结构的梳理与分析，在续写中应用相关的写作思路与策略（内容与结构协同）。

（2）梳理与归纳动物在城市的生存过程中所遇到的问题等，学习如何运用拟人修辞手法、非谓语动词、关联词等描述动物生存状况，并迁移到续写任务中（语言协同）。

学习难点：

基于对文本的句型、篇章结构和上下文逻辑的梳理，独立进行主题续写。

The Wild Within

The crime took place in a seaside suburb of Cape Town. Spotting the car with its window left open, the greedy thief didn't hesitate. Within seconds, he had reached inside and run away with a bag of shopping. No matter how many crimes he committed, the police were powerless to arrest him. You see, this was no ordinary criminal: it was a chacma baboon (狒狒). Once almost unheard of, scenes like this one in Cape Town are now common all over the world. With foxes in London, mountain lions in San Francisco and wild pigs in Hong Kong, it is almost as if our cities are being taken over by wild animals.

People often wonder about the reasons behind this mass urban migration. Most of us would think that urban development and climate change are responsible for pushing the animals out of their natural habitats. However true this is, we also need to consider that some of these so-called "urban animals" have never moved at all—it's we humans who have moved into their land. Wherever they go, animals find towns and cities in their way. With nowhere else to make their homes, they have no choice but to move in with us. It is vital that we should build harmonious relationship with them.

Yet, for its newest and wildest comers, a city can offer many benefits. As our cities become greener, they offer increasingly attractive spaces to animals looking for new habitats. Out of reach from many of their natural enemies, these newcomers often boom in their new city lives. Consequently, foxes can be seen all over London today—one even being found living in the building under construction. What's more, hungry animals are finding plenty to eat in our gardens and in the leftovers we throw away.

One thing crucial to the increasing number of "urban animals" is that they have the ability to adapt. There is evidence that urban raccoons (浣熊) are more intelligent than their wild cousins, as they frequently have to solve difficult problems such as how to open rubbish bins which they would not find in the wild. Some animals have even changed their living habits to adapt to their new homes. Although naturally active at night, urban foxes come out in daylight if the reward is good enough.

一、主题探索

(1) Read for the content.

①What is the main idea of the text?

____

②What figure of speech is used in the first paragraph? Why does the author choose to start the passage this way?

____

③How would you describe the relationship between people and urban animals in the passage?

____

④After reading the passage, what does the title mean?

____

(2) Read for the structure.

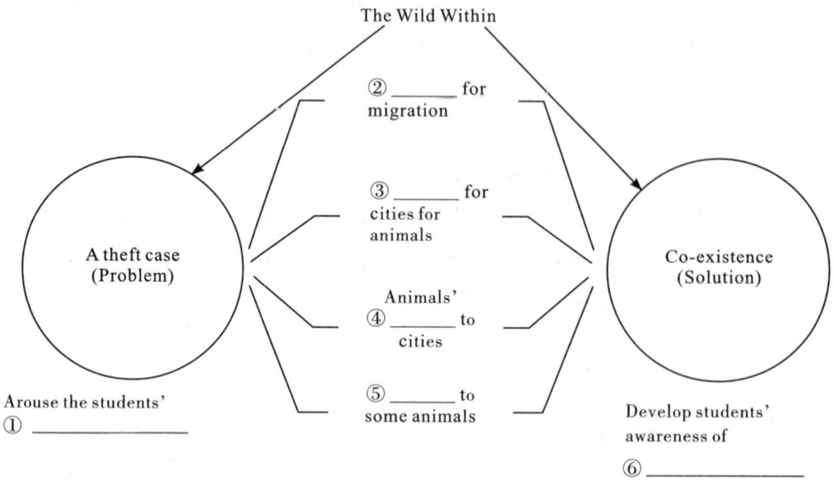

二、主题词块积累（见表5－20）

表5－20 主题词块

情景	词块	
野生动物保护	wildlife protection 野生动物保护 risk 冒险 resident 居民 harmonious/harmony 和谐 yak 牦牛 lion 狮子 chacma baboon 狒狒	in danger 危险 influence/effect/impact/affect 影响 advantage benefit/disadvantage 有利/不利 panda 熊猫 Tibetan antelope 藏羚羊 raccoon 浣熊
行动	expand 扩展 bring about/lead to 导致 take action 采取行动 be concerned about 关心 live in harmony with 和谐共处 estimate 估计	die out 灭绝 tear down 摧毁 take measures 采取措施 arouse the awareness of 唤起意识 crash into 撞上 survive/survival 幸存

续上表

情景	词块
后果	habitat destruction of wild animals 野生动物栖息地破坏 extinction 灭绝　endangered animals 濒临灭绝的动物 at risk 处于危险中　commit crimes 犯罪 out of reach 无法触及　in one's way 挡路 take over 接管
援助	pay attention to 重视　adapt to 适应 have no choice but to do 别无选择　coexist 共生 share 共享　change 改变
如何与野生动物共存	keep the balance between...and 保持平衡 put forward a proposal 提出建议　prevent...from 阻止 build Nature Reserve 建立自然保护区　make a contribution to 贡献 draw up a proposal 草拟建议

三、主题句型练习

1. 主题描述句型（见表 5 – 21）

表 5 – 21　主题描述句型

情景		句型
描述动物进入人类城市生活的现状问题	表语从句	It is almost as if our cities...
	宾语从句	Most of us would think that...
	分词作状语	Spotting the car with its window left open...
	With 结构	With foxes in London, mountain lions in San Francisco and wild animals in Hong Kong, ... With nowhere else to make their home...
说明人类与动物和谐共处的重要性	形式主语	It is important/vital for sb. to do sth. 做……是重要的 It's essential/ necessary that... It is of great significance for sb. to do sth.

续上表

情景		句型
分析动物与人类和谐相处的条件、原因	状语从句	No matter how many crimes he committed, … However true this is… Wherever they go, … As our cities become greener…
	强调句	It's we humans who have moved into their territory.
	同位语从句	There is evidence that urban raccoons…
	定语从句	… the leftovers we throw away
解释个别动物在城市生活的潜在危险性	表语从句 定语从句	One theory behind this is that… that take them…
提出人类与动物和谐共处的建议	Only + 状语 形式主语	Only then can we look towards harmoniously… It's important that…

2. 练习

分析原句画线部分的内容并仿照该结构根据汉语进行动物进入人类城市生活的现状问题描述。

原句 1：With foxes in London, mountain lions in San Francisco and wild pigs in Hong Kong, it is almost as if our cities are being taken over by wild animals.

（1）with 结构说明人类与动物共存的必要性。

它们无处安家，只能与人类共存。（with + 宾语 + 宾语补足语）

____

（2）as if 引导的表语从句描述动物在城市生活的潜在危险性。

鸟儿以每小时 50 千米的速度撞向玻璃，看起来好像它们不能识别蓝天和玻璃。（It seems as if…）

____

原句 2：However true this is, we also need to consider that some of these so-called "urban animals" have never moved at all.

疑问词 + ever 或者 no matter + 疑问词引导描述人类与动物共存的现状。

不管这些动物进入城市的原因是什么，有一点是可以确定的：作为一种生存方式，它们会与我们生活在一起。

原句 3：It is vital that we should build harmonious relationship with them.

形式主语句式说明人类与动物和谐相处的重要性和建议。

它们适应我们城市的生活方式，我们应该更好地去了解，甚至应该学会感激这些动物邻居们。(It is important that...)

四、主题语篇练习

运用以上所学的词块和句型进行主题微语境写作。

本文所给续写材料条理清晰，共有 4 个段落，续写 2 个段落，全文属于"总—分—总"结构，根据所给材料的行文逻辑，进行续写。

策略 1：运用"总—分—总"模式（见图 5－6）展开段落，使主题聚焦，逻辑清晰。

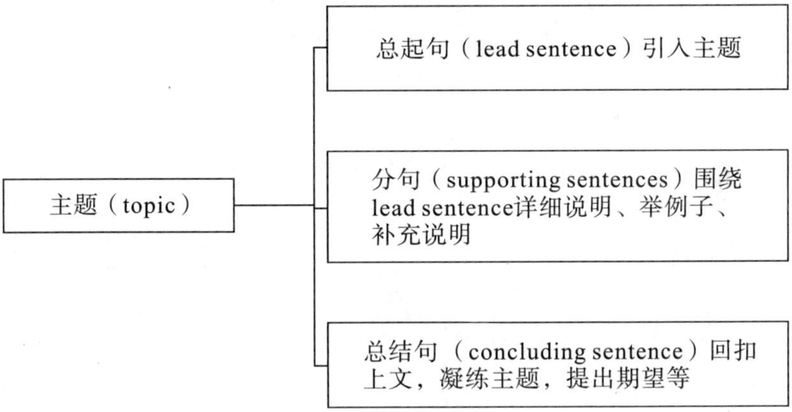

图 5－6　语篇结构

例如：

People often wonder about the reasons behind this mass urban migration.（主题句，引入主题）Most of us would think that urban development and climate change are responsible for pushing the animals out of their natural habitats. However true this is, we also need to consider that some of these so-called "urban animals" have never moved at all—it's we humans who have moved into their land. Wherever they go, animals find towns and cities in their way. With nowhere else to make their homes, they have no choice but to move in with us. (分句，补充举例说明) It is vital that we should build harmonious relationship with them. (总结句，强调，回扣主题)

练一练：

(1) 基于本课关于越来越多的野生动物进入城市这一现象的原因和它们在城市中的生存状况以及遇到的问题等，运用所学的词句写一句关于人类城市化进程给野生动物带来的影响的总起句。

(提示：本句引出主题，可利用列举的方式概括下文要出现的几方面内容。)

Your version:

____

(2) 基于本课人类与动物应该共存、和谐共享城市栖息地的建议，运用所学的词句得出结论，表明立场：不管动物如何适应人类的城市生活方式，重要的是我们要了解甚至学会欣赏我们的野生邻居。

(提示：结尾句可再次强调总结，帮助学生加深理解越来越多的动物进入城市这一现象背后的原因、城市可能给某些动物带来的潜在危险，以及最后人类与动物应该共存、和谐共享城市栖息地的建议。)

Your version:

____

策略 2：利用 problem-solution 模式（见图 5－7），构成建议的逻辑关系。

图 5－7 problem-solution 模式

例如：

One thing crucial to the increasing number of "urban animals" is that they have the ability to adapt. (提出问题) There is evidence that urban raccoons are more intelligent than their wild cousins, as they frequently have to solve difficult problems such as how to open rubbish bins which they would not find in the wild. Some animals have even changed their living habits to adapt to their new homes. (阐释原因，解决问题) Although naturally active at night, urban foxes come out in daylight if the reward is good enough.

练一练：

请根据以上句式的逻辑框架列举关于野生动物进入城市的现象、原因、有利条件、适应性。

（1）问题与现象：

____

（2）原因：

____

（3）有利条件：

____

（4）适应性：

____

（5）结论：

____

策略3：巧用逻辑词承上启下。

1. 逻辑功能词（见表5－22）

表5－22　逻辑功能词

逻辑关系	词块
因果关系	thus　therefore　so　as a result
递进关系	what's more　furthermore　besides　even
列举关系	such as　for instance　take... for example　that is to say
转折关系	however　yet　still　but　while

2. 利用递进关系与因果关系的逻辑词进一步解释建议

例如：

Out of reach from many of their natural enemies, these newcomers often boom in their new city lives. Consequently（因果关系）, foxes can be seen all over London today—one even（递进关系）being found living in the building under construction. What's more（递进关系）, hungry animals are finding plenty to eat in our gardens and in the leftovers we throw away.

练一练：请根据句意填入适当的逻辑关系词。

（1）It seems as if birds are unable to distinguish between blue sky and glass, ________, they even crashed into windows at speeds of about 50 kilometers per hour. ________, some species are more affected than others.

（2） It is highly important that we should get a better understanding of and ________ learn to appreciate our wild neighbours.

3. 利用转折关系引入新话题

Yet（转折关系，引入城市发展给动物带来的诸多好处）, for its newest and wildest comers, a city can offer many benefits. As our cities become greener, they offer increasingly attractive spaces to animals looking for new habitats.

练一练：请根据句意填入适当的逻辑关系词。

（1） One theory behind this is that these birds have ________ to change their migratory routes.

（2） ________ they adapt to our ways of urban living, it is highly suggested that we should look towards harmoniously sharing our urban habitats.

策略4：利用指代（人称代词、指示代词、定冠词等）衔接上下文。

例如：

The crime took place in a seaside suburb of Cape Town. Spotting the car with its window left open, the greedy thief（设置悬念，指代后面的 chacma baboon） didn't hesitate. Within seconds, he（运用拟人手法，指代后面的 chacma baboon） had reached inside and run away with a bag of shopping. No matter how many crimes he committed, the police were powerless to arrest him. You see, this was no ordinary criminal（指代前面句子的内容）: it was a chacma baboon. Once almost unheard of, scenes like this one（指代前面句子的内容） in Cape Town are now common all over the world.

练一练：

（1） Shockingly, ________________（这些死亡率） amount to ten percent of the total US bird population.

（2） ________________（对于那些不能适应的动物们）, the city can be a dangerous or even deadly place.

策略5：利用列举、补充说明进一步阐释、说明观点。

例如：

There is evidence that urban raccoons are more intelligent than their wild cousins, as they frequently have to solve difficult problems such as（进一步阐释说明） how to open rubbish bins which they would not find in the wild.

练一练：

（1） For the animals that are not so sensitive and intelligent, it is dangerous for them to move into the city, ____________（以鸟类为例）.

(2) Only then can we look towards harmoniously sharing our urban habitats, ____________ (那就是说), we should take wildlife protection into account in the process of urban development.

五、主题续写练习

结合微语境续写的框架，续写两段关于城市可能给某些动物带来的潜在危险，以及最终人类与动物应该共存的文章，并注意续写的段落要与原文衔接与连贯。

要求:

(1) 内容：关于城市可能给某些动物带来的潜在危险，以及最终人类与动物应该共存的具体建议。

(2) 语篇:

①适当使用逻辑词;

②段落以总—分—总模式，建议以 problem-solution 模式;

③续写时与开头衔接;

④结尾句需紧扣主题。

(3) 语言：至少五次运用主题词块和句型，并在续作中用横线画出来。

(4) 字数：150 字以上。

For animals that are not so sensitive and intelligent, it is dangerous for them to move into the city.

____

____

However they adapt to our ways of urban living, it's highly important that we should get a better understanding of and even learn to appreciate our wild neighbours. ________________________________

____

____

六、评价设计（见表5－23、表5－24）

表5－23　写作自评表

评价项目	评价内容	评价情况	评分（1～5分）
内容	我续写的文章包含了要求的内容。	是　否	
结构	我使用了“总—分—总”结构和“problem-solution”模式。	是　否	
	我运用了逻辑词。	是　否	
	我开头的句子跟上文衔接。	是　否	
	我结尾的句子回扣主题。	________个	
语言	我使用了本课所学的词块。	________个	
	我使用了本课所学的句式。	________个	
总分			

表5－24　学生课后评价表

通过本课学习	评分（1～5分）
1. 我能概括文本主要内容，并通过思维导图梳理文本的篇章结构。	
2. 我能分析文本句型并应用名词性从句、定语从句、疑问词+ever状语从句、形式主语等句型进行解释说明，描述性质、建议、重要性等情况。	
3. 我通过“总—分—总”结构和“problem-solution”模式有逻辑地进行续写。	
4. 我能通过学习城市发展和动物保护的知识，树立关爱地球、保护动物、与自然和谐相处的观念。	

我想进一步探索的内容：

附录：参考答案

一、主题探索

（1） Read for the content.

①More and more wild animals are entering cities and we should learn to better understand and appreciate our wild neighbours, look towards harmoniously sharing our urban habitats.

②In the first paragraph, the author uses personification（拟人） to describe what urban animals are doing, with the aim of attracting readers' attention.

③A harmonious relationship. People and animals can get what they need from the cities.

④It means the wild animals living within the city.

（2） Read for the structure.

①interest ②Reasons ③Benefits ④adaption

⑤Dangers ⑥protecting animals

二、主题句型练习

2. 原句 1：（1） With nowhere else to make their homes, they have no choice but to move in with us.

（2） Birds crash into windows at speeds of about 50 kilometers per hour and it seems as if they are unable to distinguish between blue sky and glass.

原句 2：Whatever the reasons behind these species entering our cities, one thing is for sure — as it's often a means of their survival, they could be with us to stay.

原句 3：They adapt to our ways of urban living. It's important that we get a better understanding of and even learn to appreciate our wild neighbours.

四、主题语篇练习

策略 1：（1） For animals that are not so sensitive and intelligent, it is dangerous for them to move into the city. Take birds for example, it is estimated that between 400 million and 1 billion birds die from window impacts every year in the US alone.

（2） In conclusion, it's our human beings that should take the responsibility of keeping the balance between urban development and wildlife protection.

策略2：（1） 问题与现象：It is estimated/believed that between 400 million and 1 billion birds die from window impacts every year in the US alone.

（2） 原因：It seems as if birds are unable to distinguish between blue sky and glass.

（3）有利条件：One theory behind this is that these birds have yet to change their migratory routes that take them through cities with high rise buildings.

（4）适应性：Whatever the reason behind these species entering our cities, one thing is for sure as it's often a means of their survival, they could be with us to stay.

（5）结论：In conclusion, it's our human beings that should take the responsibility of keeping the balance between urban development and wildlife protection.

策略3：2.（1）可填 as a result 等因果关系逻辑词；可填 Furthermore 等递进关系逻辑词

（2）可填 even 等递进关系逻辑词

3.（1）yet　（2）However

策略4：（1）these deaths　（2）For those animals that don't adapt

策略5：

（1）take birds for example　（2）that is to say

五、主题续写练习

One possible version：

For animals that are not so sensitive and intelligent, it is dangerous for them to move into the city. Take birds for example, it is estimated that between 400 million and 1 billion birds die from window impacts every year in the US alone. It seems as if birds are unable to distinguish between blue sky and glass, as a result, they even crash into windows at speeds of about 50 kilometers per hour. Furthermore, some species are more affected than others. One theory behind this is that these birds have yet to change their migratory routes that take them through cities with high-rise buildings.

However they adapt to our ways of urban living, it's highly important that we should get a better understanding of and even learn to appreciate our wild neighbours. Only then can we look towards harmoniously sharing our urban habitats. Whatever the reason behind these species entering our cities, one thing is for sure as it's often a means of their survival, they could be with us to stay. In conclusion, it's our human beings that should take the responsibility of keeping the balance between urban development and wildlife protection.（195 words）